学士課程教育の質保証へむけて

学生調査と初年次教育からみえてきたもの

山田 礼子

東信堂

はしがき

　日本の大学の近年の変容は著しい。大学改革が大きな課題として取り上げられはじめた1990年代の終わり頃および2000年代初めから見ると、現在の4年制大学、短期大学を含めた高等教育全体の姿はかなり異なっている。本書で対象としている4年制大学に焦点を絞ってみても、その多くは、今や大学改革といえば教育改革を示唆するといえるほど、教育面を意識した改革を進めてきている。

　その背後には、グローバル化した知識基盤社会のもとでの世界的な科学技術の進展と競争を所与のものとし、それに日本社会や日本の高等教育がどう対処していくべきか、そのために、いかに組織や既存の教育課程を変革していくのかが、多くに国々にとっての共通する方向性あるいは政策になったことが、大きい。現実として、現在世界、とりわけ先進国においては知識基盤社会を構築すべく、社会システムの変革、高等教育や人材育成システムの変革を目指して既存のシステムを再構築し、政策も科学技術を支える高等教育や産業への進展を重点的に進めることが共通している。いうなれば、出口は見えそうで見えない終わりのない競争に現在突入しているといえるだろう。教育の「質を保証」するという非常に困難な課題が、日常的に大学関係者で話題となるのもこうした現状を反映しているといえなくもない。

　グローバル化した社会のなかでは、研究も、教育も、管理運営も競争にさらされ、情報が迅速に共有される。高等教育機関に焦点を絞れば、機関の卓越性、利便性、魅力等も世界中の人々の目にさらされ、評価されるということになる。したがって、従来は一国あるいは一地域の特性や文化、制度、言語等の枠組みのなかで、制度設計をし、教育のコンテンツも一国の言語で提供することを考慮していたことが、「国際的通用性」を基準に進展していく

ことが求められるようになる。別の言葉で表現すれば、「国際化の進展」が地球規模で求められている。このことが「普遍性」であり、高等教育機関はこれを前提として「変容」していかなければならない。グローバル化した社会において、教育に目をむけると、大学生が身につけるべき能力・技能として明示されている要素は、「問題発見力」「課題解決力」「協働できる力」「倫理性」「他の文化を理解でき受け入れる力」「世界の人々とコミュニケートできる力」等は多くの国々の実に多くの高等教育機関が学習成果目標として提示している。その意味では、これらは、グローバル化した21世紀の社会で国境を越えて求められる「普遍的な技能」と位置づけられる。

情報はまたたく間に世界を駆け巡り、科学技術の進展や高等教育の成果目標という点でも共通の目標が共有されるとすれば、日本のような人材と知識（理想として）を活用して富を生み出さざるを得ないような国は果てしなき競争に参加し続けなければならないであろうし、それに対処していくという政策を推し進めざるを得ないのではないか。そうした現状において、大学はどのように教育改革を進め、教育課程がいかに学生の成長に交差し、学習成果につながるのかが本書全体を通じての一貫した問題意識であり、テーマでもある。

こうした問題意識から、全体を俯瞰する意味として、第1章では、世界の国々に共通している高等教育政策の動向について取り上げている。

第2章から第5章までは、学生の成長の測定手法の開発と大学という環境が学生の成長にいかに関わるかというカレッジ・インパクト理論にもとづきながら、学生調査から学習成果を含む学生の成長をいかに測定するかについて実証的に検討する。

第6章では、実証的なデータにもとづき、教育の質を保証するために、支援的な役割を果たすIRについて、教学面に焦点を当てて検討する。

第7章では、教育の質保証という課題に、大学が取り組む上で避けて通ることができない『学士課程教育』に目をむけ、日本の大学における学士課程教育の現状と米国の学士課程教育を保証するための新しい動向に焦点をあてている。

第8章から第10章までは、学士課程教育の第一ステージとして2008年の中教審答申で位置づけられた「初年次教育」について取り上げている。第8章では、日本より早期に初年次教育を開発し、導入してきた米国の大学と日本の大学における学生の現状や初年次教育についての比較研究を実証的に確認している。第9章では、初年次教育を大学内で制度化するためには、どのような組織づくりをするのか、あるいは初年次教育を普遍化させるためには、いかなる働きかけをするのかについて、筆者が勤務している大学での経験を提示している。

　第10章では、初年次教育が日本で導入され始めた1990年終わりから2000年代始めとその後の2000年代終わりにいかなる進展が遂げられてきたのか、そして現在、初年次教育が直面している課題を検討し、今後の方向性についても提示している。

　第11章では、大学生の成長や学習成果を測定する上で欠かせない高校時代までの学習経験や情緒面での自己認識など制度上の接続概念とは異なる視点から、高大接続というテーマに取り組んでいる。

　第12章では、米国における大学間接続を可能にしている学士課程教育課程の制度である「アーティキュレーション制度」についてカリフォルニア州を事例として扱っている。

　本書は、これまで述べてきたように、学士課程教育がいかに学生の成長や学習成果につながるかというカレッジ・インパクトを実証的に検討することに主眼をおいている。その際、カレッジ・インパクト研究の豊富な米国の動向や政策を合わせ鏡として本書では扱っている。

　私は1980年代後半から90年代前半まで米国の大学院で学び、その際の指導教授の指導や米国の大学院での教育・研究の在り方が、日本に帰国してから、現在までの教育や研究の指針となっている。私は、UCLAのSchool of EducationのDivision of Comparative Education and Social Scienceに属していたが、指導教授であったジョン・ホーキンス教授を始め、多くの学んだ先生方に共通していたのは、研究として成果をあげることはもちろんであるが、それらを政策や実践に活かすという姿勢であった。K12の教育政策や国際協力政策、

高等教育政策にも関わっていた先生方も多かったが、その場合には、逆にしっかりとした実証研究から政策に関わるという方針が明確であった。言い換えれば、「現場に反映されるべき内容でなければならない」というメッセージを、われわれ学生たちは自然に受け止めていたように思う。同じ UCLA の高等教育部門のアスティン教授のカレッジ・インパクト研究は、1966 年の CIRP が最初であったが、それが 45 年近くも継続され、その成果は研究だけでなく、教育現場での実践にも、大学全体の教育の改善につなげる IR にも、そして政策を立てるさいの信頼できるエビデンスとして利用されている。私にとっては、こうした米国での経験や当時の先生たちの研究と実践や政策とのつながり方が日本での研究を進めていく上での方向性を決める際、あるいは振り返る際の指針となっている次第である。研究を実践に反映させていくには、何をすべきか、何を強化すべきか、研究の改善点はどこにあるのかということを意識してきた。その点では、応用研究的側面が強いといえるかもしれない。現在、日本の大学はまさに改革という名のもとで、変化を経験している。改革を推進し、現場に浸透していくためには、信頼できるエビデンスを大学関係者が共有し、政策を立てるうえで、それらを参照し、そして現場で実践していくというプロセスが必要となる。その意味で、米国の研究、政策、実践の関係性から学ぶべき点は少なくないと思っている。

　本書にはそうした私の研究と教育の場における実践の関係性に対する見方が反映されているが、これまでの研究をまとめていくうえで、研究を実践に反映することの困難さを確認する良い機会となったのも事実である。ある意味で、次のステップにむけての良い出発点にもなった。これからも学び続けていきたいと願っている。

　本書をまとめる上で、東信堂の下田勝司社長には暖かい励ましをいただいた。この 10 年の研究をまとめることができたのも、氏の助言と質の高い編集のおかげであると心から感謝している。

学士課程教育の質保証へむけて──学生調査と初年次教育からみえてきたもの／目次

はしがき ……………………………………………………………… i

序　大学教育の質保証にむけて ………………………… 3
1. 研究をまとめるにあたって ……………………………… 3
2. 大学教育の質保証とは …………………………………… 5
3. 本研究の限界について …………………………………… 8

第一部　高等教育の質保証の動向と評価 ……………11

第1章　世界の高等教育政策と質保証 ………………12
はじめに ………………………………………………………12
1. 高等教育政策の転換 ………………………………………13
   1-1. グローバリゼーションと高等教育政策　13
   1-2. OECD 諸国における高等教育政策の共通点　14
2. 大学のユニバーサル化と高等教育の質保証 ……………18
   2-1. ユニバーサル化の意味と高等教育への影響　18
   2-2. 日本における高等教育の質保証をめぐる動向　21
3. ハーバード大学とメルボルン大学の
   学士課程教育の動向 ………………………………………22
おわりに ………………………………………………………26

第2章　学習成果測定方法の考察 ………………………28
1. なぜ学習成果の測定が大事か ……………………………28
2. 学習成果（ラーニング・アウトカム）の測定動向 ……29
3. 米国におけるアセスメントの動向 ………………………31
   3-1. アセスメントの利用目的　31
   3-2. 標準試験開発の道程　32
4. 米国におけるアセスメントの分類 ………………………34
   4-1. 第1のアセスメント　35

4-2. 第2のアセスメント　36
　　　──大学の学習到達度評価型、質的保証評価型アセスメント
　4-3. 学力到達度評価型アセスメントの特質と課題　40
　4-4. 第3のアセスメント──情緒的要因重視型アセスメント　41
　おわりに ··43

第3章　学生調査による大学教育の成果測定 ············45
　1. 問題の所在 ···45
　2. 学習成果をめぐる2つの評価方法 ·······················47
　3. 米国の学生調査とカレッジ・インパクト研究 ·······50
　4. JCIRP開発の背景と研究成果 ······························53
　5. JCIRPからわかること ··59
　6. JCIRPの課題 ···64
　おわりに──JCIRPの課題と今後の方向性 ···············67

第4章　学生の情緒的側面の充実と教育成果 ············70
　はじめに ···70
　1. 日本における学生研究 ··71
　2. これまでの研究と分析枠組み ·······························72
　3. データについて ···74
　4. 日米の学生のエンゲージメントと自己評価 ···········75
　5. 情緒的側面の充実と学生の教育成果との関連性 ········80
　おわりに ···84

第5章　大規模継続型学生調査の可能性 ····················86
　はじめに ···86
　1. 教育評価の測定における学生調査の意義と限界 ······87
　2. マルチレベル・モデル分析による
　　　カレッジ・インパクトの検証 ·····························88
　3. データの概要とモデルの設定 ·······························91
　4. 分析結果 ···94
　5. 誤差項に見られる大学ごとの差異の推定 ···············95

6. 本研究のインプリケーションと課題 …………………99
第6章　教育の質保証とIR──学生調査の活用 …………102
　はじめに ……………………………………………102
　1. IR部門の役割 ……………………………………103
　2. IRと情報公開 ……………………………………105
　3. 米国の大学におけるIRの役割と概要 …………109
　4. 米国におけるIRをめぐる環境と組織 …………111
　5. 学生調査と教学IR ………………………………113
　6. 日本における学生調査と教学IR ………………115
　7. 4大学連携による教学IR ………………………117
　おわりに ……………………………………………121

第二部　学士課程教育の保証 ……………123
──日米比較

第7章　『学士課程教育』が提起する課題とは …………124
　はじめに ……………………………………………124
　1. 2008年調査と2009年調査 ……………………125
　2. 学士力の構成要素をどう測定し、保証するか …………130
　3. 汎用的能力測定の複雑性 ………………………131
　4. 標準試験開発に伴う妥当性と信頼性 …………133
　5. 日本の学士課程教育の成果の評価の特長 ……136
　おわりに ……………………………………………137

第8章　大学における初年次教育の展開──米国と日本 …………140
　はじめに ……………………………………………140
　1. 日米における初年次教育拡大への軌跡 ………142
　2. 現在の米国における初年次教育 ………………144
　3. 日米の初年次教育調査 …………………………147
　　3-1. 調査の設計と方法　147

3-2. 調査結果の分析　148
　　3-3. 学生の評価　150
　4. 2007年調査結果の対応分析 …………………………………152
　5. 初年次教育の効果の規定要因 …………………………………154
　6. 考察 ……………………………………………………………154
　おわりに …………………………………………………………156

第9章　初年次教育のための組織体制づくり ……………………159
　はじめに …………………………………………………………159
　1. 大学教育関連センター設置の現状 ……………………………160
　2. 国立大学と私立大学の管理運営 ………………………………161
　3. 同志社大学教育開発センターと組織的特徴 …………………165
　4. 同志社大学の初年次教育推進の方針と方法 …………………167
　5. 初年次教育の効果 ………………………………………………169
　おわりに …………………………………………………………170

第10章　初年次教育の展開と課題 …………………………………172
　はじめに …………………………………………………………172
　1. 日本における初年次教育の急展開 ……………………………173
　2. 初年次教育の現状 ………………………………………………175
　3. 特色GP採択プログラムと初年次教育 ………………………177
　4. 初年次教育におけるアクティブ・ラーニングの活用 …179
　5. 初年次教育の課題 ………………………………………………180
　6. 日米の中等教育と高等教育の接続概念 ………………………181
　7. 米国の入学適性試験とAPプログラム ………………………182
　8. 初年次教育の多様化 ……………………………………………186
　おわりに …………………………………………………………187

第11章　大学から見た高校との接続 ………………………………190
　1. 問題の設定 ………………………………………………………190
　2. 高大接続に関する論点の整理 …………………………………191

3. 新入生調査からみる新入生のプロフィール ……………193
    3-1. 使用するデータ　193
    3-2. 学生類型　194
    3-3. 高校時代の経験　196
  4. 初年次教育と高大接続の問題 ………………………………204
  5. 米国における教育接続と日本の教育接続の新たな展開…206

第12章　米国の高等教育におけるアーティキュレーション…210
　　　　　──カリフォルニア州のアーティキュレーション・システム

はじめに ……………………………………………………………210
  1. カリフォルニア州の公立高等教育システム ……………211
    1-1. カリフォルニアコミュニティ・カレッジ群　211
    1-2. カリフォルニア州立大学システム　212
    1-3. カリフォルニア大学システム　212
  2. カリフォルニア州におけるアーティキュレーション …213
    ──編入・転学制度
    2-1. マスタープランの改定とその背景　213
    2-2. IGETC の基本概念と実際　215
    2-3. アーティキュレーション・システムの実際　218
    2-4. カリフォルニア大学システムにおける
         アーティキュレーション過程　221
    2-5. アーティキュレーション支援システム　224
  3. 転学・編入学システムの意義と課題 ……………………227

参考文献 ……………………………………………………………241
初出一覧 ……………………………………………………………259
事項索引 ……………………………………………………………261
人名索引 ……………………………………………………………273

学士課程教育の質保証へむけて
──学生調査と初年次教育からみえてきたもの

序　大学教育の質保証にむけて

1. 研究をまとめるにあたって

　筆者（私）は、2000年以降10年にわたって、日本の大学における「学生の成長」「大学教育の成果」という課題に対して、カレッジ・インパクトという米国での理論を基本として、理論的かつ実証的にアプローチしてきた。その成果が本書の内容の基盤となっている。「高大接続」「初年次教育」「学習成果（ラーニング・アウトカム）」「成果測定」「IR」などのトピックが話題となっているように、高等教育改革が進展する中で、これらのトピックは個別に取り上げられるテーマでそれぞれに関連性がないと思われるかもしれないが、筆者（私）としては、これらのテーマはひとつの線上に位置づけられるものとみている。そこで、それぞれがどう関連づいているかを若干の紙幅を割いて説明したい。

　2000年代の前半においては、本書の第二部にまとめている「初年次教育」の研究と実践に多くの時間を費やした。筆者（私）が、1990年代後半の日本において当時それほど普及していなかった「初年次教育」に関わった契機は、新入生を大学での学びに円滑に適応させるという目的でのチーム・ティーチング科目を担当したことであった。その後、米国で開催されている「初年次教育国際フォーラム」に継続的に参加し、初年次教育のプログラム内容や、初年次教育の効果、そして初年次教育の実践報告等の研究者だけでなく実践者の発表を聞き、同時に関連した文献や資料を収集し、読みかつ分析することを通じて、「初年次教育」は新入生がスムーズに大学生活に適応できることを目的として、学生が能動的に関わる体験を提供すること、教員主導ではない、学生主体の授業になるように教育方法が工夫された教育プログラムで

あることを認識した。

　1990年代後半の日本の高等教育機関では、国公立・私立を問わず、専門科目の概論やオリエンテーションなどの形で「導入教育」は既に実施されていた。しかし、その基本となる方法論や取り組み方は、大学によって多様であり、目的や意味も多義的であることから、米国のような「初年次教育」としての目的や意味を包含するような導入教育ではなかった。確かに、4年間で専門課程を学ぶ日本の大学と、学士課程後半の2年間あるいは学士課程を終えて、大学院や専門職大学院などで主に専門課程を学ぶ米国の大学では、初年次教育を必要とする背景や構造が異なっている。それゆえ、日本の大学では専門教育への導入に重点がおかれる導入教育が主流であったことは仕方のないことかもしれない。しかし、高校から大学への移行を支援すること、新入生段階で大学での学びの基本となる学習スキルを修得することは、米国の大学だけではなく、日本の大学においても不可欠な要素ではないかと考え、初年次教育の研究に着手し始めた。同時に、大学において実際に制度化する必要性も急務であると考え、2001年からは、米国で実際に普及していた初年次教育の概念と内容を取り入れた「初年次教育」を勤務校の所属学科で試験的に担当した。その後、勤務校全体で初年次教育を制度化すること、すなわち「啓蒙から普及」の段階では、教員に初年次教育の効果をエビデンスとして提示する必要があったことから、効果の検証といった研究の蓄積にも関わっていった。この一連のプロセスは本書第二部の第8章や第9章に集約されている。

　当時の問題意識として、筆者(私)自身は、進学率の上昇による学生の多様化や学生の価値観等も含めた変容に対応するための処方箋としての「初年次教育」と位置づけていた。しかし、初年次教育を担当する時間が経過し、かつ勤務校での初年次教育の効果測定のためのデータが蓄積され、一時点だけでなく継続的かつ複数の時点から収集したデータを分析することが可能になるに従って、「初年次教育」を、初年次教育として完結するのではなく、2年次、3年次、4年次への橋渡しとして、もしくは4年間の学士課程教育全体をプログラムとしてみなした場合、重要な第1ステージとして捉えるべきではないかと考えるようになった。つまり、初年次教育プログラムとしての設

計思想と到達目標は、①大学生活に移行する際の支援、②基礎的学術技術（アカデミック・スキル）の獲得、③キャンパス資源とオリエンテーション、④新入生のセルフエスティーム（自尊感情・自己肯定観）の向上の4点に集約されており、結果として学業と生活の両方を充実して過ごせるように支えること、大学というコミュニティの一員である感覚を学生同士が共有することにおかれている。初年次教育だけで完結するのではなく、初年次教育の成果は学士課程全般の教育のための基盤となり、成果につながると思われた。

同時に、高等教育関連の国際学会に参加するたびに、「高等教育への財政配分縮小」「アカウンタビリティ」「評価」といった用語が、常時用いられていることに気づいた。言い換えれば、多くの国々、特に、私が参加している高等教育関連の国際学会やフォーラムは、OECD諸国が中心であることから、米国、オーストラリア、イギリスなどに顕著な傾向という、限定的ではあるものの、こうした国々には共通の高等教育政策が見出され、そうした政策にもとづき、高等教育の改革が推進されていることに気がついた。その場合のキーワードは、上記と全く同じであり、それらのキーワードから「高等教育の質保証」もしくは「大学教育の質保証」が上記の国々に限らず、多くの国々で進展している高等教育改革の目指す方向性と推察した。

2. 大学教育の質保証とは

「高等教育の質保証」もしくは「大学教育の質保証」は多面的である。高等教育の「制度」「財政」「組織」「管理運営」「国際化」「教員」「教育課程」「入試」「学生」「教育方法」「情報」といったハードからソフトに至る側面、その国に固有の「政治経済的側面」「歴史・文化」も関係しているだけでなく、グローバル化から生ずる影響も大きい。すなわち、高等教育政策や大学改革の方向性は、グローバル化からもたらされる国家間の競争、人材育成、人の移動、知識の移動を所与のものとして、それらの動向に左右される。高等教育の発展段階の違い、経済成長度に差異があったとしても、資源や富をめぐっての競争や、その競争で優位に立つための科学技術の振興とそのための人材の育成は、多くの国にとって、21世紀のグローバル化した社会での必須事項とみなされ

ることになる。それゆえ、方向性や政策やスローガンに共通性が見出されることになる。「知識基盤社会」が21世紀の社会のキーワードと捉えられるようになっているが、そうした社会ではより高度な知識やスキルを備えた人材が不可欠である。それでは、どこがそうした人材を養成するのだろうか。

　日本においては、かつて企業などの産業界が人材育成を担ってきたが、現在では少なくとも高等教育、すなわち大学教育を通じて一定程度の知識やスキルを備えた人材を養成することが求められるようになってきている。それらを示すキーワードが「アカウンタビリティに応える」ことであり、「高等教育の質保証」や「大学教育の質保証」はそうした一定水準を備えた学生を育成する教育、個々の大学の教育課程や方法、教員の教育力、そしてマクロでみると高等教育機関全体が質を保証することを意味している。

　このような視点から初年次教育も高等教育の質保証の一端を担う教育であるとするならば、大学教育全体を学士課程教育と捉え、1年次から4年次までの教育を連続性、継続性のある教育プログラムとして捉える視点が必然的となる。いうなれば、ラーニング・アウトカム（学習成果）を保証できるような学士課程教育を充実させることが、当然の帰結として浮かび上がる。一般教育や専門教育という捉え方で大学教育を分けるのではなく、学士課程としての教育、そしてその学士課程の教育の成果として学士という学位を授与することが重要になる。つまり、各大学が自らの教育理念と、学生の成長を実現する学習の場として、学士課程教育を充実させていくということが求められることになる。

　しかし，そうした場合に、学習成果が最終的なアウトカムであるとしても、学習成果に至るまでに学生が常に成長していくとすれば、どうやってその成果に至る成長を測定するのか、そして学生が成長していく結果としての成果と学士課程教育とにどのような関係があるのかについて解明することが、高等教育の質保証の実現にむけては、避けることができない課題として残る。

　こうした問題意識は、本書の第一部の各章に反映されている。第一部では、学生の成長の測定手法の開発と、大学という環境が学生の成長にいかに関わるかというカレッジ・インパクトの理論的基盤を構築するために、学生の成

長を間接評価の代表でもある学生調査からいかに測定するかの実証研究に力点をおいた。データの実証分析をするにあたって、本書ではカレッジ・インパクトを大きな意味で大学教育の効果と捉えているが、学生の成長とカレッジ・インパクトの関係性について、明確化することを試みてきた。その場合、データを継続的に、かつ多くの大学でも利用でき、また国際比較も可能な標準的な調査項目から成り立つ学生調査を通じて収集し測定することを、測定する上での基本理念として提示している。

　調査が継続的におこなえるようになったら、今度は長期的に見た場合に学生がどう変わってきたか、10年前の学生と今の学生がどう違うのか、時系列で把握する。今の学生の状況だけではなく、何年かの流れの中で学生達がどういう特徴をもち、それがどう変わってきたかを分析し理論化するためには、継続的に調査をおこなっていくことが必要であると考えるからである。同時に、多くの大学で使用できるような汎用性の高い調査票から、学生の変容や普遍的な学生像を描き出す。つまり、学生調査の開発の初期段階から、「大学教育を科学する」ことの必要性を意識してきた。これまで多くの大学では、客観的なデータをもとに現状を把握し、それを教育改善に活かすということをおこなってこなかった。大学での教育の場は、教員が話をするのを学生が聞くという形式が基本として成り立っており、教員も「今時の学生は……だ」というように、主観で捉えがちであるが、臨床の経験が重用されていた時代からデータ重視に変わってきた医学の世界と同様、データで学生の学習行動や生活行動を把握し、それを教育改善に活かしていかなければならない。科学的なデータによって大学教育を改善していくことが、現在から今後のあり方であると考えている。

　しかし、今後のあり方をさらに進展させるためには、間接評価だけで学生の成長、大学教育の効果やインパクトを測定し、改善に活かすことは不充分であるといわざるを得ない。直接評価と組み合わせて、学生の成長、大学教育の効果やインパクトを測定して初めて、測定モデルとしてはより精緻なモデルとなると同時に、大学教育の質保証を推進していくために、こうしたモデルを制度化することは必然的であるといえよう。その意味では、エビデン

スペースから大学教育改善へとつなげることを大学内で制度として組み入れることが、教学 IR と位置づけられる。この将来モデルについて、本書第一部の第6章で提示している。さらに、学生の成長を大学に限定するのではなく、制度や学生を高校との接続の側面で捉えることにより、学士課程教育を接続という視点でみることの必要性や方法についても検討した。その意味では、中等教育と学士課程教育を接続という概念で貫くことも、今後のあり方となるのではないか。

3. 本研究の限界について

　学生の成長や大学教育の効果やインパクトを精緻に測定していく上で、教員の関わりや教員の教育力は不可欠である。しかし本書では、教員の教育にむけての努力や改善、いわゆる FD については扱っていない。学生を中心に据えた実証を中心におこなってきたため、教員に焦点を当てた実証はおこなっていない。そういう意味での限界は否定できない。いかに学生の成長や大学教育の効果や限界を教員が認識し、それを教育改善につなげていくことにリンクすることができて、始めて大学教育を科学することにもつながる。残念ながら、本書ではそこまでの段階まで結びつけることができなかった。

　筆者（私）は、勤務先の同志社大学の教育開発センターで2004年から09年まで全学の「初年次教育」と「教育効果の向上」「FD」の進展と制度化に関わってきたが、その点では、本書の研究が実践に反映されたとは言えるかもしれない。しかし、とりわけ FD に関しては、ある壁を乗り越えても、次の壁がそびえているという状況が続いており、いつ壁を乗り越えられるかを予測できなかったことも事実であった。学生に関するエビデンス・データをいかに FD に反映し、実践し、効果を上げていくか、日常的に制度化されなければ、研究と実践をリンクすることができているとはいえない。この点については、反省点として真摯に受け止めなければならないと思っている。

　また、カレッジ・インパクトは大学での影響と翻訳したとしても、その場合に、ミクロな教室における教員の教育方法や学習方法、学生同士の関わり方、教員との関わり方や学生自身のインボルブメントやエンゲージメント、

教育課程という中間的な大学教育や制度だけに限定されるのではなく、課外活動等の正課外のカリキュラム（エクストラ・カリキュラム）にも目をむける必要がある。さらには、大学の外での経験、アルバイト先、インターンシップ先、留学先での経験や人との関わりが大学生の成長に大きな影響を及ぼすであろうことは、想像に難くない。それゆえ、多くの大学が地域社会との連携、様々なボランタリー団体や企業との連携、海外での研修など、大学の外部での経験を教育の一部として取り入れ、そうした経験を通じて学生が成長することを意図し、かつ教育効果を期待している。こうした動向は米国の大学や他の国々の大学においても同様に見られる。

さらに言えば、教育の効果や成果は大学生活というある期間内だけで測定するというよりは、卒業後の就職先や進学先での成果との関連性から分析することも不可欠である。その意味では、卒業生調査を実施することで、よりカレッジ・インパクトを重層的に分析することにつながると思われる。しかし、筆者（私）の力不足もあり、残念ながら本書では、あくまでも大学という機関の教育課程と大学に在学している期間を通じての学生の成長を測定しているにすぎない。学生のサークルやボランタリーな活動のインパクトなどに示される教育課程以外のカレッジ・インパクトや大学の外側でおこなわれる活動を含むアウトサイド・カレッジ・インパクトを通じての学生の成長やそれらの効果の測定、さらにはポスト・カレッジ・インパクトにも目をむけるべきであろう。そうした枠組みの研究を通じて、インサイドとアウトサイド（内と外）が交差するカレッジ・インパクトと学生の成長の関連性、もしくは在学期間とポスト大学期間のつながりの新たな地平が見えてくるのではないだろうか。

今までに蓄積してきた学生データを使い、様々な統計手法で検証している。そのため、理論面での説明・検証しようとする内容などに関連した部分の重複がどうしても章を越えてみられてしまった。読みにくい点をどうかご容赦いただきたい。

第一部　高等教育の質保証の動向と評価

第1章　世界の高等教育政策と質保証

はじめに

　21世紀の到来とともに、日本の高等教育機関における大学改革は新局面を迎えた。1991年の大学設置基準改正以来、各高等教育機関は一斉にカリキュラム改革、自己評価ならびに教員任期制の採用等、一連の大学改革を推し進めてきた。1990年代初期の改革は、大学の自律性の尊重と研究志向の大学組織から教育や学生を重視する組織体への変換を目指した点に特徴があったが、現在進行しつつある大学改革は、より市場の動向を意識し、同時に政府の規制緩和政策に大きく左右されるような方向へと向かっているようにみえる。本章でとりあげている市場あるいは市場原理とは、従来、高等教育機関に関する政策が強い規制によって縛られてきたのに対し、大学の裁量による自由化のなかで、大学への民間からの資金の投入や学生の集中に対しては規制よりも市場の原理が働くということを意味する。このような改革動向は、近年のグローバリゼーションの進行に伴って先鋭化する国家間での競争、および到来する少子高齢化社会では必然的な財政抑制策を視座に入れた結果とみなされる。しかし、市場原理にもとづいた教育政策は果たして日本だけの動向といえるのだろうか。あるいはグローバリゼーションが単なるレトリックではなく、各国の政策決定に実質的な影響力をもっているのだろうか。高等教育政策の研究者であるカリーは高等教育機関の管理組織化、アカウンタビリティ、そして私学化といった現象は大学という組織に企業および市場の価値が導入されたこと、そして一連の政策転換は1990年代より加速化したグローバリゼーションの展開によってもたらされたと論じている (Currie; 1998, 2)。中等教育における PISA の結果が話題となり、日本の中等教育にお

ける学力低下をどう回復するかが最近取りざたされているが、高等教育版PISA[1]いわゆるAHELOに関する議論は第5期中教審において設置されたワーキンググループを中心に進んできている。

本章では、グローバリゼーションの進展という21世紀の新しい現象の中で、OECD諸国にみられる高等教育政策の共通点を理解し、諸外国における高等教育の成果をめぐる動向について検討する。

1. 高等教育政策の転換

1-1. グローバリゼーションと高等教育政策

21世紀の社会は経済活動の地球規模化、知識・情報化社会の進行に伴う知識刷新の必要性が常態化する、そして一段と推し進められる政治制度の民主化が今までとは異なる力が影響を及ぼす社会と予想されている。このような時代においては、情報は瞬時にして近隣のみならず遠隔地にも流れ、人々は地球上の諸問題に深い関心をいだくようになり、市場を中心に考えられるイデオロギーが席巻すると指摘されている。グローバリゼーションの研究者であるロバートソンは、グローバリゼーションを「世界が情報、イデオロギー等諸側面において縮小し、世界への共通意識の高まり」をもたらすものと抽象的に定義している（Robertson: 1992, 8）。グローバリゼーションを具体化したシステムとして捉えてみれば、小規模な地域、あるいは国家における制度が世界システムに統合される過程ともみなすことができる。換言すれば、新しい世界経済秩序の構築とも定義できる。例えば、グローバリゼーションを一国の経済がグローバル経済に包摂されていく現象として捉え、さらに国家、社会あるいは政治上の優先よりも国際市場もしくは金融市場の実態が公共の政策を決定づけるとみなしている研究者もいる（Dudley: 1998, 21-43）。その結果、国家は財政支出の削減へと向い、規制緩和が推進され、社会福祉部門の縮小が必至の情勢となる。さらには高等教育も市場イデオロギーの席巻から無縁ではなくなる。グローバリゼーションの進行に伴って、高等教育機関での研究政策は、国家の技術力の向上に寄与するような科学技術部門、産業政策関連もしくは知的財産戦略に関連する分野での研究の重視へと転換される

ことが、多くの国々において進行している。

　同時に、高等教育の大衆化段階への移行が多くの国々で進行していることも、高等教育政策の転換に影響を及ぼしている。1980年代までに、ヨーロッパ諸国、米国、そして日本に代表される先進国の高等教育はエリート段階から大衆化段階への移行をほぼ完了したとみなされた。1980年代における移行段階の特徴として、公共部門への財政上の抑制が大規模に実施されている最中にもかかわらず、高等教育は急速に拡大したことが挙げられる。その結果、政府は限られた財政資源を平等に配分するのではなく、より成果を重視した上で予算配分を決定する方向へとシフトしたのである (Van. Vught & Westerheijden: 1994, 355-371)。政府や公共的な使命を担っている団体・組織がこのように社会からのニーズに応え、成果をあげるという責任をアカウンタビリティ（説明責任）と一般的には呼称する。現在、グローバリゼーションの進行とともに、世界の多くの国における高等教育に共通の用語は、研究や教育の成果および高等教育の成果を示すことを意味する、アカウンタビリティともいえる。

1-2. OECD諸国における高等教育政策の共通点

　ヨーロッパの大多数の国は高等教育の大衆化段階を既に経験しており、米国は日本より早くユニバーサル化段階を迎えた。第二次世界大戦後に代表される欧米先進国の福祉政策においては、国家が公共サービスと高等教育に財政支援をおこなうことに対して一定の合意が形成されていた。自由主義的とみなされる米国においても、福祉政策が高等教育の発展に大きな貢献を果たしてきた。この福祉国家政策が、特に米国における高等教育の発展に大きく貢献してきたことは、例えば1950年代から70年代にかけて、米国における戦争に従事した兵士を優遇して高等教育に進学させるという復員兵援助法（GIビル）[2]の通過により、多くの兵士が大学に入学可能になったこと、また、州立大学やコミュニティ・カレッジの制度が整備され発展した事実も反映されている。連邦および州政府の高等教育への財政投与もこの時代には大幅に増大した。同時代を通じて、それまで高等教育進学の中核をなしていた中産

階級出身の学生だけでなく、復員兵士およびマイノリティ学生が大学教育へアクセスできるようになったという現実は、高等教育の大衆化と普遍化をもたらした。

　しかし、「小さな政府」をスローガンに財政支出抑制政策を掲げたレーガン政権が登場して以来、1980年代には一転して連邦、州政府の高等教育への財政配分は減少し、1990年代初期においては、米国が直面した景気後退の影響を受けて、高等教育予算の大幅削減がおこなわれたのである。高等教育は、限られた財源をめぐって、他の公共サービスとの予算獲得競争に直面したのであった。1991〜92年度の資料によると、おおよそ3分の2の公立研究大学・機関が同時期に実質的な予算削減を経験し、多くの私立大学も様々な引き締め策を導入したと報告されている(Slaughter: 1993, 247)。予算削減により基礎研究を従来通りの規模あるいはペースで継続すること、社会科学・行動科学分野での先端的な研究を実施することの困難に直面し、その対応に疲弊した大学は、産業界との連携強化策への変換、大学キャンパスの再構築への着手、そして職業志向カリキュラムの再構築等のプランに着手した。

　イギリスにおいては、教育政策の変換・転換は米国以上に急激であったといえよう．イギリスの高等教育はユニバーサル化段階へ突入している米国や日本とは異なり、高等教育進学率が15％以下であるとされるエリート段階から大衆化段階への移行段階にある。さらに、1970年代にトロウが、イギリスを包摂するヨーロッパ諸国の高等教育機関には米国や日本に適用される高等教育の発展段階理論がそのまま相当するとはいえないと論じたように、ヨーロッパ諸国の高等教育機関は元来大衆を対象とした教育機関として機能してきたとはいえない。オックスフォード、ケンブリッジ大学やその他のイギリスの高等教育機関が元来少数の政治的あるいは官僚エリート養成機関として設立されたために、科学技術あるいは工学関連分野は職業教育部門と同様に低く評価されてきたということは否めない。

　一方、労働者階級出身者の高等教育機会を拡大するために職業に関連の深い実践的な分野を中心的に学ぶポリテクニク[3]が創設され、多くの準専門職がポリテクニク機関を通じて養成されてきた。言い換えれば、イギリスの高

等教育システムは、少数のエリートを対象とした機関と大多数の庶民、労働者階級を対象としたポリテクニク大学からなる二元制度で成り立ってきた。しかし、高等教育を受ける資格のある全ての中等教育修了者に高等教育機会を与えるというアーティキュレーション（接続）の必要性を提示したロビンス報告書が1963年に公刊され、これが高等教育の機会が拡大する契機となった。とはいえ、高等教育の拡大の度合は、トロウがみなしているように米国や日本のように急激および大規模ではなかった。

イギリスの高等教育には伝統的に国家政府の干渉、影響を受けることが比較的少なく、それ故高等教育機関は「学問の自由、自治」という概念を発展させることが可能であったという特徴がある (Brennan & Sharh: 1993, 290)。しかし、1979年に政権の座についたサッチャー政権の主な姿勢は、市場、効率性と効果、質、民営化、世界競争そして国家予算の削減等のスローガンからうかがえる。サッチャー政権は規制緩和政策を推進すると同時に、社会からのニーズに応えるという市場性を重視する政策を導入した。政府の高等教育資源に関しては、彼女の就任直後に予算が大幅に削られた。1980～84年の間に、政府の大学補助金委員会 (University Grants Committee: UGC) への補助金は15％もの削減となったため、1985年に初めてUGCは研究評価にもとづく選択的資源配分を開始し、その結果、科学技術分野が優先された資源配分となった。

1992年の継続・高等教育法の施行後に、大学とポリテクニクからなる二元制度から、ポリテクニクを大学に昇格させるという措置により一元化制度へと変換し、この措置に伴って高等教育財政審議会 (Higher Education Funding Council: HEFC) が創設され、一元化された高等教育機関の教育の質を評価することと、機関への資源配分の決定をおこなうという機能を規定したのである。教育評価による助成金決定基準は、教育評価の結果と学生数にもとづいて算定されるという尺度が明確化されたことにより、かつて大学への大規模機関補助金に組み込まれていた研究業績にもとづく資源配分は自動的に廃止され、競争原理にもとづいた研究資金配分に変換した。この高等教育補助金政策は1990年代にも踏襲された。グローバリゼーションを視野に入れた政府の科学技術重視政策により、各大学レベルでの競争のみならず、産学連携

の強化、そして先端研究を目指しての複合領域にまたがる学科の再編など各大学の改革への取り組みも活発化した。

　オーストラリアにおいても1980年代に雇用、教育、貿易担当大臣であったドーキンスがオーストラリア経済に及ぼすグローバリゼーションの影響と、それに伴う高等教育の転換の必要性について言及し、それを契機として高等教育改革が本格化した。ドーキンスは経済面での改革手法を高等教育にも採用することで、以前の労働党の政策を覆し学生納付金を再導入した。補助金配分を担当していた連邦中等後教育委員会（Commonwealth Tertiary Education Commission in Australia: CTEC）を廃止し、管理運営の計画と実践は各高等教育機関の裁量に委託させたものの、補助金配分に関しては直接政府の支配下におく政府管轄方式への転換を図った。規模と効率性にもとづく大学組織の統合が奨励され、学生一人当たりの補助金額が削減されたにもかかわらず、学生数は増加した。

　最近のオーストラリア高等教育審議会は高等教育政策の基本路線を、①公共部門での改革のより一層の推進、②成果にもとづく資源配分の実施、③公共補助金の大幅な抑制、④競争主義の徹底、⑤労働力配分の再構築と経済改革の推進、⑥多様性の維持の確保、⑦コミュニケーション技術の修得等に焦点化して推進していくことを明確にしている。

　現在では、積極的な海外展開を図る大学や留学生の誘致に力を注ぐ大学など個々のストラテジーには多少の温度差はあるが、多くのオーストラリアの大学に共通のストラテジーは教育重視政策の推進である。大学によっては、ファカルティ・デベロップメント（以下FD）を教育改善の柱に据えるところ、学生支援を第一にしているところなど差異はあるが、学部卒業生に、一般的かつ汎用的な能力や技能であるジェネリック・スキルを身につけさせて、労働市場に送り込むという目標は多くの大学に共通である。この背景として、2003年に「学習と教育の業績資金（LTPF）[4]」計画がオーストラリア政府によって公表され、競争的資金の獲得へのインセンティブとなった。この資金の目的は「学習と教育（Learning & Teaching）」に卓越した業績を示した大学を褒賞することである。また、大学での残留率や卒業率も大学への資金配分に直接関

連づけられている。そのため、近年ではオーストラリアの大学は個々の大学の卒業生に対して、その大学の教育を通じて育成された結果として、卒業時に身につけている能力や技能であるアトリビュートを明示し、その目標達成のために、大学全体の教育カリキュラムを改革するようになってきている。

日本においては、高等教育機関の質の向上を目指すには、機関評価が必要であるという大学審議会答申をうけて第三者評価機関が2000年4月より設立され、その後認証評価機関となった。この機関を通じて国公私立大学の各機関の評価を実施する体制が整備され、2004年からは大学評価・学位授与機構、大学基準協会、日本高等教育評価機構の3つが認証評価を実施してきている。認証評価機関が実施する大学評価には各機関に加盟している高等教育機関から選出された専門分野別の教員が評価委員として加わり、高等教育機関の評価に携わるという相互評価が特徴となっている。総合的な評価結果の活用によって第1に、大学側に結果をフィードバックすることにより各大学の教育研究の改善に役立てること、第2に外部に結果を公表することにより、外的アカウンタビリティを果たすことが可能となった。国立大学の法人化問題も近年のアカウンタビリティ問題の象徴とも位置づけられるイシューであったが、2004年から国立大学法人となり、認証評価や法人評価を受けながら、アカウンタビリティに応えてきている。

本節では、グローバル化の進展のなかでの、2000年代半ば頃までのOECD諸国にみられる高等教育政策の共通点を検討してきたが、アカウンタビリティがいずれの諸国においても高等教育政策の転換に影響を及ぼしていることは明らかである。現在では、OECD諸国のみならず、世界の多くの国において、高等教育の質保証がグローバル化のさらなる進展とともに政策課題となっている。次節以降では、高等教育の質保証に関連する教育課程の改革をめぐる動向について検討する。

2. 大学のユニバーサル化と高等教育の質保証

2-1. ユニバーサル化の意味と高等教育への影響

世界の高等教育の多くは大衆化段階を迎えていると既に説明したが、その

なかでも日本の高等教育は急速に大衆化段階からポスト大衆化段階、すなわちユニバーサル化へと進みつつある。トロウは高等教育の発展段階はエリート、大衆化、ポスト大衆化（以下ユニバーサル化）という3段階に分類されるとした（Trow: 1974, 51-101）。

トロウによると、エリート段階は高等教育進学年齢に当たる同世代人口の15％以内が高等教育機関に在籍している状態を示し、大衆化段階は15％から50％まで、そしてユニバーサル化段階は高等教育進学年齢の50％以上が高等教育機関に在籍しているものと定義されている。

日本では1998年に大衆化段階とユニバーサル化の分岐点、すなわち大学・短大進学率はおおよそ50％に達し、2007年時点で既に50％を超えた。ここで、日本におけるポスト大衆化段階、ユニバーサル化状況の進展を振り返ってみよう。1998年に大学進学適齢期同世代の48.2％が高等教育機関に進学した。同年に新規高等学校卒業者のうち高等教育機関への進学を希望している生徒の割合は55％であることから鑑みると、日本は2000年前後から大衆化段階からユニバーサル化段階へと既に移行しているとみることができる。

このように現在ではおおよそ同世代の半数が大学に進学するというユニバーサル化段階にある。高等教育のユニバーサル化の影響としては、第1にマスメディアが取り上げる学力低下問題が挙げられる。少子化の進行もなかなか歯止めがかからない。当然、少子化の流れのなかで、進学率が上昇し、同世代の半数が高等教育機関に進学するのであれば、学力低下現象が顕著になるのは当たり前となる。第2に、大学新入生の意識の変化という点も見逃せない。例えば新入生と話すと、大学進学の意味を深く考えていない学生が大多数を占めていることに気づく。なぜなら、周りの同級生が何の疑問ももたずに大学に進学する進学率が90％に達するような進学校においては、大学への進学が単なる通過儀礼として捉えられているからである。中堅校やその他の高校においても進学に関する状況はそれほどの大差はない。進学率が低い時代においては、大学に進学することに対して何らかの覚悟が必要であったのに対し、現在はそうした覚悟をもたないで多くの高校生が大学に進

学する大衆化時代であることから、むしろ大学の4年間は、自分探しをするためのモラトリアムの期間として捉えたほうが適切であるともいえる。第3に、学生と教師との関係の変容も関連性が高い。言い換えれば、現在の大学教員が育ってきた時代と現在の学生の学生文化は変化してきているが、自分達の世代の学生文化が一般的であると認識している教員と、今の学生の認識との間で大きな齟齬が生じている。

　教えることと学ぶことの関係性についての捉え方の変化にも着目することが必要であろう。国の政策にも明確に打ち出されているが、大学はより教育を重視する場へと変化してきており、ラーニング（学ぶこと）とティーチング（教えること）を一対で充実させることが多くの大学にとって重要課題として位置づけられるようになっている。江原は日本の大学の教員は、研究志向型が多いと指摘している。米国やオーストラリアの教員が研究と教育を両立しようとする意識が高いのに対し、ドイツ、オランダ、日本等は研究を第一に考える研究志向型教員が多くなっている。特に日本は、教育よりも研究を重視する教員の比率が最も高いことが明らかにされている (Ehara: 1998, 133-154)。しかし前述したように現在、教育重視の方向へと舵が切られていることから、教員の意識を教育重視へと変容させるようなFDを充実することが2008年からは学士課程教育においても義務づけられた。高等教育のユニバーサル化がもたらす影響は、単なる学力低下問題のみならず、学生の変容、そして教員の学生への関わり方の大幅な変容へとつながるような大きなイシューであるといえる。こうした新しい動向は、大学という高等教育機関に新たな教育課程や教育方法を構築する原動力ともなる。新しい教育方法あるいは教育プログラムの代表例が、新入生を対象とした初年次教育である。日本における初年次教育は、一般的に高校から大学への学習面、生活面を含めての円滑な移行を目指すための教育であると定義することができる。具体的には、(1)スタディ・スキル（一般的なレポート・論文の書き方や文献の探し方、プレゼンテーションやディスカッション）の教育、(2)ステューデント・スキル（大学生に求められる一般常識や態度）の教育、(3)専門教育への橋渡しとなるような基礎的知識・技能の教育、そして(4)情報リテラシーに関する教育という4つの内

容を包含する教育プログラムが初年次教育とみなされ、さらに教育課程外での初年次生を支援するオリエンテーション・プログラムや課外活動支援プログラム、キャリア教育、自校教育等その他の初年次生を対象としたプログラムも含めて初年次教育プログラムとして位置づけられ、学士課程教育の一環を担う重要な初年次生のための教育として定着しつつある。

2-2. 日本における高等教育の質保証をめぐる動向

　2007年7月に大学設置基準が改正され、「1.大学は、学生に対して、授業の方法及び内容並びに一年間の授業の計画をあらかじめ明示するものとする。2.大学は、学修の成果に係る評価及び卒業の認定に当っては、客観性及び厳格性を確保するため、学生に対してその基準をあらかじめ明示するとともに、当該基準にしたがって適切に行うものとする」旨記載され、授業計画と成績評価基準の明示が、設置基準レベルで義務化された。

　2008年に中央教育審議会(中教審)『学士課程教育の構築に向けて』の答申が提示され、それまでの高等教育の審議の結実として、学士課程教育の構築が日本の将来にとって喫緊の課題であるとし、その問題意識として最初に、「グローバルな知識基盤社会、学習社会において、我が国の学士課程教育は、未来の社会を支え、より良いものとする「21世紀型市民」を幅広く育成するという公共的な使命を果たし、社会からの信頼に応えていく必要がある」ことが明記された。第2章「学士課程教育における方針の明確化」では、国によっておこなわれるべき支援・取組として、「国として、学士課程で育成する21世紀型市民の内容に関する参考指針を示すことにより、各大学における学位授与の方針等の策定や分野別の質保証枠組みづくりを促進・支援する」ことが述べられている。

　また、大学卒業時の学習成果への言及がなされたのも新しい動向である。

　今後の学士課程教育の構築にあたっては、各大学が自らの教育理念と学生の成長を実現する学習の場として学士課程を充実させることが強く求められている。すなわち、参考指針として掲げられている「学士力」を学士課程教育における教育課程を通じて身につけていくことが期待されるわけだが、そ

の場合、従来から実施されてきた座学中心の講義以上に、初年次教育やサービス・ラーニングを始めとする新しい内容で構成された教育や方法が重要となる。ティーチングとラーニングを相互作用として捉え、そうした過程を振り返りながら、成果へと結びつけていくことが、高等教育のユニバーサル化が進行している状況では不可欠となる。

　さて、21世紀の知識基盤社会にむけての人材の養成という目標にむけて、学士課程教育を充実し、具体的な成果が求められているのは日本だけの現象ではなく、ほとんどの先進諸国の高等教育機関さらには開発途上国の高等教育機関が直面している課題であることは、各国の高等教育に関する報告書や論文にも大いに反映されている。そして教養教育や一般教育も、こうした方向性のもとに現在構築されつつあるのが世界の動向でもある。次節では、ハーバード大学の一般教育報告書に見られる一般教育改革の方向性と、メルボルン大学で提示されているアトリビュートと関連した学位プログラム改革の事例を提示しながら、グローバル化の影響とこうした学士課程教育の充実方向との関連性を検討してみよう。

3. ハーバード大学とメルボルン大学の学士課程教育の動向

　ハーバード大学が2007年に公表した一般教育対策本部の作業委員会による最終報告書においても、一般教育[5]の重要性が示され、今後充実すべき8つの領域が挙げられた。これらの領域は、1978年から2008年までの30年間にわたってハーバードの一般教育で続けられてきた「コア・プログラム」に実質的に置き換えられるものとして位置づけられている。その新しく打ち出された方向性では、外国語の習得と文章作成技能の向上に加えて、学生は8つの領域から、1学期間にわたって、1つの授業を履修しなければならない。8つの領域とは、「美学と解釈」「文化と信念」「経験的推論」「倫理的推論」「生命科学」「物理科学」「世界の社会」「世界の中の米国」である。これらの領域は、人文学、社会科学、科学、数量的推論、心理的推論といった内容を含んでいるが、必ずしも特定の学科の科目を履修することが求められているわけでは

ない。

　本報告書では、一般教育の成果は、①学生が市民としての責務を果たすように促すこと、②学生自らが文化的な伝統（芸術・考え、理念、価値観）のもとに生まれ、その一員であることを理解させること、③変化に対して批判的かつ建設的に対応できるように学生を導いていくこと、④学生自らの言動が倫理的にどのような意味をもつかを理解させること、と定められており、各科目は少なくともこの目標の1つから2つを修了時に学生に学習成果として身につけさせることが求められている。

　ハーバード大学では、大学教育自体は学生それぞれが医者や弁護士、研究者、あるいは企業人等になるにせよ、全員が社会の構成員である市民となるための、卒業後の人生にむけた準備であるとみなされている。つまり、責任ある市民を育成するという視点が、大学教育の根本であるという考え方が基本となっている。それ故、市民として暮らしていくには、米国だけでなく他の国々、他の社会、そして他者との関係や影響を認識することが不可欠となる。その場合誰もが文化的・宗教的・政治的・技術的など様々な変化を経験することになる。それ故、批判や、文化の壁、倫理的ジレンマなど、生きていく上で必然的な問題に直面することになるが、諸々の問題に対して知識豊かに思慮深く立ち向かうための技能や考え方等を身につける場が大学であり、一般教育もそうした役割を担うものとして認識されている。こうした認識、位置づけが8つの主題領域の基本であるとみなされよう。また、一般教育科目とカリキュラムを通じて、革新的な教授方法を幅広く取り入れることや課外活動と教室内の経験を結びつけるための計画なども、新しい方向として取り上げられ、推奨されている。文章と口頭のコミュニケーションを用いた科目指導をより多用すること、学際的科目の発展、学部生と教員の接触機会を増やすこと等が改革の方向として提示されている。言い換えれば、教員が講義や座学を主体とした方法だけでなく、活動を主体とした学習を取り入れ活用していくことへの期待が、報告書を通じて強いメッセージとして発信されている。

　次に、オーストラリアの事例を示してみる。近年、オーストラリアの各大

学でも学生が身につける能力やスキルを提示するようになってきていることは先述した。その背後には、グローバル化した社会に備えるという世界共通の目標が意識されるようになってきていることが大きい。研究大学として定評のあるメルボルン大学は、国際社会でも通用する卒業生を育成するという目標のもと、卒業時に学生が身につけるべきアトリビュートとして、「国内および国外の社会で活躍できるように、技能と能力をもつこと」が全学で合意され、学部教育の充実が進められている。具体的に卒業時のアトリビュートとして、①学問的に優秀であること、②専門分野を超えた知識を身につけること、③共同体でのリーダーとなること、④文化的多様性に調和すること、⑤グローバルな市民として活動すること、という5分類が定められ、それぞれの分類のもとで、さらに詳細なアトリビュートが提示されている。例えば、高度な認知的、分析的、および問題解決の技能を修得し、自立した批判的思考、自己学習の探求ができること、新しい考えを受け入れるオープンな姿勢をもち、また批判ができることといったアトリビュート項目は、学問上の優秀性や分野を超えての知識を身につけるという分類のもとに提示されている。

　同時に、アトリビュートを実際に保証するためには学士課程の再構築も不可欠であるという大学執行部のリーダーシップのもとで、学士課程教育の再編も進められてきた。メルボルン大学は、現在の日本の多くの大学同様に、専門分野別に学生が入学し、それぞれの専門学部のもとで学ぶという構造であった。しかし、卒業生が身につけるアトリビュートは、そうした研究や学問分野に拘泥された構造だけでは容易ではないという認識のもとで、2008年から「メルボルン・モデル」と呼ばれる新世代学位の授与と学士課程教育の再構築を始動した。このメルボルン・モデルでは、87ある専門分野を6領域に統合し、それぞれの領域を卒業する際には、Bachelor of Arts（人文学士）、Bachelor of Bioscience（生命科学学士）、Bachelor of Commerce（商業学士）、Bachelor of Environments（環境学士）、Bachelor of Music（音楽学士）、Bachelor of Science（科学学士）という新世代学位が授与される。このモデルの狙いは、学部卒業生のアトリビュートとして掲げている目標を保障するために、学士課程教育をより幅の広い一般・教養教育として機能するように再編し、研究

や専門職の教育は、大学院レベルに移行するということにあり、学部・大学院の両方に関わる大規模な改革でもある。

　この学士課程教育の再構築により、(1) 学士課程教育で学ぶ学生は、自分の専門分野や適性を長い時間をかけて見極め、決定することができる、(2) 学生は学士課程レベルでの学びの一貫性や研究の関連性を、より深化させることができ、学生同士の相互交流が期待できる、(3) 卒業生が、明確な教育的、人間的なアトリビュートを身につけることができる、といった利点が生まれると期待されている。専門的な学問や研究、および専門職の育成を修士課程や博士課程に移すことで、一般教育や教養教育を充実させた内容に学士課程教育を変容させているのが特徴である。

　メルボルン大学が提示しているアトリビュートと日本の中教審での答申で提示されている「学士力」やハーバード大学での一般教育に関する最終報告書で確認されている身につけるべき要素との間には様々な共通点が見出せる。すなわち、21世紀社会での市民を育成するという目標は、これまで見てきたように日本、米国、そしてオーストラリアの大学でも重要な視点となっており、論理的思考力やコミュニケーション技能を身につけた自律的な市民像が各国の共通像ともいえるだろう。さらに従来以上に、より米国、オーストラリアの2大学そして日本の中教審で強いメッセージとして提示されているのが、多文化・異文化の知識や理解といった側面である。世界の多様な文化、社会の知識を十分に備える、あるいは理解するという要素は、グローバル化した社会では異文化リテラシーとして世界が求める標準的な技能や能力と捉えられる。

　ハーバード大学の一般教育では、「世界の社会」「世界の中の米国」といった領域に、異文化リテラシーを育成するための科目が設置されていることが多い。メルボルン大学でも、文化の多様性を理解し、グローバル社会の一員として活動できる市民を育成するプログラムが、「メルボルン・モデル」以降のカリキュラムを通じて重点的に整備されるようになった。EU諸国においても、国際性を意識したカリキュラム改革が導入されるようになってきているだけでなく、新しい教育方法や教育プログラムを通じての異文化リテラ

シーの獲得が、ラーニング・アウトカム（学習成果）として掲げられている。

多くの米国、オーストラリア、ヨーロッパや日本の大学が、海外大学との研究や教育の推進を目指しての学術協定の促進、ネットワーク化、スタディ・アブロードプログラムの充実、留学生の受け入れの促進など学生の異文化リテラシーの育成を大学の使命として設定し、注力するようになってきているのも、学生の異文化リテラシー獲得のための共通戦略であるといえるだろう[6]。

おわりに

本章では変貌する高等教育の実際を、グローバリゼーションと高等教育のユニバーサル化という現象の視点から、現在おこなわれている大学改革および教育改革に焦点をあてながら説明してきた。多くの国々において現在アカウンタビリティを意識した高等教育政策が導入されていることが明白である中で、高等教育のユニバーサル化も本章で紹介した米国や日本のみならず、世界で進行している。そうした状況においては、従来の学生とは異なるタイプの学生が増加し、教育プログラムや教育方法も従来とは異なるモデルの導入が必然となる。このように、大学は社会の変化、そして政策的転換とは無縁の存在ではない。まして、グローバリゼーションが急速に進展する現在、大学という存在は国境を越えて、どの国においても、共通した改革が求められる存在となってきていることを忘れてはならない。21世紀の知識基盤社会を意識した、人材育成のための教育課程の構築が、世界で同時に進展していることが、グローバリゼーションを象徴している事象でもある。

注

1 　高等教育版 PISA は AHELO（Assessment of Higher Education Learning Outcomes）を意味している。
2 　GI ビルの正式名称は1944年に法案化された Servicemen's Readjustment Act のことである。
3 　実学（実務）を中心に教育課程が編成されている高等教育機関のことである。
4 　Learning and Teaching Performance Fund の略で日本語では「学習・教授の成果にもとづく資金配分」と訳されている。2006年に開始された。
5 　ハーバード大学では、大学教育を高等普通教育として位置づけており、教養教

育という用語ではなく、一般教育という用語を通常使っている。
6 日本の大学生の異文化リテラシー獲得の状況については、別章で提示したい。

第2章　学習成果測定方法の考察

1. なぜ学習成果の測定が大事か

　2008年の中教審答申『学士課程教育の構築に向けて』では、各大学が自らの教育理念と学生の成長を実現する学習の場として学士課程を充実させることが強く求められた。そのなかでは、「社会からの信頼に応え、国際通用性を備えた学士課程教育の構築」を実現すべきであり、そのためには、大学という各機関の学位授与の方針、教育課程編成・実施の方針、入学者受け入れの方針という明確な「3つの方針」に貫かれた教学経営をおこなうことが肝要であると述べられている。本答申を受けて、各大学は3つの方針の明文化と実施に余念がない。同時に、教育課程や教育手法の改善、質保証の取り組みの推進についての提言がなされ、より具体的な学士課程共通の学習成果に関する参考指針として、実際に各専攻分野を通じて培う、「学士力」が提示された。学士力に関連して、「教育の課程の修了に係る知識・能力の証明」である学位の本質に鑑みて、国際的にはもとより国内においても、到達目標や獲得すべき「ラーニング・アウトカム（以下学習成果）」を示すことが質の保証の具体策として位置づけられたのも、これまでにないこととして受けとめられている。

　実際、日本においては、高等教育のユニバーサル化が進行し、大学の入学者選抜によって従来のような入学者の質保証の機能を保持することは難しくなってきている。したがって、多様化した学力・学習目的をもった学生への大学の教育力が期待され、その結果としての高等教育の質保証を出口管理によって達成することが強く求められていると解釈できる。GPA (Grade Point Average) 制度の活用による卒業判定や、大学全体、各学部等での人材目標の明確化などがそうした具体的方策の一例である。現在では、過半数を超える

大学がGPA制度を導入し、厳格な成績管理をおこなっているとも指摘されている。一方、答申で明示されているように、教育成果や学習成果の測定や提示も求められつつあるが、成果の測定や提示は容易ではない。主に医学教育の分野でおこなわれている卒業判定試験や一部の職業に直結した分野で実施されている標準試験は、教育成果[1]の測定や提示の具体的方策の先端事例であるといえるだろう。

　さて、各大学がFDを進め、シラバス、GPA制度、各学期に履修する登録単位数の上限設定を定めるCAP制、学生の満足度、学習行動などを把握する学生調査等を導入し、学位授与の方針、教育課程編成・実施の方針、入学者受け入れの方針という3つの方針を設定することを教育の質保証の「第1ステージ」とすれば、現在は各大学内に散在している財政、学生、教学などに関するデータをどのように集積して、管理するかというデータの一元化を促進し、さらに教育成果を測定するために、教育に関する客観的データを集積、測定し、そしてそれらの結果を単位の実質化や学生の学習時間の確保に結びつける教育環境の整備の段階へと動いている。ここでは、この段階を教育の質保証の「第2ステージ」と定義したい。前述の答申で参考指針として掲げられている学士力を、高等教育の学習成果や大学教育を通じての成長の結果、さらには教員や大学内での様々な経験の結果として捉えると、それをどう測定するのかについては、日本の高等教育においては、依然として模索段階である。学生の学習成果や成長、すなわち大学における教育の効果を測定する継続的学生調査の開発と理論構築が進展していないことにより、学生の成長の成果と学士課程教育の関係性についての研究の蓄積が充分でないことも要因のひとつである。

　本章では、学習成果や学生の情緒的側面の成長に関する測定についての理論と測定方法に関する研究が蓄積されてきた米国の動向を中心に検討し、測定方法に関する課題について考察する。

2. 学習成果（ラーニング・アウトカム）の測定動向

　中等教育におけるPISA（Programme for International Student Assessment）をめぐる

議論が活発になってきているが、高等教育版PISAいわゆるAHELO（Assessment of Higher Education Learning Outcomes）もOECD諸国では議論され、加盟国の特定分野において試行が予定されている。このような現象は、学力の標準化と平準化が国際的規模で議論の的となっていることを示している。21世紀が知識基盤社会と呼ばれる状況で、より優秀な人材をどう育成するか、科学技術競争にどのように対処していくかが近年の高等教育の課題となってきているのも、こうした世界規模での競争と無縁ではない。

　日本の教育政策は、教育を重視する方向へ動いている。米国では、1990年代後半から2000年代初頭にかけて、既にティーチングとラーニングを一対で考察する文献が散見されるようになった。事実、米国のジャーナル "New Directions" シリーズでは、*"New Directions for Teaching and Learning"* が出版され、Learning（学ぶこと）とTeaching（教えること）に関する理論や実証、実践研究が蓄積されている。かつて江原が「国際教員調査」分析結果をベースに、日本は教育よりも研究を重視する教員の比率が最も高い（Ehara: 1998, 133-154）と指摘したが、2007年に広島大学が中心となって実施した「国際教員再調査」結果によると、現在の日本の大学教員は「研究志向型」というよりは、研究と教育を両立し、そして大学行政もこなそうとする意識が高いことが明らかにされている[2]。

　この背景には2000年以降に、政策面で教育重視の方向へと舵が切られ、教員の意識を教育重視へと変容させるようなFDの充実が求められ、2008年からはFDが義務づけられたことが大きい。教育重視の状況において、学習成果の評価あるいは測定が日本でも俎上にのぼってきたといえるが、学習成果の評価方法あるいは測定方法に関しては中等教育段階での研究は蓄積されてきている一方で、高等教育段階では充分ではない。しかし近年、日本においても高等教育版PISAや卒業判定試験の導入、あるいは卒業時の学習到達度を検証するための試験の是非が議論されていることから、今後はこうした学習成果という視点から、大学教育の効果を検証することが日本の大学においても不可欠となることが予想される。現在の高等教育の学習成果の評価・測定をめぐる状況を踏まえたうえで、学習成果の評価方法の分類と多岐にわ

たる測定方法について整理してみよう。バンタは、学習成果の評価方法は成果に対する直接評価の一種である科目試験やレポート、プロジェクト、卒業試験、卒業研究や卒業論文か、あるいは標準試験（テスト）による検証と学生の学習行動、生活行動、自己認識、大学の教育プログラムへの満足度等、成果にいたるまでの過程を評価する学生調査に代表される間接評価に分類できるとしている(2004, 4-5)。直接評価と間接評価については次章で詳細に説明する。

　日本では直接評価と間接評価を明確に定義し、区分して利用するような状況ではないが、長い年月をかけて多様な学習成果の評価方法あるいは測定方法の開発が進捗している米国では、直接評価と間接評価を総称してアセスメントと呼称している。次節では、若干の米国の評価・測定研究の整理をおこないつつ、アセスメントの目的と意味を米国のアセスメントの実際を参照しながら検討する。

3. 米国におけるアセスメントの動向

3-1. アセスメントの利用目的

　米国ではアセスメントの結果は何のために、あるいはどのように利用されているのだろうか。米国の高等教育機関は、通常、カリキュラムの欠点を発見し、授業等の教育改善へとつなげるためのデータとして利用する、または、第三者評価機関やパフォーマンス・ファンディング[3]の評価への客観的なデータを伴った説明資料として利用する。前者は、内的アカウンタビリティとして捉えられ、アセスメントに内部質保証としての機能が伴っていること、後者は、アセスメントが外的アカウンタビリティとしての機能を果たしうることを示唆している。通常の利用法に加えて、プレースメント・テストを作成しているテスト会社は、テストを通じて把握した在籍している学生の特徴などの基本データを包含しており、また過去に同様の点数をとった学生の歩留まり率、大学でのリテンション率などの予測などもデータとしてまとめ、大学側に情報として送付している。大学側はこの情報を参考に入学してくる学生のおおよその基本的データを把握し、エンロールメント・マネジメント[4]などの資料として利用するだけでなく、学生募集の際にもデータにもとづいた

募集戦略を策定することもある。

　学生を対象としたアセスメントを開発してきたアスティンは、教授（ティーチング）と学習（ラーニング）との相互関係のプロセスや結果を測ることがアセスメントであり、測定結果を教育改善に反映することにより、学生の成長を促進させることがアセスメントの目的であると論じている（Astin, b: 1993）。彼の主張に依拠すると、大学機関や教員を対象とするアセスメントも、実際には学生への教育の効果を向上させることや教育改善に結びつくことになり、前述した内部質保証としての機能を果たすことも可能となろう。その意味で、学習成果の測定には、ラーニングとティーチングといった学習者側と教育者側双方に視点をむけ、その相互作用の結果としての学習成果といった捉え方をすることを視野に入れなければならない。さらにアスティンは、アセスメントを実施する理由について、アセスメントの直接的な目標とその目標の基礎となる価値という2つの側面を示唆している（Astin, b: 1993）。直接的な目標は、学生を入試によって選抜するという行為であり、その基礎となる価値とは、機関の卓越性を高めることである。長期にわたって使用されてきた代表的アセスメントとして大学や大学院の入試（Admission Test）は、機関の卓越性を支援する資源としての意味を伴うアセスメントと通常位置づけられる。選抜が効果的に機能することによって、優秀な学生を多く抱えることにつながり、結果として、人的資源の高い価値を保持できるだけでなく、機関の評判を向上させるという価値をもたらすからである。

　しかし、入学時点での学生の能力やスキルを測る入口段階のアセスメントのみから、大学入学後の学習上や精神面での成長を正確に予測することは難しい。学生が卒業時に、学習上やその他の面でどれだけ成長したかを正確に測定することができたならば、その高等教育機関は人材育成に効果をあげた、つまり、付加価値があったとみなされ、価値の上昇にもつながる。米国の高等教育機関が、入口、プロセス、出口という複数時点での精度の高いアセスメントの開発に積極的であるのは、こうした理由が大きい。

3-2. 標準試験開発の道程

米国での標準試験（テスト）に代表される直接評価開発の歴史は長い。シェイベルソンは標準試験が開発された時期を4期に区分している (Shavelson: 2010)。1900〜33年にかけての第1期は、標準試験（テスト）の起源であると位置づけている。この時期には、ミズーリ大学の実験校において「代数」「綴り」「読解」「文章構成」に関する標準試験（テスト）が開発され、尺度や統計的手法による測定が開始された。同時期には、マサチューセッツ工科大学による工学部学生を対象とした「数学」「英語」「物理」の標準試験（テスト）に関する研究が着手され、知識を試験する客観試験（テスト）の開発がすすめられた。

1933〜47年にかけての第2期は、現在の一般教育の成果測定用の標準試験（テスト）の基盤となる試験や、大学院入学用標準試験が開発された時期であった。シカゴ大学の一般教育に関する研究を通じて、「分析」「解釈」「統合」を測定する客観試験（テスト）が開発され、対象となる分野も、「英語（国語）」「数学」「文化」等一般教育に関するものに拡大されて測定研究が実施された。同時にこの時期においては、大学院の教育を改善する目的で大学院生を対象とする標準試験（テスト）の開発が始動した。1936年に「数学」「物理科学」「社会科学」「文学」「芸術学」分野の知識を測定する、後のGRE[5]のもととなる客観的なテストが登場したが、大学院での研究に適性があるかどうかを測る「言語推論」試験（テスト）の開発も進められた。1939年には「生物学」「経済学」「フランス語」「哲学」「社会学」等の専門分野の試験（テスト）が加えられた。1949年には、「言語」と「数量」部門での適性テストが開発され、現在のGREのモデルとなる学問分野の知識の測定から適性を測定するテストへの大きな転換となった。知識の測定を主体とするテストから適性テストへの転換により、古典的テスト理論の研究も蓄積され、測定手法の開発、尺度の標準化の研究も進展した。結果として、入学志願の際に標準試験（テスト）を利用する流れを生み出した。

GREが象徴する標準試験（テスト）開発の進展に伴って、1948〜78年の第3期にかけては、ETS[6]やACTに代表されるテストの開発と測定に関わるテスト機関が増加した時期であった。テスト作成・実施機関であるETSやACTは、現在でも多くの大学が導入している学部生の一般教育の成果を測定する

MAPP（Measure of Academic Proficiency and Progress）や CAAP（Collegiate Assessment of Academic Proficiency）を開発してきた。こうした過程を経て、一般教育の到達度を評価する標準化された試験（テスト）が普及した。しかし、多くの教員はコミュニケーション力、分析力、問題解決力を総合的に測定できないという理由で多肢選択式テストに批判的であった。こうした批判への対応として、ACT は自由記述式の批判的思考力測定試験（テスト）の開発にも着手し始めた。

1979年から現在まで続く第4期は、外部によるアカウンタビリティの要求の高まりの時期と位置づけられている（Shavelson: 2010、21-35）。この時期には、内部質保証あるいは教育改善のために標準試験（テスト）を利用するよりは、外部へのアカウンタビリティに応える試験（テスト）としての意味がより強く浮き彫りになった。その象徴が、2006年9月に公表された米国教育省長官マーガレット・スペリングスによるスペリングス・レポートであった[7]。スペリングス報告書については第6章で詳しく述べる。

上述したように、2006年以降のアセスメントの開発に深く関係している概念が、外的アカウンタビリティであることから、後述する CLA（Collegiate Learning Assessment）は、内部質保証のための学習成果を測定するアセスメントとして使用することもできる一方で、1年次と4年次での付加価値の測定を成果の尺度として重視していることから、他の機関との比較にもしばしば用いられることが多い。それ故、外的アカウンタビリティへの対応として機能している点に特徴がある。次節では、米国における直接評価である標準テストと間接評価である学生調査を目的別に整理し、それらが果たす役割について検討してみる。

4. 米国におけるアセスメントの分類

一般的に米国のアセスメントは大きく3分類される。第1のアセスメントは、プレースメント・テストという形式で実施され、その結果にもとづいて大学の正規の教育課程での授業を履修する上での困難性のある学生が特定され、彼らへの補習授業や能力別授業が編成されている。あるいは学生自らが自分の学習上の弱点を自己認識するための、自己診断ツールとして利用され

ている場合もある[8]。

4-1. 第1のアセスメント

　プレースメント・テストとしては、入学要件として新入生が大学への応募時に必ず提出するSAT（進学適性試験（テスト））やACT（全米大学入試試験（テスト））などが一般的である[9]。入学後に補習教育授業や能力別授業編成を目的として実施されるプレースメント・テストとしては、それぞれの大学が作成した基礎スキルテストや市販の基礎スキルテストなどの標準試験（テスト）、テキサス州が開発した「テキサス・アカデミックスキル・プログラム（TASP）」やフロリダ州が開発した「アカデミックスキル・テスト（CLAST）」などの標準試験（テスト）がある。これらの州では州政府によって、大学進学希望学生への基礎スキルテストの受験が義務づけられていることから、州による標準基礎スキルテストの開発がなされてきたが、この背景には高校卒業時の出口保障という側面とも関係しており、ある意味では中等教育のアカウンタビリティ問題とも深く関わっている。

　各科目のなかで実施される到達度評価としてのテストや、一般教育課程終了時に実施されて専門課程等の進学決定の資料として活用されるアセスメント、大学卒業時に実施される到達度評価あるいは大学院入学試験として利用されるアセスメントを第2の学力や知識を測定するアセスメントとしてここでは分類する。第1のアセスメントと第2のアセスメントは、学力を測定する標準試験（テスト）としては類似しているが、米国においては、第2のアセスメントが高等教育の直接評価としての機能を果たす標準試験（テスト）として一般的に認識されている。

　自己診断用あるいはカウンセラーなどが利用するツールとしてのテストには、「読解」「作文」「数学」といった基礎スキルだけでなく、学習行動や価値観などをベースとした学習意欲、動機づけ、学習態度や習慣などの情緒的な要因を重視するアセスメントが多く利用されている。近年のアセスメントはこうした学習意欲、動機づけ、学習態度や習慣などを測り、そのデータを基にどのように育成していくかの基礎資料とするアセスメントが多数開発され

ているが、この種のアセスメントは第3のアセスメントとして分類できる。後述する我々の研究グループが開発し、学生への調査として実施しているJCIRP（Japanese Cooperative Institutional Research Program）は第3のアセスメントの範疇に入れることができる。

次に代表的な第2のアセスメントについて紹介する。

4-2. 第2のアセスメント
──大学の学習到達度評価型、質的保証評価型アセスメント

(1) 学力や知識に関する到達度評価型プレースメント・テスト

このタイプは学力や学習スキルを測定する意図で作成されたアセスメントと一言でまとめられる。このアセスメントは、意識調査や満足度調査とは異なり、正答が用意されているために、学生の能力やスキルを判断するツールとして使用しやすい特徴をもっている。これらのプレースメント・テストが実施される趣旨としては、①入学時の学生の学力を測定し、大学のどの授業を受講するのが適当であるかを診断するため、②2・3年時点で実施し、学生の学習上の成長度合いを評価するため、あるいは専門課程へ進学する条件をクリアしているかを評価するため、③4年時点で実施される場合には、大学での学習効果（教育効果）があったかどうかを、学習上での成長度から把握するためである。標準的なプレースメント・テストに加えて、しばしば学生の自己評価による学習スキルの向上度を測定するアセスメントもある。

・The Collegiate Learning Assessment（CLA：開発者　Council for Aid to Education）
特徴　大学での学習の到達度を評価するために作成された試験（テスト）である。「批判的思考力 (Critical Thinking)」「論理分析力 (Analytic Reasoning)」「文章作成力 (Written Communication)」「問題解決力 (Problem Solving)」の学習到達度を測定する目的で実施される。1年次と4年次において本テストを受けることにより、学生が大学での学習を通じてどれだけ学習が伸張したかについて機関ごとに評価することを狙いとしていることが特徴である。学生個人の学習成果の評価を目的としたものではない。

・Collegiate Assessment of Academic Proficiency（CAAP：開発者　ACT）
・Measure of Academic Proficiency and Progress（MAPP：開発者　Education Testing Service: ETS）

特徴　両方とも一般教育の成果を測定するために作成された総合テストである。目的は、「批判的思考力(Critical Thinking)」「読解力」「文章作成力」「数学」「科学」における学習到達度を測定し、大学機関や授業の質を評価・改善するために利用される。カリキュラムの欠点を発見し、授業等の改善へとつなげることが可能となっている。

　CAAPは「作文」以外は多肢選択式問題から構成され、1科目について50分で回答するようになっている。MAPPのテスト形態は縮約版と標準版の2種類が用意されており、前者は36項目の多肢選択式問題を40分で回答する。後者は108項目の問題を2時間かけて解答するような形式となっている。「作文」も加えることができ、オンライン版とペーパー版が用意されている。測定する内容は、「読解力」「文章作成力」「批判的思考力」「数理能力」を測定する問題と「人文」「社会科学」「自然科学」の学問領域での知識を測定する問題から構成されている。

・Accuplacer & Companion（開発者　College Board）

特徴　「読解」「文章作成」「初級代数」「総合数学」分野の問題から成り立っているプレースメント・テストで、補習授業受講の必要性を判断したりガイダンスの目的で実施される。Accuplacerはコンピュータ版を指し、Companionはペーパ版を指している。小論文を除いて多肢選択式問題で実施されている。一般教育の成果測定に利用されている。

・ASSET（開発者　ACT）

特徴　コミュニティ・カレッジやテクニカル・カレッジ用に開発された「読解」「文章作成」「数学」分野の問題からなるプレースメント・テストで、補習授業の受講決定に際しての資料として使われたり、ガイダンスの目的で実施

される。基本的なスキルとして定義されている「文章作成力」「読解力」「計算能力」を測定する部門と「上級数学能力」(高校1年生レベル、高校2年生レベル、大学1年次レベル、高校レベルの幾何学)を測定する部門に加えて、「作文」という3部から構成されている。

・College BASE (開発者　ミズーリ州)
特徴　一般教育やコア・カリキュラムの効果を測定する目的で実施されるアセスメントである。このアセスメントはミズーリ州全体で実施され、本試験(テスト)の結果により、州による大学へのパフォーマンス・ファンディングと呼ばれる資金配分と密接に関連している。また3年次への進級試験や卒業試験としても利用されている。

・Collegiate ASS/ESS (開発者　ACT)
特徴　「読解」「文章作成」「数学」「科学」「批判的思考力」「作文」といった領域別に作成されたプレースメント・テストである。

・COMPASS/ESL (開発者　ACT)
特徴　英語を母語としない学生用に作成された「読解」「作文」「数学」から構成されているプレースメント・テストである。

・Tasks in Critical Thinking (開発者　ETS)
特徴　「人文」「社会科学」「自然科学」領域から構成された問題から「批判的思考力」を測定する目的で開発されたプレースメント・テストである。

(2) 大学院入試試験および専門分野の学習の到達度評価型アセスメント

　米国の大学で大学院進学志望者に課せられるGRE、MCAT (Medical College Admission Test)、LSAT (Law School Admission Test)、GMAT (Graduate Management Admission Test)等も学士課程教育の到達度評価の測定のひとつとして分類することができる。GREは、「言語」「数学」「作文」から構成されている一般試験

に加えて「心理学」「歴史」等分野別の科目試験があり、多くの人文・社会科学系大学院において大学院志願者には標準試験(テスト)であるGRE一般の受験が求められている。分野によってはGRE一般に加えて分野別の科目試験(テスト)の受験が課せられている。GREの数理能力分野の内容については決して高度な問題内容が設定されているということはなく、むしろ高等教育のミニマムな到達目標に達しているかどうかの測定に基準が合わせられている。MCAT、LSATやGMATはそれぞれメディカルスクール(医学大学院)、ロースクール(法科大学院)、ビジネススクール進学希望者に求められる標準試験(テスト)である。いずれの試験(テスト)も進学希望者の「問題解決力」「批判的思考力」「文章作成力」「医学」分野での研究を遂行していく上で不可欠な科学の知識や概念の理解、「法律」の学習を遂行していくための法学概念の理解、「経営」分野での知識や実践を学習していく上で必要となる概念の理解等を測定する問題から構成されており、多肢選択式で実施されている。学習の到達度を測定することよりも、入学診断標準試験(テスト)としての意味がより強い。

　キャップストーンは、大学で学び、積み上げてきた総仕上げとしての成果を、卒業研究として論文や研究プロジェクトの形でまとめられたものを担当の個別教員やグループで評価する。個別の大学の最終学年で取り入れられている場合が多い。工学系では卒業研究プロジェクトの成果を発表するなどが一般的であり、人文社会学系においては日本の卒業論文に近い形式である。

　個別大学の卒業時に実施される分野別における「作文」は、卒業時に大学卒業生としての文章作成力を測定する意味で実施される試験(テスト)で、多くの大学が実施している。

(3) 一般教育および専門分野の学習の到達度評価型アセスメント

　高等教育機関の各科目ごとに実施される小テスト、中間試験(テスト)、期末試験(テスト)、レポート等があり、必ずしも統一的なアセスメントというわけではないが、担当者がシラバス上で到達度を設定し、学生が受講を通じてその基準を達成できたかどうかを測定する目的で実施される。科目内容の

到達度を測定する直接評価の中でも代表的な評価である。その意味では第2のアセスメントに分類できる。

4-3. 学力到達度評価型アセスメントの特質と課題

前項で提示したように、米国では一般教育の到達度を評価するアセスメントとしてMAPPやCAAP等多様な標準試験（テスト）が開発され、利用されている。しかし標準試験（テスト）には、各大学が実施している一般教育の内容が、ある程度標準的に構成されているかどうかが重要な前提条件となっていることを看過してはならない。米国の高等教育機関のカリキュラムを見てみると、ナンバリングと呼ばれる科目ナンバーが科目ごとに振られており、下級学年の科目は、例えば、100＝哲学1、200＝哲学2というように講義要綱に掲載されている。これは、100番である哲学1が基礎科目であり、200番である哲学2が哲学1の次に履修すべき科目であることを意味しているだけではなく、連続性のある内容で構成されているということをも示している。こうした連番で示されていること、連続性のある内容で構成されている科目が分野別に存在しており、分野別に必要とされる単位を履修し終えると一般教育科目としての必要単位数が揃う仕組みとなっている。それゆえ、こうした連続性のある内容で構築されている科目は、しばしば2年制のコミュニティ・カレッジから4年制の大学へ編入する際の質の保証としても機能する[10]。

いわば米国の一般教育で教えられるべき科目は分野や科目が厳選されており、一般教育のコア・カリキュラムが策定されているだけではなく、どの大学でも標準化された内容で教えられるような汎用性のある性格を伴っている。それゆえ、標準化された一般教育の到達度評価が可能であるといっても過言ではない。すなわち、一般教育のコア・カリキュラムの存在、科目内容の標準化が前提条件として存在することにより、一般教育の到達度評価も機能していることに留意する必要がある。

それでは、標準試験を通じての測定にはどのような課題があるのだろうか。一般教育の成果測定として開発されたCAAPやMAPPの妥当性については、

試験(テスト)の作成や測定の基盤となるテスト理論を用いて、得点の等化が複数回検証されてから汎用化されるようになっている。CAAPやMAPPは、多肢選択方式であることから、等化によって妥当性を高めることができると理論的には考えられるが、CLA（Collegiate Learning Assessment）は、一般教育の成果測定のために開発されたCAAPやMAPPとは異なり、大学で学んだ成果全般を標準的に測定し、大学間での比較を可能にするような測定ツールとして開発された標準試験(テスト)である。CLAについては本書第7章で詳細に検討する。

標準試験(テスト)を実施するには多大なコストがかかること、卒業要件としている場合には、学生も標準試験(テスト)を受ける動機となるが、そうでない場合、どう学生を受験にむけて動機づけるかという点をクリアするのは困難となっている。学生が受験する場合のサンプリング数の問題をクリアするのも容易ではなく、そのことが試験(テスト)の信頼性の問題にも関連している。こうした3つの問題点が標準試験(テスト)の潜在的な課題といえよう。

4-4. 第3のアセスメント——情緒的要因重視型アセスメント

直接評価の学習到達度をアスティンのモデルのO（アウトプットもしくはアウトカム）として捉え、結果として測定することは適切であるといえる。一方その間の得点の伸長あるいは停滞を測定する場合、直接評価は必ずしも適切な測定方法であるとはいえない。つまり、Oである成果としての直接評価（この場合は標準試験(テスト)と仮定する）にいたるプロセスには、学生の大学での経験や関与、その基本となる自己の認識や価値観等が深く関連しているが、直接評価はそのプロセスを把握することができないからである。そこで、学習成果が提示する部分だけでは教育評価としては充分ではないという視点からみると、質問紙調査やインタビュー等、あるいは授業評価で実施される間接評価は、学生の期待度や満足度、学習行動の把握、大学教育への関与（エンゲージメント、インボルブメント）や経験を把握することができ、成果につながる教育のプロセスを評価するという機能を伴っている。それ故プロセスを通じて大学の影響、カレッジ・インパクトを評価する方法と言い換えられよう。

ボルクワインは、標準試験（テスト）を導入し実施するにはコストがかかること、学生に標準試験を受験させる動機づけが簡単でないといった理由により、近年の特徴として、学生の自己評価（self-reported）による学生調査を多用する大学が増加してきていると述べている（Volkwein & Yin: 2010）。加えて、学生調査の増加の背景には、外的アカウンタビリティが強くなってきている結果として、大学間の比較につながることの懸念などもあると推察できよう。

本章では学習の成果のプロセスや満足度など学生の情緒的側面に焦点を当てたアセスメントを、情緒的要因重視型アセスメントと定義する。情緒的要因重視型アセスメントも複数の類型に分類できるが、ここでは履修前基本データ取得用アセスメントと学生の行動、態度、学習スキル、満足度や経験に関するアセスメントの2種類を紹介する。

履修前基本データ取得用アセスメントは、主に入学要件として求められているSATやACT等の適性テストと同様に高校時代に実施される場合、あるいは新入生のオリエンテーション期間中に実施される場合に分けられる。SATやACTとは異なり、学生の大学での期待や目標など入学前の行動や経験を把握し、大学生活を送る上での基本データを収集する目的で実施される。CIRP Student Information Form（The Freshman Survey）やCSEQ（College Student Expectations Questionnaire）がこの範疇に分類できる。

学生の行動、態度、学習スキル、満足度や経験に関するアセスメントは、学生の学習時間や、友人、大学教員との接触度、知識や自信についての自己評価、時間管理、ノートのとり方などの学習スキル、大学への満足度、生活管理スキルなどの項目から構成されている。どの大学でも使用されることが可能な学生文化把握のために活用されている一般的なアセスメントである。College Outcomes Survey や CSS（College Senior Survey）、NSSE（National Survey of Student Engagement）がこのタイプの代表的なアセスメントである。

大学入学時、1年次終了時には履修前基本データ取得用アセスメントを実施し、3年次あるいは4年次に、学生の行動、態度、学習スキル、満足度や経験に関するアセスメントを実施することが一般的である。換言すれば、入学時と3～4年次で実施されたアセスメントをパネル調査として活用し、そ

の間の学習プロセスや学生の成長を測定することが多い。

おわりに

　本章では米国における学習成果（ラーニング・アウトカム）の測定動向について主に検討してきた。とりわけ、直接評価の代表例でもある標準試験に焦点をしぼり、その系譜と課題についてもみてきた。一方で、間接評価の代表例である学生調査の役割や課題についても検討した。結果として、直接評価あるいは間接評価のいずれかが優れていて、いずれかを選択して利用するといった問題ではなく、両者を相互に作用させながら、もしくは補完しながら利用することがより精緻な学習成果の測定につながると捉えられる。次章では、間接評価のためにより多くの大学の利用を目指して開発してきた、日本版学生調査の役割について考察する。

注

1　本章では学習成果を学生のラーニングの成果と限定的に定義し、教育成果はティーチングも含めたより包括的な教育の成果と定義して使用する。

2　広島大学高等教育研究開発センターが中心となって2007年に実施したCAP調査（The Changing Academic Profession）結果を参照している。本調査は文部科学省科学研究費補助金「21世紀型アカデミック・プロフェッション構築の国際比較研究」（2007〜2009）の一環として実施された。2010年1月に広島でCAPの国際会議が開催され、その際の一連の発表内容を参照している。

3　実績指標を用いた資金配分プログラムのことを意味する。

4　入学から卒業まで、学生に合わせてプログラムやサービスを提供しながら支援していくマネジメントを意味し、入学者の確保にむけてのマーケティングも広い意味では含まれる。重要な指標としては、1年生から2年生への在留率であるリテンションがある。

5　GREはGraduate Record Examinationの略称で、大学院への進学を希望する学生を対象に、多くの米国の大学院が受験を義務づける標準試験（テスト）である。

6　ETSはEducational Testing Serviceの略称である。

7　A Test of Leadership: Charting the Future of U.S. Higher Educationが報告書の名称である。

8　権瞳「アメリカ合衆国の大学における学習スキルテストの効用と学習支援」、『日本の大学におけるスタディスキル・テストの開発に関する研究』、平成12〜13年度科学研究費補助金　基盤研究(C)(2)　研究成果報告書　2002年3月、研究代

表者 佐藤広志、16-30頁に詳細が記述されている。
9 留学生については、TOEFLなどもプレースメント・テストとして扱われている。
10 米国の大学のコミュニティ・カレッジと4年制大学間の編入制度については、本書第11章でカリフォルニア州の事例を詳細に提示している。

第3章　学生調査による大学教育の成果測定

1. 問題の所在

　2008年の中教審の答申において、各専攻分野を通じて培う「学士力」が提示されたのは、従来明確な到達目標を必ずしも提示してこなかった高等教育機関にとっては、大学教育のあり方を見直す機会となったことは間違いがない。「学士力」は、1.知識・理解、2.汎用的技能、3.態度・志向性、4.統合的な学習経験と創造的思考力の4つに分類され、それぞれの項目を構成している下位項目として、まず1.知識・理解に①多文化・異文化に関する知識の理解、②人類の文化、社会と自然に関する知識の理解、2.汎用的技能としては、①コミュニケーション・スキル、②数量的スキル、③情報リテラシー、④論理的思考力、⑤問題解決力、が挙げられており、3.態度・志向性として、①自己管理力、②チームワーク・リーダーシップ、③倫理観、④市民としての社会的責任、⑤生涯学習力が提示されている。その上で、4.統合的な学習経験と創造的思考力は、これまでに獲得した知識・技能・態度等を総合的に活用し、自らが建てた新たな課題にそれらを適用し、その課題を解決する能力と定義づけられている。

　答申で参考指針として掲げられている学士力を高等教育のラーニング・アウトカム（以下学習成果）や大学教育を通じての成長の結果として捉えると、それをどう測定するのかについては依然として模索段階である。学生の学習成果や成長、すなわち大学における教育効果の測定に関する理論研究の蓄積が少ないこと、そうした理論研究には学生の成長や発達に関する諸理論、標準試験の開発のための統計や測定の理論、そして本章で主に焦点をあてる学生調査に関する方法論や分析方法が含まれる。ここで学生調査に焦点を絞っ

てみた場合、日本においては、継続的学生調査の開発と理論構築の遅れにより、学生の成長の成果と学士課程教育の関係性についての研究の蓄積が充分でないことも学習成果と大学教育の関係性が不明確な要因のひとつである。一方、早期から学生調査を開発してきた米国では、学生調査が継続的に実施され、そうした学生調査結果をベースにして高等教育の教育効果や学習成果の測定研究、学生研究の蓄積がおこなわれ、学生の成長に関する理論的研究が進んでいる。「学生調査」は理論構築にむけての研究のみならず、高等教育機関における教育改善のためのエビデンスとして機能する要素を伴っている。それ故米国での学生調査は、研究目的だけでなく高等教育機関の特性や教育プログラムと学生の学習成果との関連性を見るプロセス評価、言い換えれば間接評価として、多くの高等教育機関で使用されていることは前章で説明した通りである。

翻って日本の大学における学生調査は、一部の研究者や研究グループの問題関心に即しながらおこなってきたことから、調査目的、実施方法、データの分析方法が多種多様な状況である。そのため、大学教育の効果や学習成果を部分的、間接的に測定するにとどまり、標準的な尺度にもとづいた包括的かつ体系的な学生調査として利用されてきたわけではない。ゆえに学士課程教育の効果測定や学生の学習成果測定を目的とした学生調査は方法、内容、分析手法等に関して未だ実証段階と言わざるを得ない。このような状況下で、たとえデータを集め分析をおこなったとしても、その後のプロセスにおいて有効にデータが活用されず、教育プログラムを適切に評価し、改善に結びつけていくことが難しくなる可能性さえもある。高等教育が教育・研究において社会的責任を果たすためにも、大学の教育効果や学生の学習成果を正確に測定し、大学評価や教学改革につなげる、体系的かつ包括的な学生調査とそれに見合ったデータ解析手法の確立が喫緊の課題である。

本章では、日本においては学生調査が教育効果や学習成果を測定するツール、すなわち教育評価ツールとして、いかなる機能を果たすことができるのかを学習成果に関する評価方法の面から検討する。その後評価方法のひとつでもある学生調査にはどのような課題があるのかについては、理論的に充

分語られてこなかったことを踏まえながら、2004年以来開発してきた JCIRP (Japanese Cooperative Institutional Research Program) の開発状況を提示し、課題についても検討したい。

2. 学習成果をめぐる2つの評価方法

　中教審答申で提示された「教育の課程の修了に係る知識・能力の証明」である学位の本質に鑑みて、到達目標や獲得すべき「ラーニング・アウトカム（学習成果）」の提示が俎上に上っているが、本節では、学習成果を教育効果と合わせて教育評価として幅広く捉え、教育評価の測定としての学生調査の意義と限界について検討する。前章ではバンタによる定義を参照したことにより、学習成果の評価は、直接評価と間接評価に分類できることを示した。直接評価には、教員が単位を認定するための基準として多用している学期末試験やレポート、プロジェクトの評価、ポートフォリオ、ルーブリック、卒業研究や卒業論文、大学によっては実施されている卒業試験もこの範疇に当てはまる。あるいは、進級するための必須として山口大学や国際教養大学が取り入れている TOEIC や TOEFL などの標準試験（テスト）[1]も直接評価に分類できるし、医学や薬学、看護学等の医療関係など、職業資格が大学での教育課程と学びに深く関連している分野では、国家資格取得のための試験もこの範疇に位置づけられる。

　学習成果との関連から直接評価と間接評価の差異を検討してみる。直接評価の最少単位としては、教室内での学生の評価が代表的である。具体的に、教員が担当科目の学生の発表、試験、レポート等を通じて学習成果を評価すると同時に、学生の理解度、達成度によって、教員は自らの教え方の有効性や科目内容の適切性なども評価する。また、学習成果の直接評価は、一般教育と専門分野の成果の評価という分野別に分類できる。学科、学部と評価する場の規模が拡大するにつれ、各教員が提供する科目における学生の理解度、達成度を通じ、カリキュラムを構成している個々の科目の強みや弱点が見出される。強みや弱点を精査することでカリキュラムの見直しにもつながる。

　直接評価は、学習成果を直接に測定する方法として通常は受けとめられ、

直接評価をベースに学習成果や教育効果を探る先行研究が積み重ねられている (Shavelson: 2010)。標準試験結果を1931年から84年という長期間にわたって包括的にレビューしたパスカレラとテレンジーニは、大学での入学時から卒業時までの間に、言語能力は21ポイント、数理能力は9.5ポイント、専門分野での知識・技能は30.8ポイント上昇するという結論を提示している。しかし同時に、どの時期に能力・技能が伸長するかについての合意がないことも強調している。彼らによる1984年以降の研究レビューでは、90年代以降に実施された学習成果に関する直接評価の研究結果が検証され、90年までの研究結果と整合的な結果が再確認されている。さらに彼らは前期課程で習得する、一般教育に関する知識や一般教育を通じて習得するとされている技能を測定する標準試験を用いた場合、4年次生の得点が1年次生の得点よりはるかに上回っていることを検証している (Pascarella &Terenzini: 2005)。

間接評価は質問紙調査やインタビュー等、あるいは授業評価で実施されるが、学生の期待度や満足度、学習行動の把握、関与（エンゲージメント、インボルブメント）や経験を把握することにより、成果へと導く教育の過程を評価するという機能をもっていることから、プロセス評価とも言い換えられる。直接評価は学習成果を直接に測定し、評価するのに適しているが、学生の学びのプロセスや行動を把握する上での限界性は否定できない。なぜなら、試験結果にもとづき、学習や予習、復習を十分におこなったと推定し、成果と結びつけたとしても、試験対策やあるいは標準試験（テスト）対策としての問題集への対処により高得点をあげるケースも少なくない。こうしたケースでは、学習の過程（以下プロセス）と成果の関係性が弱いことになる。そこで、直接評価では測定できないプロセスを検証するため、学習行動、生活行動、学生の自己認識、教育プログラムへの満足度等、成果にいたるまでのプロセスの把握が可能な間接評価が不可欠となる次第だ。学生自身が回答する形式で入学時、1年次終了時、上級学年在学中に実施する学生調査、もしくは学習成果の効果を把握するために卒業後に実施する卒業生調査が一般的な間接評価である。直接評価と間接評価の差異については**表3-1**にまとめておく。

直接評価のほうが適切にアウトカムを測定できるような印象をもちやす

表3-1　学習成果に対する直接評価と間接評価

直接評価＝ダイレクト・エビデンス＝学習成果の評価	間接評価＝インダイレクト・エビデンス＝学習プロセスの評価＝学習行動、生活行動、自己認識、大学の教育プログラムへの満足度等成果にいたるまでの過程
内容＝科目試験、レポート、プロジェクト、ポートフォリオ、ルーブリック、卒業試験、卒業研究や卒業論文、標準試験	内容＝新入生調査、学生調査、卒業生調査、授業評価
分野＝一般教育、専門教育	時期＝入学時、1年次終了時、上級学年在学時、卒業後、授業終了時

い。しかし、パスカレラとテレンジーニは、直接評価の結果と学生が自己評価した学習成果の結果が整合的であることを示している。それゆえ、直接評価とプロセス評価としての間接評価結果の組み合わせによって、大学生活を通じての学生の成長に関する精緻な結果が得られるのではないか。米国では学生調査等のプロセス評価結果をもとに大学生活を通じての学生の成長の理論、いわゆるカレッジ・インパクト研究が精緻化されている。

　カレッジ・インパクトの基本となるI-E-Oモデルでは、アウトカムもしくはアウトプットは成果、具体的には学生の成績や学習成果、学位取得に相当する。インプットは学生の既得情報であり、学生の高校時代の成績や在籍していた高校の種別、難易度、家庭の所得や親の学歴等に相当する。環境は学生が教育課程内外のなかで経験することを意味する。このモデルに直接評価・間接評価を当てはめ、学習成果をOとしてみると、直接評価はOを測定するために妥当な測定方法であるといえる。Iとして入学時に標準試験を実施し、3〜4年次終了時に同一標準試験を実施することで、一定の期間内での得点の伸張（あると仮定して）であるOを検証することも論理的には可能である。しかし、その間の得点の伸びあるいは停滞を測定する場合、直接評価は適切な測定方法であるとはいえない。第2章で既に述べたが、つまり、Oである成果としての直接評価（この場合は標準試験と仮定する）にいたる過程には、学生の大学での経験や関与、その基本となる自己の認識や価値観等が深く関連しているが、直接評価はこの過程を把握することができないからである。そこで、学習成果が提示する部分だけでは、教育評価としては充分では

ないという視点から見ると、間接評価は、成果につながる教育の過程を評価するという機能を伴っている。アナヤは直接評価であるGPA、GRE（大学院入学適性試験）と学生の自己評価による成長度合が整合的であることを知見として示したが (Anaya: 1999)、それ以外にも、学生調査における学生の自己評価結果が、同一学生の直接評価による成果測定結果と整合性があることを検証した研究も積み重ねられている (Astin: 1993b; Pascarella & Terenzini: 2005)。

先行研究により、直接評価とプロセス評価としての間接評価結果の組み合わせによって、大学生活を通じての学生の成長に関する精緻な結果測定が可能になるとまとめられるが、実際に米国では、直接評価、間接評価である学生調査各々が精査され、改良され、その妥当性や信頼性も高められているのが現状である[2]。我々は、主にプロセス評価として、継続的に学生調査を実施することにより間接評価の精緻化を目指してきているが、残念ながら直接評価との組み合わせまでは実現できていない。しかし、既に米国では学生調査は、現在では単体で利用される教育評価というよりは、直接評価と組み合わせて利用される評価としての合意が形成されていることも、付加しておく必要があろう (Gonyea: 2005)。

次節ではカレッジ・インパクト研究における成果の捉え方と測定について検討し、本章で焦点を当てる情緒的側面と成果について説明する。

3. 米国の学生調査とカレッジ・インパクト研究

カレッジ・インパクトを直訳すると「大学の影響」となる。米国でのカレッジ・インパクト研究は、学習成果の評価法のひとつである直接評価に至るまでのプロセスを大学での経験、学生の関与との関係性とみなし、その過程や経験や関与の影響を解明しようとする一連の研究であると捉えられることから、学生調査がカレッジ・インパクト研究にとっては不可欠の存在でもある。したがって、カレッジ・インパクト研究の進展とともに、学生調査自体の設計や質問項目の精査も並行しておこなわれてきた。

カレッジ・インパクト研究の代表的な研究者であるアスティンは、社会的エージェントとしての大学の効果に注目し、大学新入生を対象としたアセス

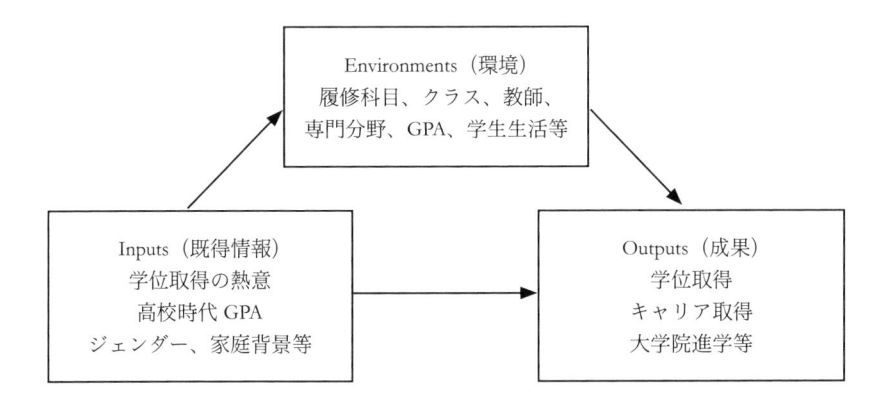

```
          ┌─────────────────────┐
          │ Environments（環境）│
          │ 履修科目、クラス、教師、│
          │ 専門分野、GPA、学生生活等│
          └─────────────────────┘
         ↗                       ↘
┌──────────────────┐      ┌──────────────────┐
│ Inputs（既得情報）│      │ Outputs（成果）  │
│ 学位取得の熱意    │ ───→ │ 学位取得         │
│ 高校時代 GPA     │      │ キャリア取得      │
│ ジェンダー、家庭背景等│   │ 大学院進学等     │
└──────────────────┘      └──────────────────┘
```

図3-1　アスティンの I-E-O モデル[3]

メント (CIRP)、上級生用のアセスメント (CSS) を実施することによって、大学教育が学生に与える効果の過程を理論化してきた。一連のアセスメントを開発するに当たって、アスティンが根拠とした理論的背景がI-E-O（既得情報、環境、成果）モデルである (Astin: 1993) (図3-1)。アウトカムもしくはアウトプットは成果、具体的には学生の成績や学習成果、学位取得に相当する。インプットは学生の既得情報とも言い換えられ、学生の高校時代の成績や在籍していた高校の種別、難易度、家庭の所得や親の学歴等に相当する。環境は学生が教育課程のなかで経験することを意味する。学生の既得情報が本モデルにおいて不可欠である理由としては、成果が単に環境要因であると結論づけることなく、従前の背景がどれくらい成果に関連性があるかということを分析することで、環境要因のより正確なプラスおよびマイナス効果が測定できることにある。

　それでは I-E-O モデルのアウトカムあるいはアウトプット(成果)、インプット(既得情報)、そして環境をどのように測定するのだろうか。学生の成果は、知識の習得や知識を使って理論づけや論理構成などができるという認知面 (cognitive) と感情、態度、価値観、信念、自己概念、満足度、期待感や社会的および人的相互関係の構築に関連するような情緒面 (affective もしくは non-cognitive) に分類できると認識されている。アスティンはこうした2つの側面

にもとづく成果を、学生の内的面である心理的側面と実際に態度あるいは行動に表れる行動面に分類し、具体的な成果である内面的認知面には教科・領域別知識、学習能力、批判的思考力、基礎学習技術、学習達成度が包摂され、行動的認知面は学位取得や職業という結果に表れるとしている。一方、内面的情緒面には価値、関心、自己概念、態度、信念、満足度が含まれ、行動的情緒面はリーダーシップ、市民性、人間関係構築という側面に相当するとしている[4]。

I-E-Oモデルにおける相互の変数とアセスメントの関連性を考えた場合、通常大学におけるアセスメントは環境と成果の関連性に集中されることが多い。具体的には、教育課程等の影響がいかなる成果を導き出しているかというように捉えられる傾向が強い。しかし、実際には学生の成果には環境要因だけでなく、学生個々の資質や背景などが影響を及ぼしていることは明らかである。図3-1の矢印が示しているように、学生個々の差異が直接成果に関係している場合と、学生個々の差異があるにせよ環境を経て成果につながるというケースの2通りが考えられる。学生の既得情報が本モデルにおいて不可欠である理由としては、成果が単に環境要因であると結論づけることなく、従前の背景がどれくらい成果に関連性があるかということを分析することで、環境要因のより正確なプラスおよびマイナス効果が測定できることにある。

アスティンは一連の研究成果から、①学生の学習や発達は学生自身の関与の量と質に比例する、②教育政策、教育実践、教員の学生への関与は学生を関与に導き、成果へとつながる、という関与(involvement)理論を導き出している (Pascarella & Terenzini: 2005, 53)。関与理論はその後クー等によっても検証され、エンゲージメントという概念で広く認知されている (Kuh: 2001)。

既得情報(学生の背景)、大学の組織的特性、社会化エージェントとしての大学の内部機能、大学内の環境に学生個々の努力の質という変数を加えて、成果を見るというモデルを提示したのがパスカレラである。パスカレラは、アスティンのI-E-Oモデルをより詳細化したモデルを提示し[5]、カレッジ・インパクト研究を進めてきた。社会化エージェントとしての大学制度や組織の影響および学生の努力の質を説明することに適していないという批判に対

応すべく、発展してきた一連のカレッジ・インパクトモデルは、現在でもさらに研究を蓄積しながら改善されている。カレッジ・インパクトモデルの共通性としては性別、人種、民族性などの属性、アスティンのI-E-Oモデルのインプットに相当する部分を重要な変数と捉え、制度構造、政策、教育課程などの環境要因を重要な要素として捉えるところにある（Pascarella & Terenzini: 2005, 56-60）。

4．JCIRP開発の背景と研究成果

　現在、教育評価の一環として、多くの大学において学生を対象とした調査をおこなうケースが増加している。しかし、日本の大学における学生調査は、一部の研究者や研究グループがおこなってきたにすぎず、調査目的、実施方法、データの分析方法が多種多様な状況にある。そのため、大学の教育効果を部分的、間接的に測定するにとどまり、標準的な尺度にもとづいた包括的かつ体系的な学生調査が実施されている例は少ない。故に学士課程教育の教育効果測定を目的とした学生調査は方法、内容、分析手法等に関して未だ実証段階と言わざるを得ない。この分野における研究は蓄積が少ないため、実践を支える理論構築まで至っていないのが実情である。

　このような状況下では、例えデータを集め分析をおこなったとしても、その後のプロセスにおいて有効にデータが活用されず、適切にプログラム評価をおこなえない可能性が高くなると予想される。高等教育が教育・研究において社会的責任を果たすためにも、大学の教育効果を正確に測定し、大学評価や教学改革につなげる、体系的かつ包括的な学生調査とそれに見合ったデータ解析手法の確立が急務であるといえよう。

　我々研究グループはこうした問題意識を共有し、安定したデータから恒常的に利用できる調査票と指標を開発したいという意図から、米国のカレッジ・インパクト研究の理論枠組みに依拠し、カリフォルニア大学ロサンゼルス校高等教育研究所が開発した大学生調査（CSS）や新入生調査（CIRP）の日本版の開発に着手した[6]。日本版大学生調査はJCSS（Japanese College Student Survey）という名称をつけ、2004年の試行調査に始まり、2005年、2007年、2009年、

2010年と5回実施してきている。

　2008年には日本版新入生調査JFS（Japanese Freshman Survey）を開発した。さらに、一連の大学生調査の知見を活かして、2008年には短大基準協会との連携により、短大生調査JJCSS（Japanese Junior College Student Survey）を開発した。2009年度はこの調査に約1万人近くが参加した。短期大学生に関する学習プロセスや成果の研究の蓄積が手薄である現状を鑑みると、本調査から得られる知見の蓄積が待たれる。

　3種類の調査をまとめてJCIRP（Japanese Cooperative Institutional Research Program）と総称しているが、いずれの調査の質問項目も、大学での経験、満足度、知識・技能の獲得状況、自己評価、価値意識等から構成され、学生の学習成果に至るまでのプロセスを把握する間接評価としての機能を伴っている。間接評価ツールとしての共通学生調査を今後も継続していく予定である。

　それでは、現在までの研究成果の概要を示してみよう。2004年から2006年までの3年間にわたって実施した科学研究費基盤研究(B)「転換期の高等教育における学生の教育評価の開発に関する国際比較研究」では、転換期の大学における学生の教育評価を、学習成果の達成にのみ焦点化するのではなく、現在の学生の家庭環境、経てきた学習背景、若者文化等が及ぼす影響を解明し、その上で大学での学習における学習意欲、動機づけ、学習態度や習慣などの情緒的な要因を向上させることにつながる教育評価の開発をおこなうことに主眼をおいた。

　学生の情緒的側面の成長を企図した教育評価の開発にあたり、米国のカレッジ・インパクト理論とそれを具現化したI-E-Oモデルに依拠した。本モデルでの成果は具体的には学生の成績や学習成果、学位取得に相当する。インプットは学生の既得情報と言い換えられ、環境は学生が教育課程のなかで受ける経験全般にまとめられる。学生の成果は認知面（cognitive）と情緒面（affective、もしくはnon-cognitive）に分類できるのは前述したとおりである。

　本科研研究の初年度（2004年）には、米国で開発されたCSS（大学生調査）をベースとしながらも、上記に挙げた情緒的成果を測定可能とする学生調査とするために、より日本の学生の特質に応じた調査を開発することに重点をお

いた。試行調査(2004年、14大学、1,329人)を経て、2005年には日本版大学生調査(JCSS)を開発し、8大学3,961人を対象に調査をおこなった。本調査の分析においては、認知的成果、情緒的成果に及ぼす環境要因の把握と明確化という目的を基に、I-E-Oモデルをより精緻化したパスカレラのモデルを研究枠組みとし(**図3-2**)、日本の学生の成果と環境要因の関係を探った。その際、①大学の影響・教育力(カレッジ・インパクト)と学生の成長の関係性はいかなるものか、②大学間および大学内での差や共通性はどのようなものなのか、③いかなる環境要因と教育成果との関係性があるのかといった問題を意識しながら分析をおこなった。

　JCSS 2005年度調査の分析を通じて、学年、学生の関与、教員の関与というカレッジ・インパクトがもたらす環境面での教育効果を検証した。その結果、学年が上昇するにつれて、学生が獲得する知は上昇し、学生が様々な大学内での環境に関与すること、それを支援する教員の関与が教育効果への強い影響を及ぼすことを確認した。個別大学ごとに検討した場合、入学難易度とは関係なく、カレッジ・インパクトが学生の教育効果に影響を及ぼしてい

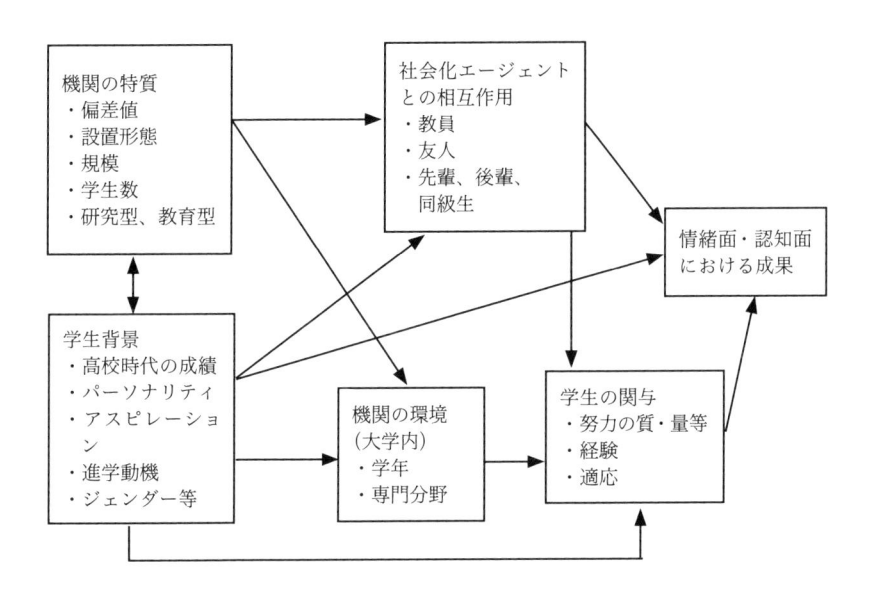

図3-2　パスカレラによる大学環境と学生の成長のモデル

る大学の存在も確認した。また、学年が上昇するにつれて学生が獲得する知は上昇し、学生が様々な大学内での環境に関与すること、それを支える教員の関与が教育効果へもたらす影響の強さも散見された。個別大学ごとに検討した場合、入学難易度とは関係なく、カレッジ・インパクトが学生への教育効果に影響を及ぼしている大学も存在している。

　JCIRPプログラムは、国際比較もできるように設計されている。そこでJCSS 2005、JCSS 2007と米国のCSS 2005データとの比較・分析を通じて、米国の大学生と比べた際に、日本の大学生が授業への出席時間の長さに比べて、授業外学習の時間が短いこと、あるいは教育課程でのアクティブ・ラーニングなどの新しい教育方法の経験の少ないことなど、今後の教育改善につなげていかねばならない課題が明らかになった。

　さらに日本の中等教育では、大学入試にむけての学習が知識取得型で実施されることが主流であるために、問題発見や解決力を身につけることが主な目的である大学での学習につながるようなプレゼンテーション、探求型学習の機会が限られていることも、新たな課題として浮上した。すなわち、米国の高等教育と中等教育の教育方法等において接続性が見受けられるのに対し[7]、日本の高等教育と中等教育との間の非接続性の問題は看過できないといえよう。分析結果の知見としての学生の関与、教員の関与というカレッジ・インパクトがもたらす教育効果は**図3-3**のように表される。

　日本独自に学生類型モデルを設定することで[8]、米国のCSSでは捉え切れなかった「ポジティブ学生」と「ネガティブ学生」の大学という環境への適応、統合、不適応、そしてそれらを規定する教育、教師、学生生活への関わりの度合いが明らかとなった。さらに、この学生類型を入学時に自発的に進路を選択した層としなかった層とに分類し分析した知見として、入学時の進学理由が「周りの人たちが進学を希望したから」などの依存型であるにもかかわらず、大学での経験を通じて大学生活を充実していると捉えるなどのポジティブな評価をしている学生と、入学時の進学理由が自発的であったにもかかわらず、大学での経験を通じて大学生活を前向きに捉えられなくなっているネガティブ学生が存在していることが明らかとなった。このようなネガ

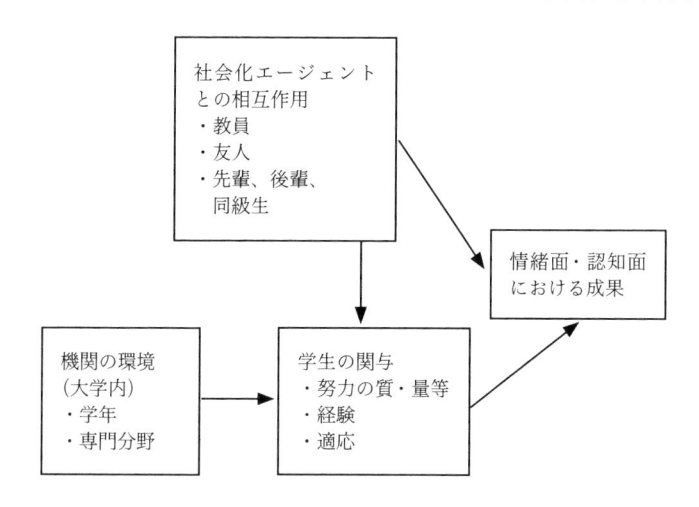

```
        ┌─────────────────┐
        │ 社会化エージェント │
        │ との相互作用     │
        │ ・教員          │
        │ ・友人          │
        │ ・先輩、後輩、   │
        │   同級生        │
        └────┬──────┬─────┘
             │      │
             │      └──────────┐
             ▼                 ▼
┌──────────┐  ┌──────────┐  ┌──────────┐
│ 機関の環境 │→ │ 学生の関与 │→ │情緒面・認知面│
│（大学内） │  │・努力の質・ │  │における成果 │
│・学年    │  │  量等     │  │          │
│・専門分野 │  │・経験     │  └──────────┘
└──────────┘  │・適応     │
              └──────────┘
```

図3-3　JCSS調査によって検証された大学環境と学生の成長

ティブ学生に見られる効果の落ち込みは深く、そこには大学間格差がそれほどないことも検証された（杉谷：2009a、山田：2009）。一方で、ネガティブ学生であったとしても大学という環境に適応することを通じてポジティブ学生へと変容していくこと、また、少数ながらポジティブ学生がネガティブ学生に変容していくという学生累計の変化の過程も散見された。これらの知見はそれまでの日本におけるカレッジ・インパクト研究が着目してこなかった、大学という環境が学生の成長に及ぼす重要性を提示し、変容の過程に学生のエンゲージメントが関係していることを実証した。一方で、アスティンのI-E-Oモデルにもとづけば、Iの部分の要素がかなりの部分を決定していることも大学生調査であるJCSSの知見であった。JCSSを通じての実証研究から、大学というインパクトの存在が日本にも適応することが確認された。本知見は従来の日本のカレッジ・インパクト研究が着目してこなかった大学という環境が、学生の成長に及ぼす重要性を確認することで、日本の大学教員の強い研究志向性だけでなく、教育指向性を高める現在の高等教育政策の理論的基盤ともなる基礎研究と位置づけられよう。

　そこで、2008年からは高校時代の認知・情緒面での成長度合い、学習行動に力点をおいた新入生調査である、JFS（Japanese Freshman Survey）を開発した。

この調査では、大学入学前と入学後の接続といった側面から、大学入学以前に規定されている行動・能力を大学教育がいかに伸長するかの基礎資料として利用できることから、入学前までに規定されたIの部分が大学という環境を通じての変化を追うことも可能となった。このIとEの関係性については、今後さらに詳細に分析し、安定した理論をサポートする結果を検証していかねばならない。これまでの分析結果をアスティンやパスカレラの分析モデルを参照しながら、独自にまとめてみたのが**図3-4**である。

このモデルは、アスティンのI-E-Oモデルにもとづきながらも、大学の環境のなかでも正課内課程である教育課程を中心に、高校時代までの既得条件と教育成果との関係性を探索的にモデル化したものである。大学間および大学内での差や共通性の精緻な結果や一般化を通じて、本モデルを本格的に検証していく必要があると認識している。

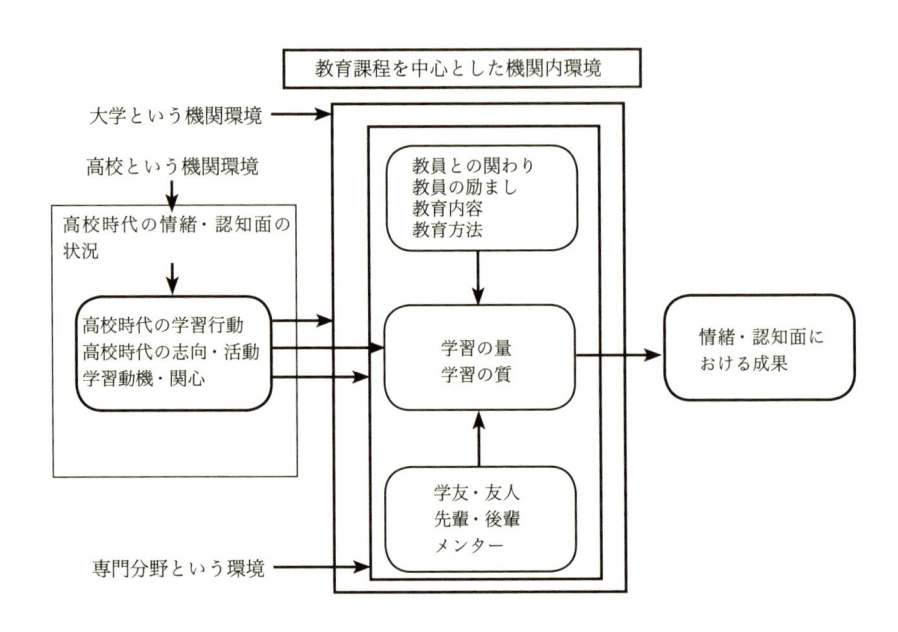

図3-4 高校までの状況と大学環境と教育成果の関係性

作成）山田 AIR 2011 での発表資料より。
　　　Yamada R., Sugitani Y. & Ehara A.: 2011

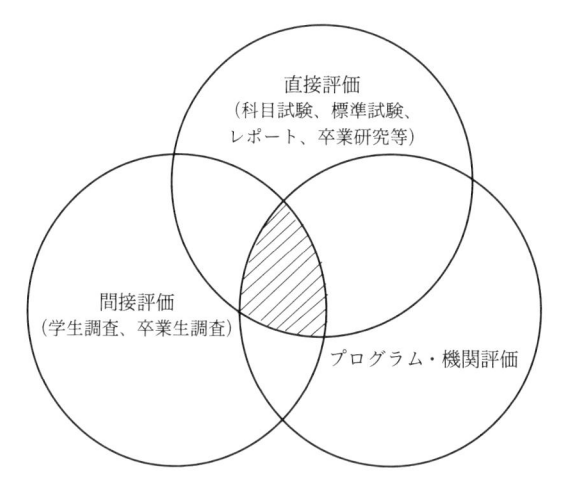

図3-5 教育アセスメントの関係図

直接評価と間接評価との差異については、前述したとおりであるが、JCIRPを通じて、学生の成果を測定する科目試験、標準試験等の直接評価に加えて、学生の学習行動や認知的・情緒的成長の過程を測定する間接評価、および学生の成長を支える教育プログラムや機関評価としての学生調査の関係性を確認できた。そこでその関係モデルを提示してみたい（図3-5）。

この図からもわかるように、直接評価と間接評価のいずれが優れていて、どちらを優先するかという2項対立的に論じられる評価は成立しない。むしろ、直接評価と間接評価を補完的に活用すること、それに加えて、外部評価委員などによるプログラムや機関評価とも組み合わせることで、より学生の教育成果を高めていくことが可能になる。3つの評価を場面に応じて、効果的に組み合わせて利用することで、図の重複部分が広くなる。すなわち、学生の学習成果の把握と向上にむけての改善方策へとつなげることが容易になる。

5. JCIRPからわかること

　JCIRPは、国際比較も可能にするべく質問項目をCSSと互換性のあるように設計していること、国内で継続的に実施しているという特徴がある。CSSと互換性のある項目については日米で共通性・汎用性のある事柄、かつ国

際的に現在求められている内容を反映しているか否かを毎年精査している。継続的に実施する際にも、回答率の悪い項目、それほど他と関連性のない項目等についての見直しをおこなっている。項目と尺度については、木村がJCIRPプロジェクトの課題として、異なる複数の調査票の共通尺度化を挙げ、学年比較・経年比較・大学間比較・大学内比較をおこなうための、統計的な取り扱いの統一の必要性を提示しており[9]、今後の調査票の共通尺度化は、後述するように国際比較と継続性を担保するためにも喫緊の課題といえよう。

ここで日米の大学における学生のエンゲージメントの実態を把握し、さらに、JCSS 2005とJCSS 2007のデータを比較することにより学生のエンゲージメントには安定的な特徴があるのか、あるいは変化が見られるのか把握し、議論を展開していくためCSS 2005、JCSS 2005、JCSS 2007の同質問項目の単純比較結果を提示する。その際、米国の学生が3～4年生が中心であることからJCSS 2005、JCSS 2007からはともに1～2年生のデータを除き、3年生以上のデータのみを扱う。

図3-6と**図3-7**は、日本の大学生は授業や実験への出席時間が多いが、授業時間以外の勉強時間や宿題時間が米国の学生と比べて短い傾向を示している。この傾向は継続的データでも変化がみられず、単位の実質化に大きな課題がある日本の大学の現状が示されている。ここでとりあげられている項目

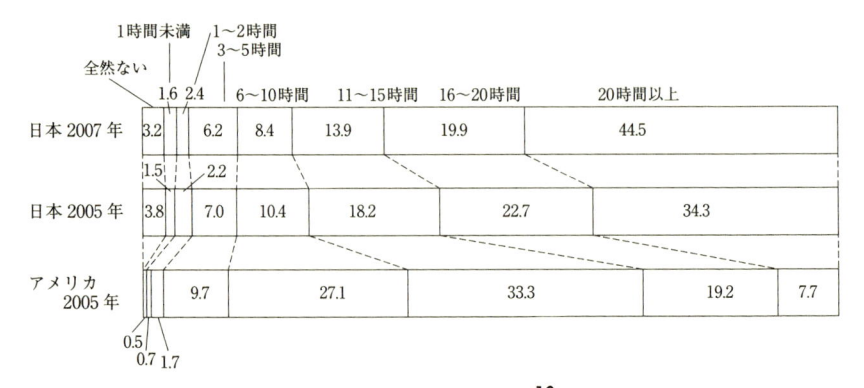

	全然ない	1時間未満	1～2時間	3～5時間	6～10時間	11～15時間	16～20時間	20時間以上
日本2007年	3.2	1.6	2.4	6.2	8.4	13.9	19.9	44.5
日本2005年	3.8	1.5	2.2	7.0	10.4	18.2	22.7	34.3
アメリカ2005年	0.5	0.7	1.7	9.7	27.1	33.3	19.2	7.7

図3-6 授業や実験への出席時間[10] （単位：%）

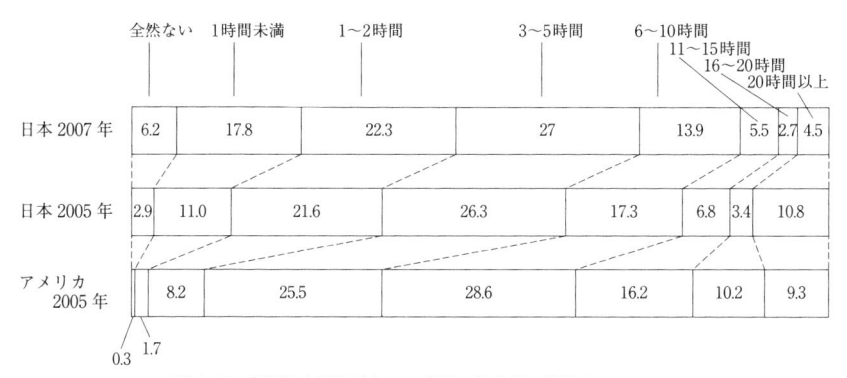

	全然ない	1時間未満	1〜2時間	3〜5時間	6〜10時間	11〜15時間	16〜20時間	20時間以上
日本 2007年	6.2	17.8	22.3	27	13.9	5.5	2.7	4.5
日本 2005年	2.9	11.0	21.6	26.3	17.3	6.8	3.4	10.8
アメリカ 2005年	0.3	1.7	8.2	25.5	28.6	16.2	10.2	9.3

図3-7　授業時間以外での勉強や宿題時間（単位：％）

は、日米いずれの学生にとっても共通的な要素と判断された項目を単純に比較した結果であるが、米国の学生と比べた際に、日本の学生の授業への出席時間が長いのに対して、授業外学習の時間が短いこと、あるいは教育課程でのアクティブ・ラーニングなどの新しい教育方法の経験の頻度の少ないことなど、今後の教育改善につなげていかねばならない課題を示唆している。

次に21世紀において各国の高等教育政策が重要視している、異文化の知識や獲得に視点を当てて、検討してみよう。第1章では、現在世界の大学が重視する学習成果として、異文化に関する知識や技能が挙げられていることを示した。例えば、ハーバード大学が2007年に公表した一般教育対策本部による報告書においても、一般教育の重要性が示され、今後充実していくべき領域として「世界の社会」「世界の中の米国」が提示されているが、そこには多文化・異文化という観点が色濃く反映されている (The Task Force on General Education: 2007)。また、2006年以降、学士課程教育の改革が進められているメルボルン大学では、卒業生が身につけるべきアトリビュートとして、「国内および国外の社会で活躍できるような技能と能力をもつこと」が提示され、技能と能力の説明として「国際性かつ世界観を備え、社会的、文化的多様性の理解が充分にできること」が挙げられている (山田：2008c、179)。このように、米国やオーストラリアの大学においても、学生が身につけるべき要素として示されている、多文化・異文化の知識・技能を異文化間リテラシー

と定義づけをする。

　この異文化間リテラシーを獲得する上での方向性は2つに分類されるが、それぞれが交差することによって異文化間リテラシーは広がりをもつと思われる。第1は、グローバル化した社会での「知識基盤社会」に適合する21世紀型市民、すなわちグローバル化した世界市場のなかでの国際競争力をもった人材を育成するという方向性である。第2は、様々な文化という事象を多文化・異文化の視点から捉えられるようになるという方向性である。

　第1の方向性と高等教育との関係性という点からみると、企業や労働市場が求める力と第1の方向性の親和性は高い。それゆえ、この方向性を重視すると、グローバル市場での競争力を支えるための人材育成に重点がおかれ、優れた語学力、問題発見力、問題解決力、交渉力、リーダーシップ等が高等教育の到達目標として提示されることが多くなる。現在、多くの日本の大学が、海外大学と共同での研究や教育の推進をおこなうことを目指しての学術協定の締結の促進、ネットワーク化やスタディ・アブロードプログラムの充実、留学生の受け入れや送り出しの促進など、進展させている一連の「大学の国際化戦略」は、この第1の分類に相当する。ボローニャプロセス[11]以後のヨーロッパの高等教育機関は、第1の方向に加速しており、留学生確保と並行して、自国の学生の国際化の重点化を目指している。グローバル化の対応例としては学生の短期、中期、長期の海外体験プログラムの増強があげられる。

　米国の高等教育機関においても、長期・短期の海外教育プログラムを充実するなど、学生の国際化を大学の使命として設定し、そのためのプログラムを積極的に展開する高等教育機関が増加している。これらも第一の方向性を意識した動向と位置づけられる。

　一方で、キーランは多文化・異文化に関連する教育方法は、知識の習得という知性・認知面に焦点をあてるトップダウン・アプローチと、個人の情緒的な側面の発達、すなわち多文化・異文化を知識として理解するだけでなく、個人の内面の省察へと結びつけていくボトムアップ・アプローチに分類できるとしている (Kieran: 2005, 313-332)。ボトムアップ・アプローチは、単に知識を提供するように埋め込まれた伝統的なカリキュラムを通じて学生に多文化

や異文化を学ばせるだけでなく、実践の段階につながる可能性を伴っている。「多文化共生社会」を目指すとすれば、知識だけでなく、実践と個人の内面の省察といった側面の育成を看過することはできない。

さらには、ある集団の文化をその集団の固有の文化あるいは自然な総体としてみなす見方である「文化本質主義」を克服して、「多文化主義」にもとづく実践面をカリキュラムや教育方法に反映していかない限り、メルボルン大学がアトリビュートとして掲げているような社会的、文化的多様性の充分な理解を実現することは難しいと思われる。しかし、答申案に掲げられている、学生が獲得すべき多文化・異文化の知識と理解の背景にはこのような視点にもとづく論点は見当たらず、政策課題としてこの視点がとりあげられているようには見えない。

JCSSにも異文化間リテラシーの獲得に関する項目があることから、日米の4年制大学の2～4年生の大学での経験と学習成果(ラーニング・アウトカム)に関する自己評価(アセスメント)結果を示す。**表3-2**には多文化・異文化に関する大学内での経験を示しているが、「人権や民族に関する授業の履修」についてはそれほど日米の差は生じていない。「女性学の授業の履修」についても、日本の学生の履修経験も年々増加していることが示されている。一方で、日本の学生の「異文化理解体験プログラムや海外研修プログラムへの参加の経験」はかなり低いことが示されている。また、**図3-8**の日米学生の多文化・異文化に関する学習成果(ラーニング・アウトカム)の成果と獲得に関する学生の自己評価結果を見ると、日本の学生の多文化・異文化に関する成果の評価が相当低いことから[12]、カリキュラム改革を実施する際に「多文化・異文化に関する知識の理解」が「21世紀型市民」の必須として認識され

表3-2 日米学生の多文化・異文化に関する大学での経験(単位:%)

大学での経験	米国 2005 年	日本 2005 年	日本 2007 年
人権や民族に関する授業の履修	41.2	34.4	39.2
女性学の授業の履修	22.6	10.6	20.2
異文化理解体験	27.6	7.0	7.3
海外研修プログラムへの参加	23.3	7.6	5.8

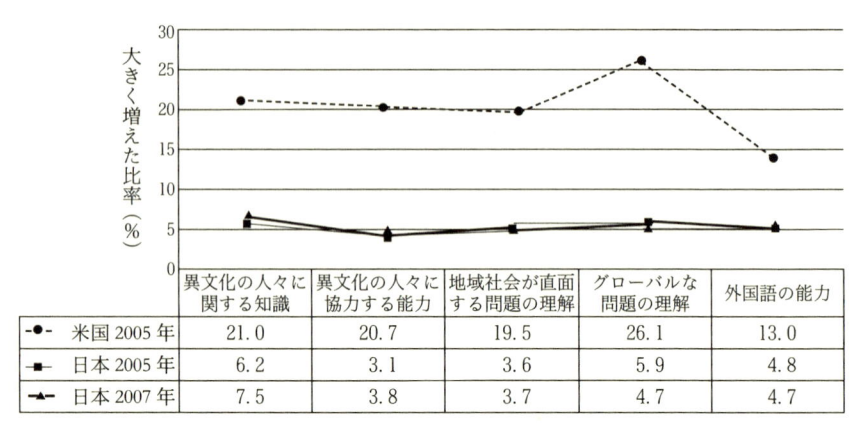

	異文化の人々に関する知識	異文化の人々に協力する能力	地域社会が直面する問題の理解	グローバルな問題の理解	外国語の能力
米国 2005 年	21.0	20.7	19.5	26.1	13.0
日本 2005 年	6.2	3.1	3.6	5.9	4.8
日本 2007 年	7.5	3.8	3.7	4.7	4.7

図3-8　日米学生の多文化・異文化に関する学習成果（ラーニング・アウトカム）

ていない可能性や、知識の理解だけではなく実践への架橋を意識した教育課程が構築されていないことが、要因のひとつであると推察される。より多くの学生を対象に異文化間リテラシーの獲得を目指すとすれば、専門教育だけでなく、一般教育あるいは教養教育のなかに、必修として多文化・異文化関連科目を位置づけることが必須であることを調査結果から推察することができる。

6．JCIRP の課題

　JCIRP の単純集計結果により、日米の学生の現状や学習成果の獲得状況を把握することができた。またこれまでの学生調査データから得られた日本の大学におけるカレッジ・インパクトを提示したが、カレッジ・インパクトモデルを検証するためには、同じ学生調査を継続的に実施し、分析を通じて安定した結果を検証しなければならない。そのため、JCSS は2004、2005、2007、2009、2010、2012年と実施している。さらに、モデルを検証するためには継続調査に加えて、複数の時点での調査が不可欠であることから、JCSS のインプット部分として利用できるように新たに2008年に開発した JFS には132大学163学部2万人近くが参加した。同時に、新たに開発した短期大学生対象の JJCSS 2008 には、9短期大学1,996人の新入生が参加した。

2009年度は、JFS には46大学から8,534人、JCSS には24大学から4,183人、JJCSS には30短期大学から約8,000人が参加した。2004年以降から2012年までの3種類の継続調査への累積参加学生数は10万5千人を超えている[13]。

継続調査を通じて、機関ベンチマークの進展が期待できるだけでなく、複数の時点での調査である JFS と JCSS を組み合わせることで、機関内パネル調査もしくは機関によっては個別学生パネル調査としても利用できる。JCSS と JJCSS を組み合わせることで、4年制大学機関と2年制短期大学機関での検証も不可能ではない。このように、3種類の調査を組み合わせることでカレッジ・インパクトによる大学生への教育効果の測定研究のさらなる展開の可能性が見えてきているのが、プロジェクト型大学生調査研究 JCIRP の現状である。

継続調査により理論的には、**図3-9**で示しているようにA、Dに示されているクロスセクショナル分析、B、Cに示されているパネル分析ができるようなデータセットが備わってきた。

一方で、継続型、複数調査型という特徴のある JCIRP は (1) 毎年複数調査による大規模データが集まる、(2) 調査によって参加大学が異なり、サンプルサイズが年度によって統一性がない、(3) 参加大学によっては対象学年も不統一である、(4) 回答傾向を精査するため、調査項目が JFS と JCSS 間のみ

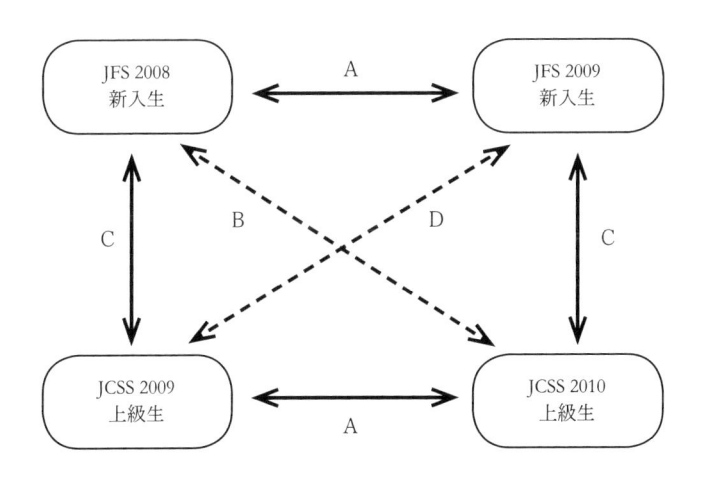

図3-9　継続型学生調査の分析モデル図

ならず年度によっても入れ替わり、今後も時代の要請や変化によって追加項目が増える可能性があるという状況は避けて通れない。したがって、JCIRPは、①経年変化・学年変化に際して、単純集計結果では統計的因果関係を説明することは容易ではなく、また単純集計だと共通項目のみしか比較できないため、学生の成長を統計的に汲み取る方法論の開発が不可欠となっている、②学年効果が確認されていることから、学年進級による質問項目の質的変化を分析の際に考慮することも重要となってくる、③さらには、項目の精査をすることにより項目を統計的に標準化し、共通尺度を作成する必要性も視野に入れなければならない、といった課題に直面している。換言すれば、多様なサンプルから成り立つデータという性格を前提として、複数の検証方法を通じてカレッジ・インパクト理論の安定的な検証をおこなわなければならない。同時に、頻繁に入れ替わる項目や大規模データの集積という性格をもつデータから、質問項目の安定性と精度の向上を図り質問項目の妥当性を提示することが、大規模で継続的な学生調査の課題である。

また、研究上の課題のみならず、内的アカウンタビリティとしての役割、内部質保証システムのひとつとして学生調査を機能させることも不可能ではない。学生調査をカレッジ・インパクト研究としてのみならず、質保証のた

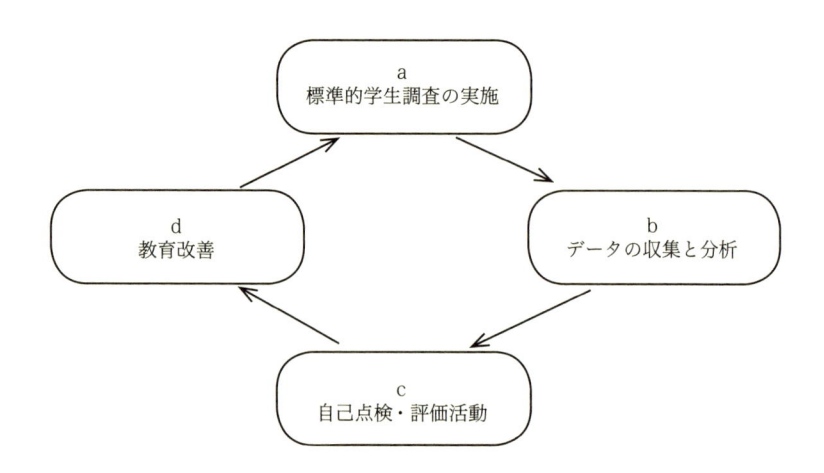

図3-10 質保証にむけての教育改善モデル

（a 標準的学生調査の実施 → b データの収集と分析 → c 自己点検・評価活動 → d 教育改善 → a）

めの教育改善モデルとして位置づけると図3-10のようになる。

　しかし、図3-10に示した教育改善モデルを機能させるためには、次にあげる3つのステップをクリアしていくことが必須となる。第1ステップとしては、教育改善・自己点検のために標準的学生調査を大学機関としてどう使用しているか、どう活用したいかを明確にした上で、調査主体と改善主体が一致しているのか、別個であるのかといった組織上の問題をクリアしなければならない。次のステップとして、教育改善につなげるための説得であるが、誰が調査や分析を担うのか、その調査や分析の意味や有効性について、説明をうける側の執行部が理解できるかも看過できない。ここまでの2ステップをクリアした後、学生調査をIR[14]として機能させ、教育改善モデルをサイクルとして回していくためには、間接評価である学生調査結果を多種実施されている直接評価とどう結びつけるのか、あるいは現実的に、直接評価であるGPAや成績など学内学生情報データとのリンクと分析は誰が責任をもって担うのかといった実践面、組織面での課題をクリアしていくことが不可欠である。

　加えて、JCIRPは研究だけでなく、教育改善のためのツールとしての意味を伴っていることから、単にデータを分析し、理論の実証、方法論の開発にとどまるだけでは、不充分といわざるを得ない。いかに組織や具体的な改善モデルにつながるような結果をわかりやすく提示できるか、あるいは参加者（参加大学）が利用できるかということも視野に入れ、活動していかねばならない。

おわりに──JCIRPの課題と今後の方向性

　JCIRPはこれまで提示してきたように、日本において研究の蓄積が不十分であったカレッジ・インパクト研究の展開にむけての基盤構築を可能にするデータを継続的に蓄積している。しかし一方で、今後解決していかねばならない課題も大きい。先述したようにJCIRPは2013年1月現在、JCSS 2005、JCSS 2007、JFS 2008、JJCSS 2008、JFS 2009、JCSS 2009、JJCSS 2009、JCSS 2010、JJCSS 2010の14のデータセットがある。2011年7月にはJFS 2011も実施された。毎年項目の精査をすることから、質問項目の入れ替わりがおこ

なわれる。また、同一項目であったとしても、例えば、1年生を対象としたJFSと3・4年生を対象としたJCSSでは、母集団がまるで違う。そうすると、過不足のある項目については、経年で比較することなど到底おぼつかなくなることは、継続型の大学生調査JCIRPプロジェクトにとって、解決しなければならない喫緊の課題として浮かび上がってくる。継続データの整理と質問項目の精査により学生調査群項目の標準化が不可欠となる。

　また、日米比較分析では、米国データは公開データを利用している。日米のデータを結合した同一データベース上で統計的に厳密な手法を用いて分析しているわけではない。それゆえ、単純集計の結果のみを提示するにとどまっている。しかし、単純集計の結果をそのまま用いた比較は統計的に信用できないことは周知のとおりである。そのため、米国版のローデータを入手し日本版データと結合して、分析することにより、日米の学生の共通性と差異をより精緻に解明し、それらを促進する教育環境の特性や機能を検討することが必須となる。

　カレッジ・インパクト研究は米国において研究の蓄積が豊富であることは先述したとおりであるが、一方で、米国内の学生のみに焦点が当てられており、国際性の欠如が米国の先行研究の欠点と指摘できる。その点、JCIRPは、2010年からは韓国との共同研究も進めており、今後の方向性としては、米国も含めた3カ国での共同研究を視野にいれていることから、そうした国際性を埋める横断的側面を持っている。米国データとの結合も計画していることから、そうした国際性を埋める横断的側面をもっている。今後は、横断的側面からの成果を活かしながら、カレッジ・インパクト理論研究と、学生の学習成果につながる教育基盤の構造と機能等の解明へと研究を展開していくことが期待できる。

注
1　本書では、試験とテストは同義語として用いているが、試験（テスト）に関する理論はテスト理論として認知されていることから、ここでは試験（テスト）として記述することにした。
2　アスティンが開発したCIRPやインディアナ大学が中心となって開発したNSSE

は、プロセス評価としてあるいはベースライン・データとして利用するという意図で、設計や項目の精査も並行しておこなわれてきた。CIRP が依拠している理論はアスティンの Involvement であり、NSSE はクーの Engagement 理論である。クーが開発に関わっているNSSEは Engagement 理論が質問全体の基本思想となっている。

3　Astin, Alexandar. W. 1993. *Assessment for Excellence: The Philosophy and Practice of Assessment and Evaluation in Higher Education*, Phoenix, Arizona: ORYX Press. 18 頁の図を参照し、筆者が訳した。

4　Astin, Alexandar.W. 1993. *Assessment for Excellence: The Philosophy and Practice of Assessment and Evaluation in Higher Education*, Phoenix, Arizona: ORYX Press. 45 頁の表を参照した。

5　結果モデルと呼ばれている。

6　UCLA の CSS（大学生調査）と CIRP（新入生調査）の日本版である JCSS（日本版大学生調査）と JFS（日本版新入生調査）の質問項目は、文化的あるいは社会的な差異を検討した結果、日米で比較可能な項目を中心に、日本に特徴的な状況を反映させる項目を追加している。

7　米国の中等教育と高等教育の接続性については第10章・第11章で扱う。

8　杉谷は「学生生活は充実しているか」「大学での経験全般について満足しているか」「大学を選びなおせたらもう一度本学に進学するか」という3項目のうちの肯定的回答数が2項目以上を「ポジティブ学生」、1項目以下を「ネガティブ学生」と分類した。

9　2009年日本教育社会学会の発表要旨「JCIRP に見る大学生の諸相―プロジェクト型大学生調査の目的・方法・課題―」の結果を参照している。

10　表3-2、図3-6、図3-7、図3-8に示した自己評価は CSS 2005、JCSS 2005、JCSS 2007 の3つの学生調査結果をもとに作成した。CSS 2005 は米国の4年制大学に在学して3年から4年になる学生30,188人（男性11,367人、女性18,821人）を対象にした公表されているデータである。JCSS 2005 は、2005年10月から2006年1月にかけて調査を実施し、国公私立4年制大学8校の学生3,961人からの回答を得た。JCSS 2007 は国公私立4年制大学14校と短期大学2校の16校が2007年12月から2008年1月に調査に参加し6,228人からの回答を得た。

11　1999年にイタリアのボローニャで採択された『ボローニャ宣言』にもとづく、ヨーロッパの高等教育の改革プロセスのことである。ボローニャ宣言では、2010年までに「ヨーロッパ高等教育エリア」「European Higher Education Area: EHEA」の設立を目指すことが確認され、多くの国際機関と46のヨーロッパ圏の国家が参加している。

12　全般的に米国の学生の自己評価が高いという傾向により、数値の比較の妥当性については検証していく必要がある。

13　2012年度は JCSS には58学部から5,780人、JJCSS には29短期大学から7,102人が参加している。

14　大学機関研究と訳される IR（Institutional Research）の機能のひとつに、学内に山積、散在するデータをベースに、マネジメントや教育改善のために役立てる情報を分析することがある。IR については本書第6章で扱っている。

第4章　学生の情緒的側面の充実と教育成果

はじめに

　高等教育を取り巻く諸アクターから、各大学が自らの教育理念と学生の成長を実現する学習の場として学士課程を充実させることが、これまでにないほど強く求められている。しかし、学生の成長をどう測定するのか、あるいは、学生の成長の成果と学士課程教育の関係性についての研究は、充分とはいえない現状にある。

　一方、米国においては学生調査が継続的に実施され、学生調査結果をベースにした高等教育の教育効果の測定研究、学生研究の蓄積がおこなわれ、学生の成長に関する理論研究が進んでいる。さらには、学生調査を利用しての IR（大学機関研究）が進展し、各大学に IR 部門が設置され、そこでの実践的な研究にもとづいた教育改革も進展している。IR が機能することにより、アクレディテーションに不可欠なエビデンスの作成も円滑に実施できている。学生調査は理論構築にむけての研究のみならず、高等教育機関における教育改善のためのエビデンスとして機能する要素を伴っている。それ故、米国での学生調査は、研究目的だけでなく高等教育機関の特性や教育プログラムと学生の学習成果への効果や関連性を見るプロセス評価、言い換えれば間接評価として、多くの高等教育機関で使用されている。

　本章では、間接評価の代表的な手法である学生調査のひとつである日本版大学生調査（以下 JCSS）をベースに、学生の情緒的側面の充実と教育成果の関係性を探る。

1. 日本における学生研究

　前章では米国での豊富な研究蓄積に裏打ちされたカレッジ・インパクト研究を紹介してきたが、日本においても、学生研究が決して看過されてきたわけではなく、カレッジ・インパクトに関する研究も蓄積されてきた。しかしその研究は主に、アスティンの理論に関する文献研究に収斂されていることが大きな特徴であるといえる。日本でのカレッジ・インパクト研究の先駆者である丸山は、大学生の学習意欲、学習態度、さらに職業アスピレーションが大学時代にどのように形成されてきたかを検討し、マイヤー（Meyer: 1977）が提示してきたチャーター、つまり個々の大学に対して社会が付与した「免許」という概念を用い、これらが日本の大学においてはカレッジ・インパクトよりも大きな効果をもつと論じた。チャーターを構成する要素は、①過去の卒業生が示してきた卒業後の進路・職業的地位、②卒業生の進路について社会一般の人がもっている印象・信念、③ある大学の卒業生は特定の職業に就いても当然であるという正当性、という3つからであるが、丸山の実証研究では、チャーターを測定する指標として日本の大学における入試難易度を用いて、入試難易度が高い大学ほど学生の職業アスピレーションが高く、それによって学習に対するモチベーションも高いという結果が提示されている（丸山：1980; 1981）。

　アスティンが大学の環境という内部効果に着目したことに対し、マイヤーのチャーター効果は、大学というブランド力、機関名からもたらされる外部効果に焦点をあてているといえるが（Meyer: 1977, 55-77）、日本の学生研究は、大学の大衆化が顕在化するまでの1990年代後半から現在に至るまではこのチャーター効果の系譜を継承してきたことが特徴であり、スクリーニング理論などもこの系譜に連なるものとみなすことができる。

　近年では、大学生の学生文化に焦点を当てた研究の蓄積が、心理学の系統あるいは社会学の系統から積み上げられている。現代社会とその中で生きる大学生の自己の概念をキーワードに、その心理に焦点を当てた溝上の心理学的研究や、現代大学生のアルバイト、サークル、学習を学生文化として捉

えた武内等の社会学的研究がその代表的な研究である（溝上：2001; 武内：1999; 2003; 2005）。最近では、吉本や小方らの大学の内部効果と学生の卒業時に身につける能力・スキルに焦点を当てたコンピテンシーの研究へと拡大している（小方：2001; 矢野・吉本：2004）。小方はレビューした米国のカレッジ・インパクト研究とエンゲージメント研究の知見をもとに、日本における学生のエンゲージメントとアウトカムとの関連性を明らかにする試みをおこなっている。その際、アウトカムを認知面に焦点化し、汎用的技能形成と学問的技能形成に分類し、その規定要因を抽出した。その結果、両技能形成において教育プログラムの特性や学生のエンゲージメントが重要であること、そして結果が米国のエンゲージメント研究の知見と整合的であると確認している（小方：2008）。

2. これまでの研究と分析枠組み

　筆者らは学生研究の知見を蓄積すること、安定したデータから恒常的に利用できる調査票と指標を開発したいという意図から、米国のカレッジ・インパクト研究の理論枠組みに依拠し、カリフォルニア大学ロサンゼルス校高等教育研究所が開発した大学生調査（CSS）や新入生調査（CIRP）の日本版を開発し、2013年現在までに試行調査を含めて14回実施した。これまでのところ、I-E-Oモデルをより精緻化したパスカレラのモデルを研究枠組みとし、日本の学生の成長と環境要因の関係を探った結果、学年、学生の関与、教員の関与というカレッジ・インパクトがもたらす環境面での教育効果が検証された。また、学年が上昇するにつれて学生が獲得する知は上昇し、学生が様々な大学内での環境に関与すること、それを支える教員の関与が教育効果へもたらす影響の強さも確認された。個別大学ごとに検討した場合、入学難易度とは関係なく、カレッジ・インパクトが学生の教育効果に影響を及ぼしている大学も確認されている（山田：2009）。これまでの研究を通しての知見は前章で紹介しているが、これらの実証を通じて、大学というインパクトの存在が日本にも適応することが確認された。

　本章では今までの研究の延長線と異なる角度から、カレッジ・インパクト

を見ることに主眼をおく。筆者らが指摘しているように、米国におけるカレッジ・インパクト研究が一定の理論的枠組みのなかで実施され、知見を蓄積してきたのに対し、日本における学生に関する研究は多くの研究者の問題・関心のみによって研究の方向性が決定され、知見も共有されてこなかった。もちろん、各研究の成果は示唆的であり、参照できる知見も多い。

確かに、米国のカレッジ・インパクト研究には類似の研究枠組みや二番煎じの研究が多く、NSSE や CIRP を利用した毎年ほとんど代わり映えのしない口頭発表や特定の側面にのみ焦点を当てた研究などが量産されていることは否定できない。しかし、圧倒的な研究量と継続的な研究によってカレッジ・インパクト研究やエンゲージメント研究は学生研究の理論的枠組みとして広く認知されている。それゆえ、豊富な研究成果から政策的インプリケーションに与える効果は少なくない。

近年、教育の質保証が着目されるなかで、学生の到達度評価の導入が議論されていることは先述した。アウトカムへとつながる学生の学習や生活行動等のエンゲージメント、教員の教育や学生へのインボルブメント、価値観、充実度などの要因や教育プログラムの特性との相互関連を通じてアウトカムへとつながることは、繰り返しになるが前述の通りである。これらのプロセスを把握しないまま、到達度評価導入の議論が進捗しているが、そうした基礎的な資料となるような研究を蓄積することが不可欠であると考えた次第である。

本章では大学教育の充実が求められつつある現在の状況において、第1に学生のエンゲージメントの実態を把握することを目的とする。把握する際に2つの視点からアプローチする。最初の視点は、UCLA のオリジナル版 CSS 2005 のデータを利用して、JCSS 2005、JCSS 2007 のデータと比較する。その比較を通じて、日米の学生のエンゲージメントや自己認識の実態を探り、JCSS 2005、JCSS 2007 の質問項目が安定的であるのか否かという点をデータから検討する。

第2に、エンゲージメントの状況と成果として分類されている内面的・外面的情緒面や内面的認知面との関係性を探り、次に学生の情緒的側面から、

学生を前向き、あるいは後ろ向きにしている要因を検討し、情緒的側面の充実が学生の成長にとってどのような意味をもっているかを考察する。この分析課題には以下に示す意義と限界がある。意義については、カレッジ・インパクト研究での蓄積が豊富な米国で開発された CSS は、長期的なデータの分析と改良を繰り返しているため、尺度・指標の安定性と信頼性がある。それゆえ、共通項目を日本の学生に適用し、継続的に実施することでカレッジ・インパクト研究の普遍性を日本の高等教育を通じて確認することも可能である。もし、日本の高等教育機関に特有のカレッジ・インパクトを見出すことができれば、日本の高等教育そのもののメリットやデメリットを実証的に検証することも可能かもしれない。また複数の機関で教育効果を測ることを通じて、教育改善につながる調査票の開発に道を開くこともできる。

しかし一方で CSS のデータそのものは、直接データではなく公表されている間接データを用いている。それゆえ、JCSS 2005, JCSS 2007 のように変数を設定した直接分析が不可能であることから、日米の違いが存在するとすれば、その規定要因を探ることができない。

3. データについて

分析で用いるデータは、CSS 2005, JCSS 2005, JCSS 2007 の3つの学生調査結果である。CSS 2005 は米国の4年制大学に在学し、3年から4年に進級する学生30,188人(男性11,367人、女性18,821人)を対象とした公表されているデータである[1]。JCSS 2005 は、2005年10月から2006年1月にかけて調査を実施し、国公私立4年制大学8校の学生3,961人からの回答を得た。調査自体は授業時に配布し、回収するという方式を採用したことから、配布数と回収数がほぼ一致している。JCSS 2007 は国公私立4年制大学14校と短期大学2校の16校が2007年12月から2008年1月に調査に参加し6,228人からの回答を得た。今回の分析に際しては、短期大学の学生のデータは対象から外した。

4. 日米の学生のエンゲージメントと自己評価

　本節では CSS 2005、JCSS 2005、JCSS 2007 の同質問項目の結果を提示することにより、日米の大学における学生のエンゲージメントの実態を把握する。さらに、JCSS 2005 と JCSS 2007 のデータを比較することにより、学生のエンゲージメントには安定的な特徴があるのか、あるいは変化が見られるのかもみる。分析にあたっては、米国の学生が 3 ～ 4 年生が中心であることから JCSS 2005、JCSS 2007 からはともに 1 ～ 2 年生のデータを除き、3 年生以上のデータのみを扱った。

　基本的な学生の成績の自己評価結果をみると CSS 2005 の結果から米国では上位17.7％、中位72.4％、下位9.9％である。一方日本では、JCSS 2005 では上位4.6％、中位68.4％、下位11.6％、わからないが15.5％、CSS 2007 の結果では、上位6.8％、中位70.4％、下位14.5％、わからないが8.2％となっている。「中位である」と回答している学生比率は両国の間にそれほど差はないが、「上位である」と回答している米国の学生比率が日本と比較すると高く、一方で「下位である」と回答している学生の比率が日本では高い。より高い成績をおさめることが奨学金の必要条件であるだけでなく、奨学金を申請することが一般的であること、低い成績結果によって退学勧告などが厳格に実施される米国の状況が差異に影響を及ぼしている可能性が高い。一方、日本では2005年、2007年ともに「自分の成績をわからない」と回答している学生比率が2005年、2007年ともに10％前後であることから、大学の成績は学生に関心のある事項ではないとも見受けられる。

　学生のエンゲージメントの日米比較を示す表4-1を見ると、「大学での経験1」では2005年、2007年ともに「単位を取得できなかった授業があった」と回答している日本の学生比率が米国よりも極端に高い。ただし、2005年から2007年の時系列でみると、2007年には「単位を取得できなかった学生」の比率は若干低くなっている。補習授業については、日米ともに受講経験が高いわけではない。ただし、日本の学生を時系列でみると2005年では「補習授業を受講した学生」の割合はかなり低かったが、2007年には上昇し、補習授

表4-1　CSS 2005、JCSS 2005、2007にみられる大学での経験

大学での経験1（「はい」の比率（%））	米国2005	日本2005	日本2007
単位を取得できなかった授業	13.1	69.3	62.5
補習授業の履修	6.9	3.6	8.0
人権や民族に関する授業の履修	41.2	34.4	39.2
女性学の授業の履修	22.6	10.6	20.2
異文化理解体験	27.6	7.0	7.3
優秀学生のための授業の履修	23.1	1.7	1.6
インターシップへの参加	43.9	7.4	14.2
リーダー養成プログラムへの参加	22.4	2.6	2.5
海外研修プログラムへの参加	23.3	7.6	5.8
大学での経験2（「たびたび」と「たまにした」の合計比率%、ただし*は「たびたびした」の比率）	米国2005	日本2005	日本2007
学際的な授業を履修した	66.0	35.7	51.6
自主的な学習プログラムへの参加	58.0	29.7	37.0
授業の内容について他の学生と議論	64.6	79.9	82.7
大学教員と懇親会	45.0	54.6	51.6
提出期限までに宿題を完成できなかった	60.0	42.9	54.6
授業をつまらなく感じた*	27.0	77.7	80.1
研究や宿題のためにインターネットを利用した	25.0	42.6	35.2
アルバイトや仕事で授業に出席できなかった	45.3	7.7	10.8
チューターとして他の学生の学習補助をした			

業をうけた米国の学生の割合を凌駕していることが見てとれる。

「人権や民族に関する授業の履修」から「海外研修プログラムへの参加」までの項目は従来から求められてきた伝統的な知の体系とは異なる、21世紀型の市民を意識しての新しい教養や方法にもとづいた授業や体験の経験を尋ねている。人権や民族、異文化理解などは新しい知の体系として分類され、インターンシップやリーダー養成プログラム、海外研修プログラムへの参加は、座学ではなく体験を通じて学生が学ぶという方法が組み入れられたものである。いずれも、日本の学生のエンゲージメントの比率はかなり低い。しかし、JCSS 2005とJCSS 2007とを比較してみると、インターンシップに参加した学生の割合が2倍近くに上昇しており、インターンシップが普及しつつある動向が確認できる。一方、「優秀学生のための授業の履修」という項目は、日米の差を顕著に示している。日本の大学では近年多様化した学生に対処す

るために初年次教育の拡大、進展が顕著に観察されるが、優秀学生の伸長という視点にもとづいた授業の提供や育成は組織的にも進展していない。2005年と2007年の間にも進展はほとんどないことから、日本の大学では底上げ機能を充実させる教育プログラムがより重要視されているといえる。

「大学での経験2」は、学生の学習や大学生活でのエンゲージメントに関連する項目から成り立っている。米国の学生よりもエンゲージメントの割合が低い項目もあるが、「大学での経験1」に比べて差は縮小し、日本の学生のエンゲージメントが上回っている項目もいくつかみられる。「授業の内容について他の学生と議論」という経験については、JCSS 2005年、JCSS 2007年の両データにおいて、日本の学生のエンゲージメントが米国の学生を上回っている。また、大学教員との懇親会の経験についても、日本の学生の回答が米国の学生の回答の割合を大きく上回っている。内容についての議論の中身が不明であるという限界があるにせよ、学生同士が授業を媒介に議論をするという風土が醸成されていると見受けられ、上級学年になれば学生との関わりが頻繁にある日本の大学の教員の現状が数字に表れているのではないか。一方で、「授業をつまらなく感じた」という比率は、日本の学生が米国の学生の回答を大幅に上回っている。教員のFDとも深く関わっているこの項目は今後も継続的に注視する必要がある。「学際的な授業を履修した」「自主的な学習プロジェクトに参加した」といった項目は、学士課程教育の再構築にも関連の深い項目だが、米国の学生よりも低い比率を示していたものの、2007年では大幅に上昇している。この背景として、日本の大学の教育カリキュラムやプログラムの改革効果が表れ始めている可能性があり、継続的にウォッチしていく必要がある。

次に学習成果の自己評価を比較してみる。**表4-2**にはCSS 2005、JCSS 2005、JCSS 2007の結果を示している。両国とも3・4年生というサンプルであるが、日本の学生の場合には、3年時で卒業に不可欠な単位のほとんどを取得して、4年時ではゼミ、卒業研究や卒論のみを残しているという状況が一般的である。一方、米国では5年卒業が標準になりつつあること、ダブルメジャーを選択する学生が多くなっていること等を考慮すると、4年生であっても登録

表4-2 日米の学生のラーニングアウトカムの自己評価

大きく増えたと回答した学生の比率（％）	米国 2005	日本 2005	日本 2007
一般的な教養	46.1	14.7	9.8
分析や問題解決能力	35.1	14.2	11.7
専門分野や学科の知識	59.5	32.0	33.7
批判的に考える能力	38.7	14.9	12.9
異文化の人々に関する知識	21.0	9.8	9.6
リーダーシップの能力	27.5	9.7	10.8
人間関係を構築する能力	32.4	19.3	17.4
異文化の人々と協力する能力	20.7	5.0	5.6
地域社会が直面する問題の理解	19.5	5.5	5.7
国民が直面する問題の理解	25.9	7.8	6.8
文章表現の能力	30.2	10.6	8.4
プレゼンテーションの能力	28.1	12.4	10.6
数理的な能力	14.1	4.3	6.1
コンピュータの操作能力	27.0	25.5	21.6
グローバルな問題の理解	26.1	10.1	6.2
外国語の能力	13.0	5.1	4.9

単位は下級学年とそれほど違いはない。したがって、授業に実際に参加している割合が高いために、学んでいるという自己認識が高くなる傾向があることを考慮すべきであるが、米国の学生が「習得した」と評価するアウトカムの比率が日本の学生を大幅に上回っている。日本の学生が「大きく増えた」と評価する項目は、「専門分野や学科の知識」であるが、それをも米国の学生の自己評価は大きく上回っている。「コンピュータの操作能力の取得」が最も差の小さい項目であるが、他の項目間の日米の差は大きい。

　21世紀型市民の育成を目指した新しいカリキュラムや教育方法に関連した項目を取り上げて、日米の学生のエンゲージメントの度合を次に検討してみる。表4-2には伝統的に高等教育で育成すべきとされている知あるいは能力は「一般的な教養」「分析や問題解決能力」「専門分野や学科の知識」「批判的に考える能力」「文章表現の能力」「数理的な能力」[2]が代表的な項目として示されている。いずれの項目も米国の学生の評価のほうがかなり上回っている。日本の大学の教育課程における伝統的な知識の体系とその伝達が、学生には効果的に伝わっていない現状がうかがえる。また、グローバル社会の進展と

いう状況に合わせて育成しようとしている知識や技能に関しても、日本の学生の評価は低い。JCSS 2005年とJCSS 2007年では2005年の評価のほうが高い項目がいくつかあるが、それほど大きな差ではなく、むしろ日本の学生のおおよそのアウトカムの自己評価を予想しうる範囲となっている。こうした日米の差に影響を及ぼしている要因を、重層的に直接データを使って分析することが不可欠であるが、今回はデータの限界から傾向を知ることにとどめておきたい。

しかし、日米の学生のアウトカム評価の差は必ずしも「大学の教育力」だけでは片づけられない側面を伴っている。自己認識項目については、CSS 2005とJCSS 2005を見ると、米国の学生の自己評価が全質問項目で大幅に上回っている。例えば同世代の学生と比較して、「自分は以下の項目において平均以上あるいは上位10％以内である」と回答した者の比率を見てみる。学力については、米国の学生77.6％に対し、日本の学生は48.7％、文章表現力が米国60.9％に対し、日本29.6％であることが明らかになった。次に、学力やアウトカムに対して前向きに働くとされている情緒的側面を示す「やる気」や「情緒安定度」を見てみると、米国の学生が前者において76.9％、日本の学生が44.1％、後者がそれぞれ56.3％、32.9％というように、日本の学生の自己評価が大幅に下回っている。日米の参加大学の内訳を検討してみると、CSS 2005への参加大学はカーネギー大学分類2005では一般大学に相当する機関が多く、JCSS 2005、JCSS 2007への参加大学はどちらかというと伝統的な威信度の高い大学が多い。インプット要因から予想できる回答とはかなり異なる結果が示されており、米国の学生のほうが全般的に自己評価が高くなる傾向があると推察できる。すなわち、米国学生の高い自己評価傾向は心理的あるいは文化的差に深く関連している要素でもあると推察され、今後日米比較を直接データを用いて検討する際にも克服すべき課題であると記しておく。

5. 情緒的側面の充実と学生の教育成果との関連性

　本節では、情緒的（Affective）な評価指標（満足度などの主観的評価）をベースに、学生の教育成果とカレッジ・インパクトとの関係性について検討する。これまでの研究からはポジティブ学生は大学への満足度や自己評価が高く、明確な価値意識をもっている、あるいは前向きであるという特徴が見られる一方で、ネガティブ学生は満足度や自己評価が低いという傾向が散見された。しかし、先述のように米国のCSSとの比較においても、日本の学生の自己評価は全体的に低いという傾向が観察された。そこで、学生の情緒的側面を中心に、学生を前向きにしているあるいは後ろ向きにしている要因を探り、情緒的側面の充実が学生の成長にとってどのような意味をもっているかということを考察する。認知面と情緒面関連の質問項目を主成分分析した結果、4因子が抽出された（バリマックス法による主成分分析、累積寄与率52.159%、回転後の因子負荷量の絶対値 0.458以上）。これらの4因子をアスティンの提示したアウトカムの分析枠組みを参考にしながら分類し、大学生活全般に満足していると回答した学生群とそれ以外の学生群とで統計上有意な差を示した項目を**表4-3**に示している[3]。

　表には大学の経験全般に満足している学生群の自己評価が高いこと、内面的認知性、外面的情緒性の両面での自己評価が高いという特徴が示されている。特に満足群学生の外面的情緒性の自己評価の高さが顕著であることから、学習面のみならず人間関係や行動面でバランスがとれていることが満足度の高い生活へとつながることが見てとれる。

　紙面の都合から図示することは割愛するが、満足群と非満足群の学生の学習行動や生活行動に関する時間配分を比較してみたところ、全般的に、大学での経験に満足している学生群は満足していない学生群よりも、より活発に活動している（テレビ鑑賞を除く）こと、具体的には学習面、読書、サークル活動、友人との交際など多様な側面で活動していることが明らかになった。この結果は、自己評価結果と一致しており、具体的に行動や活動に踏み出すことにも情緒的側面の重要性が関係していることがわかる。

表4-3 学生満足群とそれ以外による能力の自己評価

	因子名	満足度	平均値	人数
内面的認知性	一般的な教養	満足	3.46	1,661
		それ以外	3.29	2,156
	学力	満足	3.54	1,663
		それ以外	3.35	2,153
	文章表現の能力	満足	3.17	1,656
		それ以外	2.97	2,149
	読解力	満足	3.35	1,659
		それ以外	3.15	2,150
外面的情緒性	協調性	満足	3.49	1,660
		それ以外	3.23	2,151
	情緒面での安定度	満足	3.18	1,662
		それ以外	2.93	2,145
	リーダーシップ	満足	3.04	1,661
		それ以外	2.82	2,148
	体の健康	満足	3.41	1,659
		それ以外	3.26	2,147
	人気	満足	3.02	1,654
		それ以外	2.84	2,145
	スピーチの能力	満足	2.86	1,657
		それ以外	2.67	2,149
	社交面での自信	満足	3.17	1,659
		それ以外	2.90	2,150
	自己の理解	満足	3.54	1,660
		それ以外	3.33	2,147
	他者の理解	満足	3.40	1,658
		それ以外	3.18	2,147
外面的行動性	やる気	満足	3.51	1,661
		それ以外	3.21	2,148

全て $p<0.000$　1. 下位10%　2. 平均以下　3. 平均　4. 平均以上　5. 上位10%

表4-4はポジティブ学生群とネガティブ学生群の学習行動や生活行動時間の結果を示している。ポジティブ学生ほど多様な活動に時間を使う傾向、特に人との交流や課外活動に積極的である状況が見てとれる。学習行動については、授業や実験への出席状況をみると、Ⅳ群の学生が授業や実験への出席状況が少し低いが、それほど全般的にポジティブ学生との差があるわけではない。同様に授業以外での1週間の勉強時間については、長時間の勉強とい

表4-4 学生群別学習・生活行動時間の配分

一週間に勉強や宿題をする時間	学生類型4群	全然ない	1時間未満	1〜2時間	3〜5時間	6〜10時間	11〜15時間	16〜20時間	20時間以上	合計%
	学生Ⅰ群	1.25	10.23	19.31	28.38	19.84	7.92	4.45	8.63	100
	学生Ⅱ群	1.96	9.16	21.24	26.93	18.31	7.64	3.38	11.38	100
	学生Ⅲ群	3.99	11.85	23.03	25.80	15.61	6.09	2.66	10.96	100
	学生Ⅳ群	5.16	14.31	24.13	24.13	12.65	4.16	2.66	12.81	100
大学での授業や実験										
	学生Ⅰ群	2.1	1.3	1.4	5.1	10.3	20.2	23.3	36.1	100
	学生Ⅱ群	3.1	0.6	2.3	6.9	10.3	17.4	24.8	34.5	100
	学生Ⅲ群	4.8	2.0	2.7	7.7	10.6	15.5	21.5	36.2	100
	学生Ⅳ群	6.2	2.3	2.8	9.5	9.9	19.4	20.2	29.6	100
コンパや懇親会など										
	学生Ⅰ群	19.84	30.56	28.06	13.67	4.11	1.52	0.45	1.79	100
	学生Ⅱ群	22.83	32.65	24.42	12.21	3.01	1.33	0.71	2.83	100
	学生Ⅲ群	32.33	28.44	21.11	11.00	3.89	1.11	0.33	1.78	100
	学生Ⅳ群	40.77	27.18	16.95	9.73	4.03	0.17	0.17	1.01	100
部活動や同好会										
	学生Ⅰ群	25.85	4.63	9.89	16.31	16.31	9.80	4.28	12.92	100
	学生Ⅱ群	30.21	5.83	9.19	15.72	15.46	6.98	4.15	12.46	100
	学生Ⅲ群	40.07	7.33	8.88	13.21	13.21	5.22	2.89	9.21	100
	学生Ⅳ群	53.85	5.35	6.69	13.04	7.69	4.35	1.84	7.19	100

学生群Ⅰ群Ⅱ群はポジティブ学生,Ⅲ群Ⅳ群はネガティブ学生と分類

う点ではネガティブ学生のほうがポジティブ学生の時間を上回っている部分もある。ネガティブ学生は授業には出席するが、友人との交際、アルバイト、部活動にはそれほど時間を使わないという傾向が確認されたといえる。

同様に大学生活への適応度をポジティブ・ネガティブ学生群の間で比較検討してみた結果、統計的にポジティブ学生が全項目において適応していることが判明した。結論を先取りして言えば、経験はするけれども適応に結びつけにくいネガティブ学生と学習行動に関する時間配分については、ネガティブ学生よりも多少少ない傾向があるポジティブ学生は、経験を円滑に適応に関連づけることができると言えるかもしれない。

それでは最後に大学での経験に満足している要因は何であるかを検証してみることにする（図4-1）。ここでは、決定木という手法を利用して満足あるいは不満足に導く要因を探ることにする。決定木分析とはデータマイニング手法であり、膨大なデータから意味のあるパターンを発見するという特徴を

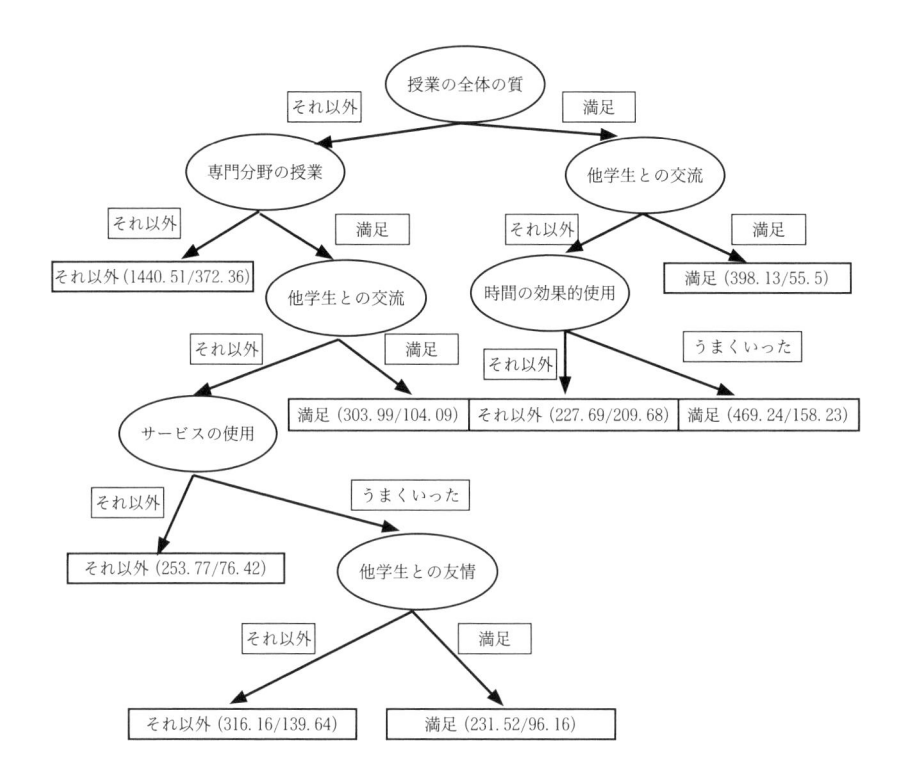

第4章 学生の情緒的側面の充実と教育成果　83

図4-1　大学での経験の満足度を基準とした決定木

もつ。すなわち、膨大なデータからモデルを機能的に構築し、樹木のように枝に分岐させて表現することで、従属変数と多くの独立変数の関係を探ることが可能になる（豊田：2001）。規定要因を探るという意味では、重回帰分析も有用な手法であるが、この場合は独立変数をあらかじめ設定しておく必要がある。その点決定木分析は、雑多な独立変数を一括して投入できることにある。分析の結果は図4-1のとおりだが、この図の見方は以下のようになる。楕円で囲まれている変数がノードと呼称され、分析結果から一番上に現れたノードはルートと呼ばれ、従属変数に最も大きな影響を与えている変数である[4]。

　授業の全体の質に満足していない層は、専門分野の授業への満足が次の重

要な要素となる。専門分野の授業に満足している学生は、他の学生との交流に満足している層とそれ以外に分岐する。他の学生との交流に満足している層は、学生サービスの利用への適応がうまくいった層とそれ以外に分岐する。うまくいった層は他の学生との友情の深化に満足している層とそれ以外に分岐する。この分岐していく過程をまとめると、根から始まり、各ノードがとる値に応じて全体のサンプルを枝に分岐し、最後には四角い枠で囲まれた葉に分類される。末端の葉には従属変数がとる値と分類されたケース数が示される。例えば、他学生の友情に満足しているとしている葉の値が(231.52/96.16)となっていれば、231.52人がその葉に分類されたが、96.16人は誤って満足していると分類されたことを示している (231.52 -96.16 = 135.36 は正確に分類されたことを意味する)。図4-1の決定木による従属変数である大学での経験満足度の構成要素の特徴から、全体的な授業の質に対して満足しているかどうかが最も大きな要素であり、専門分野の授業の内容等も重要な要素であること、授業以外では学生同士の交流、友人関係、大学への適応といった要素が大きいことがわかる。まとめれば、大学という環境においては、設備等のハード部分よりも、教育プログラム等ソフトの部分、学生間の関係、適応が不可欠であるといえる。

おわりに

　本章では、間接評価のひとつである学生調査を通じて、第1に同一の質問項目からなる CSS と JCSS を用いて日米の学生の学習・生活行動の実態、学習成果の自己評価を比較検討した。単純比較分析からは米国の学生の学習・生活行動時間配分、学習成果、能力の自己評価が高いことが判明した。日本における教育プログラムの改善や知識の伝達が効果的に学生に行き届いていない現状から、新しい教育プログラムの構築や方法の開発等が迅速に進められることが不可欠であるという示唆となろう。

　次に、JCSS 2005 の分析から情緒的側面の充実が学生のエンゲージメントに関連していることが確認され、同時に学生にとっては教育の質が大学の経験の満足を既定する要因であることが判明した。本知見は学生の学習成果を

上昇するためには、学生が大学生活全体を充実できるようなエンゲージメントが不可欠であること、そして質の高い授業のデリバリーが設備等ハード部分の充実よりも意味があることを示している。高等教育がユニバーサル化し学生の変容も著しい状況において、新しいペダゴジーにもとづいた教育だけでなく、密度の高い教員の関わりも教育の質の向上とは切り離せない要素である。以前とは異なる時代環境の中で、模索される新しい大学像と教育を具現化するためにも、これまで日本の大学と学生研究では限界があるとされてきたカレッジ・インパクトモデルの再考を通じて、本モデルが日本においても適応できることを確認したが、今後は単発的ではなく、継続的に学生の実態を把握し、その知見を教育プログラムや方法の改善、そして各大学の政策形成過程に活かしていくことが求められよう。

注

1 直接データについては共同研究の一環としてならばデータを購入することができるが、今回直接データは利用していない。
2 JCSS 2005、JCSS 2007 の直接データを用いて獲得された知・技能に関して主成分分析をおこなった際には、これらの項目は伝統的知識・技能という因子名をつけた。
3 表4-3には4因子のうち大学全般の経験に満足している群と、していない群との間の因子得点が有意な差を示した結果のみを掲載している。主成分分析によって得られた因子を構成している質問項目と、因子負荷量は次の通りである。第1因子を構成している項目は人間関係を構築するために必要な側面であり、外面的情緒性（協調性 0.725、社交面での自信 0.697、他者の理解 0.664、人気 0.642、情緒面での安定度 0.613、リーダーシップ 0.561、スピーチの能力 0.480、自己の理解 0.464、体の健康 0.468）と名づけた。第2因子を構成している項目は大学での学問を支える側面と捉えられ、内面的認知性（学力 0.817、知的面での自信 0.772、一般的な教養 0.722、読解力 0.612、数理的な能力 0.607、文章表現の 0.507）と命名した。第3因子を構成している項目は、個性、芸術性を支える側面とみなすことができ、内面的情緒性（芸術的な能力 0.787、創造性 0.737）とした。第4因子を構成している項目は積極的、前向きな向上に必要な側面に関係しており、それは外面的行動性（競争心 0.649、やる気 0.520）とした。
4 古田和久 (2007)「教育費支出の動機構造の解明にむけて―教育意識の決定木分析―」『教育社会学研究』第80集、東洋館出版社、212～216頁を参照している。

第 5 章　大規模継続型学生調査の可能性

はじめに

　高等教育がユニバーサル化するなかで、学生の変容も著しいと指摘され、従来とは異なる教育方法や教員の関わりが求められつつある。以前とは異なる時代環境の中で、模索される新しい大学像と教育を具現化するためにも、これまで日本の大学と学生研究では限界があるとされてきた、カレッジ・インパクトモデルの再考を通じて、大学生への教育効果・成果について検討してきた。

　筆者らは、2004年以来継続的な学生調査研究をおこなっている。日本版大学生調査（以下JCSS）、日本版新入生調査（以下JFS）、および日本独自の短期大学生調査（以下JJCSS）を開発してきた。3種類の学生調査を総称してJCIRP（Japanese Cooperative Institutional Research Program）と呼称している。

　カレッジ・インパクトモデルを検証するためには、当初開発したJCSSの継続調査に加えて、複数の時点での調査が不可欠であることから、JFSはJCSSのインプット部分として利用できるように設計した。JFS 2008には、163大学から19,661人（うち新入生は19,332人）が参加した。同時に開発したJJCSS 2008には、9短期大学1,996人の新入生が参加した。2009年度は、JFSには46大学から8,534人、JCSSには24大学から4,183人、JJCSSには30短期大学から約8,000人が参加した。2004年以降から2010年までの3種類の継続調査への累積参加学生数は10万5,000人を超えた[1]。既にJFSとJCSS、JFS同士、JCSS同士、JJCSS同士による機関パネルとしてのデータ利用環境が整備されつつあるが、機関によっては、学生の個人パネル調査も可能である。JFSと今まで実施してきた上級生を対象としたJCSS、JJCSSを組み合わせることで、

カレッジ・インパクトによる大学生への教育効果の測定研究の展開の可能性が見えてきているのが、プロジェクト型大学生調査研究 JCIRP の現状である。しかしながら、間接評価の代表的な方法である学生調査を通じて、カレッジ・インパクト理論の検証を積み上げながら、教育効果の測定研究を展開していくには、克服しなければならない課題も少なくない。本章では、間接評価である学生調査と大規模な継続調査が克服すべき問題を明らかにし、そうした課題に対して何をしなければならないかをデータを通じて探索的に探ることを目的としたい。

1. 教育評価の測定における学生調査の意義と限界

　JCIRP を通じて、学年、学生の関与、教員の関与という大学という環境の中での学生の活動や教員との相互関係等々を意味するカレッジ・インパクトがもたらす環境面での教育効果が検証された。また、学生が様々な大学内での環境に関与すること、それを支える教員の関与が強い教育効果をもたらすことが確認され、学習成果の上昇には、学生のエンゲージメントの充実と質の高い授業の提供が不可欠であることも検証された (山田: 2008a; 2009)。さらには、多くの先行研究同様に高校時代までの学習等のインプットの部分の大きさを再確認しつつも、高校入学前の学習経験と大学での学習の適応との関係性を JFS 2008 から検証した (木村・西郡・山田: 2009)。JCIRP 以外の大規模学生調査を通じて大学教育のアウトカムを検証する研究も積み重ねられてきている (小方 2008)。

　このように、カレッジ・インパクト理論の日本の大学での適応性についての検証が積み重ねられてきている一方で、入れ替わりが頻繁な質問項目と大規模データという性格をもつデータセットを利用して、安定的な質問項目の策定とその妥当性を様々な統計分析方法を開発して検証するという大きな課題が立ちはだかっている。そこで以下の節では、複数の検証方法によるデータの検討に焦点を当て、探索的研究を試みる[2]。

　大規模継続調査が積み重ねられてきている米国においては、データについての様々な検証方法を探索的に試みることで、カレッジ・インパクトに関す

る理論研究の積み重ねや新しい知見などを生み出してきている。加えて、新しい検証方法の探索と開発も米国の大規模継続を通じて積極的に実践されている。翻って、日本では継続的な大量のデータの利用法としての分析手法の開発については、継続調査があまり実施されてこなかった状況を反映して、それほど主眼がおかれてこなかった。そこで、継続調査という性格を伴う本調査のデータを用いて、異なる機関や異なる学生像をもつデータ解析にも合致しうる手法を探索的に試みる[3]。

2. マルチレベル・モデル分析によるカレッジ・インパクトの検証

村澤は、近年社会科学系分野においても普及しつつあるマルチレベル・モデル分析を高等教育分野において適用を試み、その特徴を明らかにし、高等教育研究への適応可能性を提示した (2005)。村澤は、単層的データを想定した従来の分析方法が対応し得なかった階層構造をもつデータの分析に適している分析手法としてのマルチレベル・モデル分析の特質を明らかにしたが、その分析モデルについては村澤の論考を、あるいはそのモデルの詳細な解説については Kreft & Leeuw (1998)、Raundenbush & Bryk (2002) を参照されたい。米国のカレッジ・インパクト研究においては、2010年にロビックとボルクワインが学生のエンゲージメントと機関の特性の関係性についてマルチレベル・モデル分析を用いて検証するなど、本モデルによる分析の緒に就いている (Lovic & Volkweine: 2010)。

本節では、JFS 2008 と JFS 2009 のデータを用いてマルチレベル・モデル分析をおこなう。JCIRP 研究では、例えば、これまで JCSS 2005、JCSS 2007、JFS 2008 を通じて、回帰分析による大学間比較や学系別比較を実践してきた。しかしこれらのデータは、大学や学部あるいは学系という集団から成り立っており、集団内には均質性や類似性がみられる。こうしたデータは、集団ごとにネストされ、集団内で類似しているという階層性のあるデータである。これまで階層データを分析する際には、集団内のサンプルに独立性があることを前提として、集団ごとに平均して集団数をサンプル数としてきたが、こ

の方法ではサンプルは集団内で類似しているという性格から独立ではなく、平均値は純粋な集団の性質を反映していない。したがって、JCSS 2005、JCSS 2007、JFS 2008 で実施してきた大学間比較、学系別比較は、大学や学系ごとの類似性を反映しないまま回帰分析を遂行してきたことになる。つまり、通常の回帰分析（単回帰分析、重回帰分析も含む）だと大学をひとくくりにした分析と大学別の分析結果は必ずしも一致するとは限らず、逆の結果を導くこともあり得ることから、大学間の違いと大学内（学生間）の違いを区別した分析をおこなうことが推奨される。また、通常の回帰分析では、切片と傾きは単一の値しかとらないために、切片や傾きが学校間で異なるような散布図に対しては、通常の回帰分析は適切な分析方法ではないが、マルチレベル・モデル分析では大学間で異なる切片や傾きを推定することが可能となる。つまり、変数間の関係を、1次抽出単位内（大学内、学生間）の違いと2次抽出単位間（大学間）の違いに分解し、階層的データを適切に分析するモデルであるが、式で表せば以下のようになる。

$Y_i = \beta_0 + \beta_1 X_i + e_i$ —① （i は個人）

Y は従属変数、X は個人レベル変数、e は誤差変数　β_0 は切片、β_1 は回帰係数

次に、各母数が集団ごとで違うと仮定すると

$Y_{ij} = \beta_{0j} + \beta_{1j} X_{ij} + e_{ij}$ —② （j は集団）

となる。②がマルチレベルの基本式であるが、本式では切片 β_{0j} と係数 β_{1j} が「ある値を中心に大学ごとに分布している」とみなすことから、切片あるいは係数にランダム効果を設定したことになる。これを数式で表すと

$\beta_{0j} = \gamma_{00} + u_{0j}$ 　（u_{0j} は誤差項）—③

切片 β_{0j} がある値 γ_{00} を中心に個々の大学によって異なり、

$\beta_{1j} = \gamma_{10} + u_{1j}$ 　（u_{1j} は誤差項） —④

切片 $β_{1j}$ がある値 $γ_{10}$ を中心に個々の大学によって異なることを示している。

「効果のある学校」研究にマルチレベル・モデル分析を適用した川口は、学力生活実態調査データを用いて「学校の効果」について検証した (2009)。本調査は、国語・算数(数学)等の教科を対象として、CRT（教研式学力テスト）と生活実態調査から成り立っている。川口の研究では、学校の効果について小4時点の国語、算数のテスト得点と小5時点の国語、算数のテスト得点を効果測定の変数として、性別、通塾割合、社会的経済的変数を統制変数として扱った。地域（ある県のある市）の学校を横断する直接評価としてのテストと、実態調査から明らかになる間接評価を、組み合わせた好事例であるといえる。

筆者は、直接評価とプロセス評価としての間接評価結果の組み合わせによって、大学生活を通じての学生の成長に関する精緻な結果測定が可能であるという立場をとるが、日本の高等教育においては大学間の横断的な直接評価による先行研究はほぼないと言ってよい。村澤の先駆的なマルチレベル・モデル分析による研究においても、「大学教育への投資値頃感」と「教養教育の充実度」を被説明変数と説明変数として扱っている。学習指導要領によって学ぶ範囲が規定されている初等・中等教育では、測定の妥当性が担保されているのに対し、学ぶ範囲の合意が一律的に見出されていない高等教育においては横断的なテストを開発したとしても、そのテストが測定したいものを測定することが容易ではないことが、高等教育の特性でもある[4]。したがって、本章においても、「大学での充実度」を被説明変数として設定し、山田が、「全体的な授業の質に対して満足している」が「大学での経験満足度」の最も大きな要素であることを決定木分析により明らかにしたことを勘案し (2008a)、「全体的な授業の質の満足度」を説明変数として関係を検討してみる。アスティンも I-E-O モデルのアウトプットあるいはアウトカムの指標として情緒的指標である満足度変数を提示している (Astin b: 1993)。シューレ等は学士課程プログラムの満足度が学業へのモチベーションを高めるという知見を示すなど (Suhre, Jansen & Harskamp: 2007)、海外のカレッジ・インパクト研究におい

ても満足度変数を被説明変数あるいは説明変数として利用していることも少なくないことから、本章においてもこの2つの変数を使用する。

「大学での充実度」と「大学教育の質の満足度」にマルチレベル・モデル分析を適応すると切片にランダム効果を設定するランダム切片モデル、傾きにランダム効果を設定するランダム傾きモデル、切片と傾きの両方にランダム効果を設定するランダム切片＋傾きモデルの3つのパターンが設定できる。特に現実的には、切片と傾きの両方にランダム効果を設定するランダム切片＋傾きモデルが、多様な高等教育機関や学生像を反映していると推察されるが、本章では探索的にマルチレベル・モデル分析を試みるという理由により、切片にのみランダム効果を設定するランダム切片モデルを採用する。その場合、学生レベルは大学での充実度 ij ＝ 切片 j ＋ 傾き ＊ 大学教育の質の満足度 ij ＋ 誤差 ij となり、大学レベルでは、傾き j ＝ (傾きの) 切片 ＋ 誤差 j となる。

そこで②の式

$$Y_{ij} = \beta_{0j} + \beta_{1j}X_{ij} + e_{ij} \quad (j は集団)$$

に③の式 $\beta_{0j} = \gamma_{00} + u_{0j}$ （u_{0j} は誤差項）を代入すると

$$Y_{ij} = (\gamma_{00} + u_{0j}) + \beta_{1j}X_{ij} + e_{ij} \quad (j は集団) \quad -⑤になる。$$

⑤の式は、u_{0j} は大学レベルの誤差項 (固有効果) 切片の平均 γ_{00} からのずれを示していることから、例えばA大学の学生はA大学以外の大学の学生に比して切片すなわち「大学での充実度」の平均 γ_{00} から u_{0j} だけ異なる。ただし、回帰係数すなわち充実度と質への満足度の関係は、グループ間では変わらないと解釈できる。

3. データの概要とモデルの設定

分析に用いる JFS 2008 と JFS 2009 の基本情報を**表5-1**に記す。JFS 2008 と JFS 2009 は、参加大学・学部数も参加人数も異なるが、本章の目的のひとつに、多様な分析手法を用いて、カレッジ・インパクト理論を安定的に説明し、信頼性を高めることを掲げていることから、参加人数や規模の違い、参加大学

表5-1　JFS 2008 と JFS 2009 の基本情報

	専門分野		偏差値分類		設置別		学年		ジェンダー	
JFS2008	人文系	12.6	39 未満	19.0	国立	18.3	1年生	98.6	男性	53.9
	社会科学系	28.7	39～44	20.2	公立	6.2	2年生以上	1.3	女性	46.1
	理工農生系	25.5	44～49	20.7	私立	75.5	その他	0.1	合計	100（%）
	医療系	12.2	49～52.5	20.2	合計	100（%）	合計	100（%）		
	教育系	9.0	52.5 以上	20.0						
	家政系	2.5	合計	100（%）						
	芸術系	4.1								
	その他	5.4								
	合計	100（%）								
JFS2009	人文系	18.5	39 未満	33.0	国立	11.8	1年生	96.9	男性	51.7
	社会科学系	28.2	39～44	17.5	公立	4.6	2年生以上	3.0	女性	48.3
	理工農生系	16.6	44～49	18.5	私立	83.7	その他	0.1	合計	100（%）
	医療系	9.2	49～52.5	20.6	合計	100（%）	合計	100（%）		
	教育系	9.1	52.5 以上	10.4						
	家政系	4.4	合計	100（%）						
	芸術系	5.3								
	その他	8.8								
	合計	100（%）								

の違いが分析結果にどう反映されているかを検証していくことが継続的データを収集する上では不可欠であると考えていることから、あえて同列に扱った。

　JFS 2008 には132大学から163学部が参加した。本調査は新入生を対象とした調査であるが、一部上級生が回答していたため、上級生を除くと対象者は19,332人となった。また、マルチレベル・モデル分析を実施する際の適切なデータ数については、様々な議論がある[5]。

　本章では第1次水準である学生数の最低を20名として設定した結果、3大学44名を対象外とし、対象となる大学数は129大学、学生数は19,288名となった。JFS 2009 には46大学から56学部が参加し、上級生を除いた分析の対象者は8,229人となった。最低数20名を第1次水準の最低数と設定した結果、1大学13名を対象外とし、対象となる大学数は45大学、学生数は8,216名となった。JFS 2008 と JFS 2009 の差異として、JFS 2009 が偏差値分類においてより下方にシフトしていること、人文系の比率が高めであるのに対し、理工系、農・生物系、医学・医療系の比率が下がり、設置形態では国立が減少し

ていることが挙げられる。

　先述したように、本分析では「大学での充実度」と「大学教育の質全般の満足度」の関係を探ることを主な目的としているため、従属変数は「大学での充実度」と設定し、「大学教育の質全般の満足度」を説明変数としているが、JCIRP 先行研究からインプット要件である「入試形態」「大学への志望度」が学生の大学での適応や満足度に大きな影響を与えていたことから、今回の分析でも、入学後日の浅い新入生にも影響を与える可能性があると考え、変数としてこれらを組み入れている。

　分析の際には、設置形態については、国公立＝1、それ以外に0のダミー変数とし、入試形態については、一般入試・センター入試＝1、推薦・AO 等＝0のダミー、志望度については、第一志望＝1、それ以外＝0のダミー変数とした。第1水準は学生個人であり、上位集団である第2水準は大学とした。学部を上位集団としてマルチレベル・モデル分析をすることも可能であるが、今回は学部が多様で分類することが複雑なため、学部を水準として扱わないことを記しておく[6]。

　マルチレベル・モデル分析では、説明変数を含まないモデル0を Null モデルと呼ぶが、このモデルを基本に、その後変数を付け加えたモデルと、逸脱度や AIC の値の変化を見ながら、ICC を含めて適合度の高いモデルを選択する。モデル1は、教育への「大学教育の質全般の満足度」を加えたモデル、モデル2にはモデル1に設置形態ダミーを加え、モデル3には志望ダミーと入試ダミーを加えた。

　Y は大学での充実度を示す。

モデル0．Null モデル

　$Y_{ij} = (\gamma_{00} + u_{0j}) + \varepsilon_{ij}$

モデル1．ランダム切片＋傾きモデル

　$Y_{ij} = (\gamma_{00} + u_{0j}) + \beta_{ij}$ 大学教育の質全般の満足度 $_{ij} + \varepsilon_{ij}$

モデル2．ランダム切片＋傾きモデル

　$Y_{ij} = (\gamma_{00} + u_{0j}) + \beta_{ij}$ 大学教育の質全般の満足度 $_{ij} + \gamma_{20}$ 設置形態ダミー $_{ij}$

$+ \varepsilon_{ij}$

モデル３．ランダム切片＋傾きモデル

$Y_{ij} = (\gamma_{00} + u_{0j}) + \beta_{ij}$ 大学教育の質全般の満足度$_{ij}$ $+ \gamma_{20}$ 設置形態ダミー$_{ij}$ $+ \gamma_{30}$ 志望ダミー$_{ij}$ $+ \gamma_{40}$ 入試ダミー$_{ij}$ $+ \varepsilon_{ij}$

4．分析結果

表5-2に分析結果を示している。逸脱度とAICの値が小さくなればなるほどモデルの適合度が高いことを意味するので、JFS 2008とJFS 2009ともにモデル３すなわち、「大学教育の質全般の満足度」、設置形態ダミー、志望ダミー、入試ダミー変数が加わったモデルの当てはまりがよいといえる。JFS 2008、JFS 2009ともにNullモデルとモデル１の間で最も逸脱度、AICの値が減少していることから、大学教育の質全般の満足度が大学の充実度を左右する重要な変数であると解釈できる。JFS 2008、JFS 2009ともに投入した説明変数はすべて有意な結果を示していることから、「大学教育の質全般の満足度」、設

表5-2　JFS 2008，JFS 2009のマルチレベル・モデル分析結果

	JFS 2008　大学間				JFS 2009　大学間			
	大学教育の質全般の満足度と大学での充実度				大学教育の質全般の満足度と大学での充実度			
	マルチレベルモデル		ランダム切片＋傾きモデル		マルチレベルモデル		ランダム切片＋傾きモデル	
	Nullモデル	モデル１	モデル２	モデル３	Nullモデル	モデル１	モデル２	モデル３
固定効果								
切片（γ_{00}）	3.727***	2.53***	2.48***	2.393***	3.124***	2.23***	2.23***	2.202***
大学教育の質全般の満足度		0.388***	0.391***	0.386***		0.274***	0.273***	0.269***
設置形態ダミー			0.168***	0.148***			0.04***	0.034***
志望ダミー				0.130***				0.06***
入試ダミー				0.047**				0.01**
学生間分散	1.162	1.045	0.149	0.139	0.556	0.49	0.108	0.106
大学間分散	0.048	0.037	0.005	0.005	0.015	0.01	0.006	0.006
共分散			-0.029	-0.027			-0.025	-0.025
ICC	4.00%	3.40%	3.20%	3.40%	2.60%	2.00%	5.30%	5.40%
逸脱度	58168	55355	55279	53488	18916	17106	17069	17058
AIC	58176	55363	55293	53506	18922	17114	17083	17076

***p<0.01　　**p<0.05

置形態としては、「国公立大学」「志望度」、入試方式としては、「一般・センター入試」が大学での充実度に効果的に働いているといえる。

ICCは、大学間の分散を学生間分散と大学間分散の合計である全体の分散で割った値であり、本モデルにどれだけ機関である大学が影響しているかを説明できるかを示す値であるが、JFS 2008では、Nullモデルが4％、モデル3が3.4％である。JFS 2009では、モデル3が5.4％とJFS 2008よりもICCの値は高くなっている。いずれにしても、「大学での充実度」には機関である大学ごとの特性が影響を与えている率は低く、おそらく学生間の要因のほうが大きいと推察できる。

NSSEの開発者であり実施責任者であるマコーミックは、NSSEのこれまでの研究蓄積から大学ごとの要因で教育の効果を説明できる値は高くて10％程度であり、残りは個別機関の学生要因であると論じているが（McCormik: 2009）、本分析結果のICC値は若干低いものの、この主張とも整合性がある。JFS 2009のICC値が上昇しているが、JFS 2009では国立大学の参加率が低下し、私立大学の参加率が高まっていることから、機関の類似性が強くなっているとも考えられ、継続データで機関による特性のベンチマークを積み重ねて検討することが不可欠であろう。

5．誤差項に見られる大学ごとの差異の推定

89頁の式③で示した大学ごとの誤差項 u_{0j} の値に注目して、切片を中心とした大学ごとの充実度の値の差異を見てみる。初期条件だけのNullモデル上での u_{0j} の値と、初期条件に新たに変数を加えたモデル3上での u_{0j} の値を比べてみると、大学ごとの充実度の伸びがわかる。**図5-1**にはモデル3をベースにした充実度の高い上位9位までと下位10位までの大学の結果をグラフ化してみた。

上位9大学に注目すると、C大学は見かけの充実度は最も高いが、初期条件を統制すると充実度は若干低くなる。また、初期条件を統制すると最も充実度が高くなっている。すなわち u_{0j} という誤差項の変化により、その変化が明確に何かと説明することはできないものの、何らかの大学の特性や影響

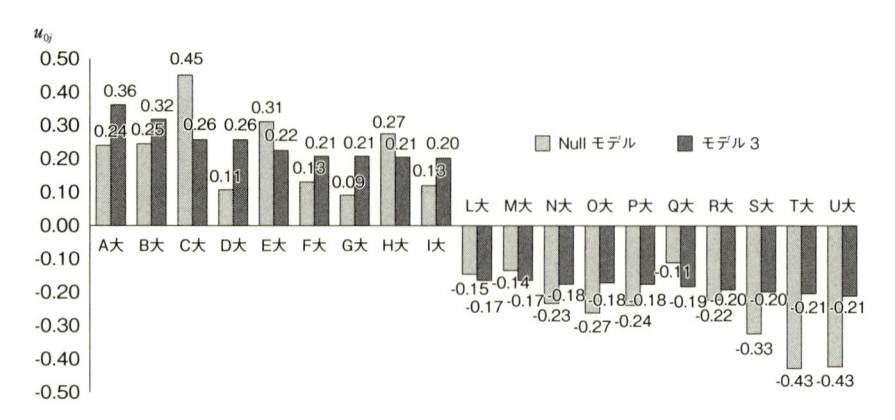

図5-1　モデル3における上位9大学と下位10大学の u_{0j} の値

などが高いのは、D大学であることが示されている。また、下位集団に目をむけると、見かけも初期条件を統制しても充実度は低いが、それでも何らかの大学の影響による効果が顕著なのはT大とU大であることが示されている。もちろん、前述したように、u_{0j} は学生か機関のいずれの差であるのか明確に説明できない、目に見えない誤差項のため、一概にカレッジ・インパクトとは言い切れないが、あえて、こうした説明しきれない部分を何らかの大学の影響からもたらされる効果としてみると、こうした効果を示している大学内での環境はどのようになっているのだろうか。JCIRPは各機関がベンチマークをできるようにという視点で設計されていることから、探索的に本結果を利用してベンチマークを試みる。ここでは、上位5大学（A～E）にはいかなる共通性や差異があるのかに着目してデータを比較する。

　新入生対象の調査であることから、「大学志望理由」と「満足度」に注目して5大学の共通性を見てみる。まず、5大学は全て私立大学であり、偏差値の分布はそれぞれ、39未満17％、44～49　41.6％、49～52.5　29.1％、52.5以上12.3％となっており、それほど偏りがない。専門分野は社会科学(社会福祉)系　29.1％、医学・医療・薬学系24％、教育・教員養成系17％、その他（スポーツ科学など）29.9％である。

　表5-3は5大学の学生の志望動機の高い項目について上位4位までの各大学

表5-3　大学の志望動機上位項目

	大学名	まったく重要でない	あまり重要でない	ある程度重要	とても重要	合計%
社会活動に対する評価が高い						
	C大学	13.0	28.7	40.1	18.2	100
	A大学	41.5	29.6	24.6	4.2	100
	E大学	21.0	24.0	39.0	16.0	100
	D大学	40.2	41.2	17.5	1.0	100
	B大学	8.3	19.8	45.5	26.4	100
学術レベルに対する評価が高い						
	C大学	10.5	19.8	48.3	21.4	100
	A大学	46.5	29.6	20.4	3.5	100
	E大学	14.7	18.6	47.1	19.6	100
	D大学	37.1	38.1	23.7	1.1	100
	B大学	14.4	23.1	46.5	1.6	100
卒業生の就職が良い						
	C大学	15.3	10.8	45.4	28.5	100
	A大学	57.4	17.0	16.4	9.2	100
	E大学	58.0	10.0	27.0	5.0	100
	D大学	62.8	18.6	12.4	6.2	100
	B大学	14.2	13.8	43.5	28.5	100
オープンキャンパスに参加した						
	C大学	41.1	11.3	26.2	21.4	100
	A大学	56.7	10.6	20.6	12.1	100
	E大学	83.7	7.1	8.2	1.0	100
	D大学	58.8	11.3	18.6	11.3	100
	B大学	31.4	12.4	33.5	22.7	100

(単位：%)

の比率を提示している。D大学はマルチレベル・モデル分析での条件統制後の固定効果(誤差項)が高いが、志望動機項目については、「オープンキャンパスに参加した」という項目以外は、重要と答えている割合が低い。しかし、オープンキャンパスに参加したことが志望度を高める効果を示しているようだ。一方、B大学とC大学は4つの項目の回答比率に類似したパターンが見受けられることから、「学術」「社会活動」「卒業生の就職」に注力しており、それが一定の広報として効果を表していると推察される。

次に満足度にどのような特徴がみられるのかを見てみよう[7]。満足度の平

表5-4 満足度上位項目

	大学名	とても不満	不満	どちらでもなし	満足	とても満足	合計%
コンピュータの施設や設備	C大学	3.2	11.7	32.9	34.9	17.3	100
	A大学	3.5	3.6	21.3	45.4	26.2	100
	E大学	4.0	7.9	34.6	41.6	11.9	100
	D大学	3.1	3.1	39.6	40.6	13.6	100
	B大学	1.7	11.3	23.1	45.8	18.1	100
図書館の設備	C大学	2.0	6.4	28.9	47.0	15.7	100
	A大学	9.9	12.7	28.2	37.9	11.3	100
	E大学	1.0	6.9	27.7	50.5	13.9	100
	D大学	2.2	6.2	45.8	35.4	10.4	100
	B大学	2.1	8.4	21.3	49.0	19.2	100
他の学生と話をする機会	C大学	2.4	8.0	32.0	38.4	19.2	100
	A大学	7.0	11.3	36.6	18.2	16.9	100
	E大学	2.0	6.0	38.0	32.0	22.0	100
	D大学	2.1	18.6	41.2	30.9	7.2	100
	B大学	3.8	10.0	44.1	34.6	7.5	100
実験室の設備や器具	C大学	0.8	2.4	42.8	35.6	18.4	100
	A大学	5.7	4.3	67.3	17.0	5.7	100
	E大学	4.0	6.0	38.0	46.0	6.0	100
	D大学	0	0	10.4	54.2	35.4	100
	B大学	3.0	7.6	72.5	13.9	3.0	100
学生交流の機会	C大学	1.6	10.0	29.6	33.6	25.2	100
	A大学	4.3	10.6	34.8	34.0	16.3	100
	E大学	2.0	6.0	39.0	36.0	17.0	100
	D大学	1.0	16.5	59.8	19.6	3.1	100
	B大学	3.8	10.0	53.7	26.7	5.8	100

(単位:%)

均値の高い上位5項目を**表5-4**に示した。表には、設備に関する満足度と学生同士の交流関連の満足度が高いことが示されている。入学後それほど月日を経ていない状況で実施されていることから、教員との関係や個々の授業の内容よりは、設備関連や学生間での親睦を深めるような機会の提供が重視さ

れていると推察できる。今回マルチレベル・モデル分析により、カレッジ・インパクトとは言い切れないものの、大学の影響が強い大学での学生の分野が医学・医療・薬学、社会福祉、スポーツ科学に多いことから、教育と深い関連性がある施設・設備の充実が満足度に影響を及ぼしていると解釈できよう。

6. 本研究のインプリケーションと課題

　本書でもしばしばその内容を提示してきた2008年中教審の答申が高等教育の今後の方向性をある程度規定づけるものとすれば、高等教育に教育成果や効果の提示への圧力が強くなっているとみなすことができよう。高等教育の成果や効果測定の方法についての見解は統一されているわけではなく、特に直接評価によって成果を測定するには、国家資格と直結した医学・医療・看護等に代表される領域以外では容易ではない。本章では間接評価としての学生調査の教育成果や効果を測定する上での可能性と課題について論じてきたが、その際の学生調査の特性は大規模継続調査である。カレッジ・インパクト理論を検証するには、普遍性を担保するデータの安定性と方法の信頼性を提示しなければならない。とりわけ、大規模継続調査には、異なる機関や学生像からなる回答者が参加することになる。機関の特性や学生個々の差異を超えてデータの性格が安定していることを提示する方法のひとつとして、今回探索的に試みたのがマルチレベル・モデル分析であった。マルチレベル・モデル分析を通じて、参加大学や学生の特性が異なっていたとしても「大学教育の質全般の満足度」「設置形態」「志望度」「入試形態」を組み入れたモデルが、新入生という入口の時点での学生の「大学での充実度」に有効であり、本モデルは異なる機関や学生像から構成されているJFS 2008, JFS 2009の双方に適合していることが判明した。ただし、ランダム切片モデルのみの使用という点で限定的であることは否めない。

　一方ICCというこのモデルを機関が説明する比率は3.4～5.4％と決して高くはない[8]。むしろ学生の差異によって説明できる可能性が高いとも捉えられる。しかし、米国でのNSSEを始めとする継続的大規模学生調査におい

ても、多様な統計的手法を用いても大学機関が説明する比率は高くて10％程度であるとされ (McCormik: 2009)、日本の機関の説明力が特に低いというわけでもなさそうであるが、いずれにしても、大学間によるベンチマークの意味がないと捉えるべきなのだろうか。筆者はそうではないと考える。大学ごとの効果結果が示しているように、充実にむけての効果を示している大学には共通点が見出された。本章では紙面の都合から効果の高い大学の教育環境や学生の特徴の詳細分析を実施していないが、大学間だけでなく、大学内での分析をおこなえば、高等教育全体もしくは個々の高等教育機関の教育改善の土台にもなる。換言すれば、共通性や差異をもたらす要因や環境を詳細に研究者や個々の機関が検討することで、カレッジ・インパクト研究の普遍性の検証のみならず、学生の認知的・情緒的成長をもたらす環境と機関特性との関係性の解明と、効果的な教育環境の形成のための機関ベンチマークの可能性を拓くことにもつながる。

　本研究はしかしながら、大学教育の成果や効果を間接評価として厳密に測定しているとはいえない。新入生調査という言葉が象徴的に示しているように、入学後の月日がそれほど経過していない学生が参加しているために、いわゆる高校時代の既得要因の影響は強いと推察できる。新入生調査をインプットとして、大学生調査と合わせて縦断的に成果を検証しなければならない。さらに、機関間の横断的検証、学年進行に伴う縦断的検証、異なる学年間での縦断的検証など継続的大規模調査により可能な研究に着手することが次のステップとして不可欠である。

注
1　2012年にもJCSSとJJCSSを実施した。
2　質問項目の安定性と妥当性を向上するためには、木村が項目反応理論 (IRT) を用いて、質問項目の精査を実施している。
3　古田はJCIRPのなかのJCSS 2007のデータを用いて学生の学習成果を測定するために、多重対応分析の手法を試みている。
4　職業資格に直結した医学、看護学等の領域では一定の学ぶ範囲や到達目標の合意がなされていることを付加したい。医学分野の卒業生を対象とした標準試験は、学ぶ範囲についての妥当性の検証や試験の信頼性の検証がおこなわれた上で、

TOEICやTOEFLのようにコンピュータ上での試験の受験が可能になっている。ただし、そのためには予備項目も含めて約60,000題が準備されている。残念ながら、日本の一般教育においては学ぶ範囲の合意について、すなわち妥当性の研究がほとんどないことから、標準試験はないに等しい。

5 村澤 (2005) は様々な適切なデータ数についての議論を提示した上で、1集団あたりのサンプルが充分に多く、集団の数自体も比較的多く、さらに欠損値がほとんどないか皆無であるデータが適切であるとしている。

6 参加大学の基本情報として専門分野も分類しているが、多様な学部を専門分野として分類しており、その結果は学生が所属している学部とは必ずしも一致していない。

7 マルチレベル・モデル分析に投入した「大学教育の質全般の満足度」変数は本満足度項目の平均値比較には組み入れていない。

8 学部の特性が結果に反映されていると推察できるが、今回の分析では機関別に主眼をおいたため学部を水準としては扱っておらず、そのため次回は学部を水準として扱いたい。

第6章　教育の質保証とIR ──学生調査の活用

はじめに

　近年、高等教育の質保証が日本の高等教育の喫緊の課題として浮上している。質保証を推進する方策として、GPA制度、CAP制の導入、単位の実質化等の方策が既に多くの大学で実施されているが、そうした方策を充分に機能させ、質保証を推進するためには、IR（機関研究）と呼ばれる機能の開発が有効である。本書では、シラバス、GPA制度、CAP制、学生調査等を導入し、学位授与の方針、教育課程編成・実施の方針、入学者受け入れの方針という3つの方針を設定することを教育の質保証の「第1ステージ」と定義した。現在は、各大学内に散在している財政、学生、教学などに関するデータを集積して管理するというデータの一元化を促進し、さらに、教育成果を測定するために、教育に関する客観的データを集積、測定し、そしてそれらの結果を単位の実質化や学生の学習時間の確保に結びつける教育環境の整備の段階へと動いていることを鑑みて、この段階を教育の質保証の「第2ステージ」と定義する。こうした第2ステージにおいて、教育の質保証を促進していくために不可欠な部門がIR（インスティテューショナル・リサーチ）である。

　大学機関調査や大学機関研究と訳されることも多いIRは、米国の高等教育機関で1960年代に誕生したといわれている。教育、経営、財務情報を含む大学内部の様々なデータの入手や分析と管理、戦略計画の策定、アクレディテーション機関への報告書や自己評価書の作成を主な業務として、IR部門は、米国の多くの高等教育機関に常設されている。こうした活動から、組織運営に関する意思決定の支援部門というニュアンスが強い一方で、教育改善のためのデータを集積、分析し、教育改善のツールとしての学生調査の開発

にも関わっている。その意味で、学内の教育の質保証にも深く関わっているのがIR部門といえる。

個別大学での学習を通じての教育の質の保証を求める動きが急速に進展し、高等教育全体のみならず個々の大学における教育成果の提示が重要な論点となっている現在の日本においても、大学内の様々な情報を収集して、数値化・可視化し、評価指標として管理し、その分析結果を教育・研究、学生支援、経営等に活用することが、IRの具体的な活動内容として定着していく可能性も高い。IRの利用の方法如何では、各大学での内部質保証システムとしての機能も期待できる。

今後は、教育面におけるIR機能を充実していくことが、学習成果の測定への新たな道筋へとつながる可能性もある。具体的には、各大学が実施している授業評価や学生調査結果など客観的なデータにもとづく分析、あるいはそうしたデータをGPAやキャリア関連情報と結びつけて分析、そして結果を各教学部門にフィードバックするという役割をIR部門が担い、教学部門がそのフィードバックを教育改善につなげていくという構図である。IR部門をどこに設置し、誰が担うかといった大きな課題をクリアしていかねばならないが、客観的なデータにもとづく評価文化の醸成が、日本の高等教育機関のさらなる発展にとって不可欠であることはいうまでもない。

本章では、IRの基本原理について、すでに1980年代から多くの大学にIR部門が設置され、様々なIRに関する活動が進展してきている米国の経験をベースに考察し、日本型IRの可能性を考える。その際本章では、教学部門に焦点を当てたIRの活動、すなわち教育の質の保証にむけて、いかに学生調査を活用するかという視点でIRと学生調査の関係性を模索する。

1. IR部門の役割

IR部門は情報公開とも密接に関連づけられる反面、公表できないデータを扱うという性格を伴っていることから、内部組織として位置づけられ、外に積極的に発信できない性格を伴う部門、すなわち大学機関にとって、重要なデータを管理する部門であると同時に、意思決定に大事なデータを取捨選

択していく部門である。

　ではなぜ、IR が急速に注目を浴びるようになってきたのだろうか。大学での学習を通じた教育の質保証を求める動きの急速な進展のなかで、高等教育全体のみならず、個々の大学における教育成果の提示が重要な論点となってきていることが要因のひとつであるといえるだろう。評価される大学にとっては、教育成果を測定するにあたって、教育に関するデータをどのように集積し、測定し、そしてそれらの結果を改善につなげていくかということが「教育の質保証」のベースであると認識されるようになってきた。しかし実際には、多くの高等教育機関では、教育の改善が不可欠であるという認識は共有されているものの、現状評価を客観的なデータにもとづいておこなうよりは、教員個人の主観や経験値にもとづいている場合が多い。IR とはこうした主観や経験にもとづく教育評価を客観的なデータにもとづく現状評価文化に変えていく基盤とみることができる。

　2004年の国立大学の法人化以降、部局によって散在している財政、学生、教学などに関するデータをどのように集積して、どのように管理するかということが課題として取り上げられてきた。とりわけ、法人化にあたって中期目標を立て、その定期的な見直しが求められる国立大学にとっては、データの一元化は重要な戦略のひとつとして位置づけられている。さらに、大学での学習を通じての教育の質保証を求める動きの急速な進展が見られるなかで、国立大学、私立大学を問わず、高等教育全体における教育成果の提示が重要な論点となっている。評価の対象となる大学にとっては、教育成果を測定する上で、教育に関するデータをどのように集積し、測定し、そしてそれらの結果を改善につなげていくかということを無視することはむずかしい。

　米国の多くの高等教育機関には、教育改善のためのデータを集積・分析し、そうした情報を大学執行部に報告し、かつ大学執行部の意思決定に不可欠な戦略立案を策定する部門として IR 部門が常設されていることは先述した。IR 部門は、各大学内の教育研究活動に関する調査研究活動や財務分析をおこなう管理部門であり、かつ経営そのものに関わる様々な情報の入手とその分析をおこない、組織管理の改革支援をおこなっている。

高等教育研究とIRはどちらもデータをベースとして実証的な研究をおこなう点では共通点がみられるが、高等教育研究がそうした分析から普遍的な理論を見出し、知識を発展させ、学問として体系化することを目的とするのに対し、IRは組織や大学機関単体の意思決定に役立つような特殊な情報を提供することに重きがおかれている。

2. IRと情報公開

　量的な根拠データの作成と評価報告書を作る必要があるとすれば、IRは大学の諸活動に関する情報の収集と分析、その情報システムの運用と活用という情報の面から定義づけることも可能である。大学評価に必要な資料やデータ収集や整備がなされている場合には、効果的な自己評価あるいは実績報告書の作成が円滑におこなうことができる。その場合には、さらに、自己評価書、実績報告書を効果的に策定することも容易となる。しかし、そうした作業過程においては、山積しているデータを探し、まとめることが必要となるが、関係部署との関連からデータを入手することは、大規模大学では簡単ではない。もしIRが充実しているならば、評価に関する作業の負担が軽減されることにつながるであろう。

　大学情報に関するデータベースとしては、学校基本調査や学校教員統計調査など文科省の統計情報が存在する。しかし、こうしたデータベースは自由自在に使用し、有効活用するように設計されているとは言えない。現在、多くの大学では研究業績に関する教員の情報のデータベースも整備されつつあるが、大多数の大学にはIR部門がないためこれらの情報を実際に有効活用しているとはいえないだけでなく、既存のデータベースには、評価、あるいは現在社会から求められつつある各大学の情報公開データベースとしては利用しにくいという限界がある。

　情報の積極的な公表に関しては、学校教育法第113条において、「大学は、教育研究の成果の普及及び活用の促進に資するため、その教育研究活動の状況を公表するものとする」とあり、大学設置基準の第2条でも、積極的に情報を提供することが規定されている。確かに、2008年度の文部科学省の調

査によると、大学のホームページの開設状況は100％に上っているという。しかし、教員数や学生数、シラバス、教育の状況についても情報の掲載の体裁が多様なだけでなく、基本的な情報も掲載されていない大学や自己点検・評価の結果公表についても、公表が求められているものの、結果を公表していない大学も存在しているとの指摘もある。

　第5期中教審での重要課題として情報公開が取り上げられ、2011年からの教育情報の公表が義務づけられたが、IR と情報公開は深い関連性があるといえる。IR の進捗によっては、標準のデータベースが構築される可能性も存在する。先行事例として、米国の事例を紹介してみたい。

　米国の情報公開は、高等教育機関全体としての情報公開の統一性と、個別大学における個々の情報公開の状況という2つの視点から見渡すことが肝要である。全米の高等教育機関等をデータ収集の対象としているのが包括的なデータベースシステム、IPEDS（Integrated Postsecondary Education Data System）である。IPEDS に対しては、個々の高等教育機関がもし連邦政府の奨学金プログラム等に申請するとすれば、データ提出が実質上義務づけられている。IPEDS に提出するデータは、機関特性、学位レベル別の修了者数データ、在籍者数、授業時間数、フルタイム換算の在学者数、人的資源、在籍者の状況、財務面、学生への資金援助、卒業率などである。財務面では、例えば、各大学は資金源ごとの収入、活動ごとの支出、施設、負債、基金などの財務情報を提出する。個別機関は、IPEDS データベースから、ベンチマークとして類似機関と比較することもできる。

　IPEDS に提出するデータを処理する部門が、IR（機関研究）と呼ばれる部門であり、IR 部門の担当者がデータの取り扱い、提出、IPEDS データベースの使用方法などについて学会が開催するワークショップで学び、データ処理やデータベースを利用している。このように、IPEDS はどちらかというと IR 担当者等専門家向けのデータベースであるため、一般の学生、高校生、保護者そして社会全般のステークホルダーには使いにくく、わかりにくいという批判もされてきた。

　批判の象徴でもあり、そうした批判に応えたものが、2006年9月に公表さ

れた教育相長官マーガレット・スペリングスを代表とするスペリングス委員会によるスペリングス報告書であった (U.S. Department of Education: 2006)。

　スペリングス報告書は、アクセス・アフォーダビリティ、アカウンタビリティという3つのキーワードを掲げ、高等教育システムの改革を推し進めることを企図していた。アクセスは、高等教育機会の拡大を意味しており、アフォーダビリティは、高等教育のコストに関係した概念である。そしてアカウンタビリティが、情報公開、そして拡大する高等教育予算に対して学生の学習成果を目に見える形で示すことの前提となる概念としてレポートの中で示されている。米国では情報公開は Transparency（透明性）という言葉で表現されているが、透明性には誰にもわかりやすい内容で示すという意味がある。情報公開を、学生、高校生、保護者、そして社会全般が理解できる内容で、かつ高等教育機関ごとに比較できるように示すことを求めたのがスペリングス報告書であった。この報告書に応える形で、構築されたデータベースが、2007年12月より開始した Voluntary System of Accountability（VSA）のカレッジ・ポートレイト（The College Portrait）である。

　VSAは公立の4年制大学が参加しているデータベースであり、カレッジ・ポートレイトと呼称される共通のフォーマットによるウェブ上のレポートで、学士課程教育段階の基本的で比較可能なデータを、学生、高校生、保護者を含む社会全般に提供するために開発された。米国州立大学協議会（American Association of State Colleges and Universities 以下 AASCU）と米国州立大学・土地付与大学協議会（the Association of Public and Land-grant Universities 以下 APLU）の学長、学部長等の関係者がVSAデータベースの開発と構築に関わり、現在は上記の2つの協議会がデータベースを運営している。おもな機能は、①高校生が大学選択をしやすいツールを提供、②透明性のある、比較可能で、理解しやすい情報を掲載、③公共へのアカウンタビリティに対応、④効果的な教育実践を把握し高めるための教育成果を測定といった4点にまとめられる。

　AASCU と APLU への加盟校数は500ほどであるが、加盟校のうち、2010年現在では約300校がカレッジ・ポートレイトに参加している。

それでは、カレッジ・ポートレイトにはいかなる情報が提供され、機関ごとの比較はどのようになされているのだろうか。州立大学、特に前身が土地付与大学によるデータベースが前提であるため、機関ごとの比較といった場合に、同じ州立大学システムに属している大学同士の比較が最も基本的な使い方になる。例えば、カリフォルニア州の場合には、マスタープランにより、州立大学システムは、UCシステム（研究大学）を頂点に、CSUシステム、コミュニティ・カレッジシステムの3層構造である。州立大学とは別に、スタンフォード大学、ポモナカレッジ、南カリフォルニア大学、クレアモントカレッジ、ペパーダイン大学などの私立大学が別途存在している。しかし、CSUシステム所属の州立大学だけがカレッジ・ポートレイトに参加しているため、カリフォルニア州内の場合は、CSU間だけしか情報の比較はできない。もちろん、他州の州立大学との比較は可能であるが、アメリカの場合、州立大学は州予算によって運営されており、かつ州民学生の学費と州外学生の学費の設定が異なることから一般的には州立大学に進学する高校生の大多数は同一州内出身者である。したがって、最も簡便な使い方は同一州内での比較ということになる[1]。

情報は大きく3つに分類される。第1は学生や保護者にとっての基本的な情報であり、在学生情報、卒業率やリテンション率、授業料や奨学金情報、入試情報、取得学位、学位プログラム、生活コストや生活環境、キャンパスの安全状況、卒業後の進路、カーネギー大学分類による機関情報から構成されている。

第2は、学生の経験の状況調査や満足度など意識調査結果をまとめたレポートから成り立っている項目だが、共通の調査としてNational Survey of Student Engagement（以下NSSE）[2]もしくはUCLAのCIRPが共通の学生調査として利用されている。第3は、学生の学習成果に関しての情報である。実は、この学生の学習成果の情報の透明性はスペリングス・レポートからの強い圧力が加えられた点でもあった。スペリングス・レポートでは、大学の4年間の学習成果の指標として標準テストの導入と標準テストによる測定結果を公表することが高等教育機関のアカウンタビリティであるとし、それを提言し

たのである。その結果、アメリカの高等教育機関では、より具体的かつ明確な成果を示すことがアカウンタビリティとされ、地区別基準協会も個別の機関に対して学習成果を何らかの指標を用いて明示することを要求するようになっている。カレッジ・ポートレイトへの参加大学はこの学習成果にCLA (Collegiate Learning Assessment) を共通のフォーマットとして用いて、その結果を公表している。本データベース上では、大学間での教育効果を比較するために、低学年時にCLAを受けた学生に上級学年時にも再度CLAを受けさせ、一定の期間での得点の伸張を測定し、その結果を公表している。第三章では、学習成果を把握するために、米国では直接評価と間接評価を組み合わせて利用するという合意が形成されていることを述べた。カレッジ・ポートレイト上にCLAの得点とNSSEの結果が公表されていることは、この合意が広く実践されていることを示しているとみることができる。

　大学にとっては都合が悪い情報なども掲載することが求められていることも否定できないが、こうしたデータベースでの共通の指標の提示は、大学ごとの結果を比較することに力点が置かれているといえるだろう。日本における教育情報の公表が義務化されたことも、米国同様にアカウンタビリティへの対応であるといえるが、現在、共通のデータベース上への公開が求められているというわけではなく、公開の方法は各大学の裁量に任せられている。

3.　米国の大学におけるIRの役割と概要

　米国の大多数の高等教育機関では、IR部門をInstitutional Research Officeとして設置しているが、なかにOffice of Institutional Planningという名称で設置しているところもある。1924年にミネソタ大学で、カリキュラム、学生の在籍率、試験の達成度を研究する調査研究部門として設置されたのが現在のIRのモデルであるといわれ、管理運営および組織の効率性改善を目指す部門として1960年代に急速に拡大した。IRに携わる専門家集団の専門職協会である学会 (Association of Institutional Research: AIR) も1965年に設立され、活発に活動しており、現在1,500以上もの機関から3,100人以上がAIRの会員として登録しているほどである。とりわけ学生の多様化が顕著になった1980

年代以降、学生のデータを集積し、教育に活かそうという趣旨のもとで、IR部門が多くの大学に常設されるようになってきた。そして、米国の大学は高等教育への財源配分の縮小とアカウンタビリティという問題に直面するなかで、州や連邦関係者による「(品)質保証」への要求が高まった90年代以降、IR部門は大学の意思決定にとっての必要な情報の収集と分析をする部門として不可欠な存在となっている。

　IRに関する先行研究をもとに、IR部門の大学での役割と全体像をまとめてみよう。サウプによれば、「IRは組織の企画、政策策定、意思決定を支援するような情報を提供すること」となり[3]、ピータソンとコーコランはこれに「全分野における資源配分、管理、評価」を付け加えている[4]。IR担当者に課せられた仕事に焦点を当てたマッセン (1986) は、①機関の業績（成果）についてのデータ（資料）を収集すること、②機関の環境についてのデータ（資料）を収集すること、③収集したデータ（資料）の分析と解釈、④データ（資料）分析と解釈を機関計画策定、政策策定と意思決定のもとになるような情報に変換するという4点を挙げている[5]とスウィングは分析している (Maassen: 1985)。ボルクワイン (Volkwein: 1990) はIR部門の活動に焦点をあて、その主な活動は学生の履修登録、リテンション、学生に関するデータ処理や予測、各種調査の回答、ファクトブックの作成などであると述べている。

　近年では、地域アクレディテーションにおいてもより厳しい基準を採用するようになったこと、連邦の学生援助に関しても、より大学の学生への教育効果を求めるようになったことなどに示されるように、大学のアカウンタビリティを外部に対して公開する必要性が増大した結果、連邦への報告、アクレディテーション機関への自己評価報告書の提出、そして学生の学習成果の評価がIR部門担当者の核となる業務となっている。IR部門の学内での仕事はおおよそ次のようにまとめられる。①地域、連邦基準認定（アクレディテーション）に関連した業務とプログラムの検討、②運営管理上の情報の提供と計画、学内政策策定とプログラムの評価のための分析、③学生、大学教員、職員のデータ収集と分析、④予算および財政計画策定、⑤学生の学習成果の評価のためのデータ収集および評価（アセスメント）実施と分析、⑥学生によ

る授業評価事業の実施、⑦学生の履修登録管理と募集管理、⑧年次報告書の作成、⑨州の財政補助金獲得のために必要とされる書類の作成など、州高等教育部局との連絡調整、⑩米国教育省の調査事業に提出するデータの作成、⑪大学関係出版物への情報提供。こうした日常的な業務に加えて、IR部門は学長あるいは学務担当副学長直属の部門としておかれ、その責任者は学内の戦略的計画策定のコーディネーターとして、計画策定過程に密接に関わっていることが多いと言われている。

4. 米国におけるIRをめぐる環境と組織

　本節では、IRの発展を取り巻く米国の環境の変化を見ていくことにする。1980年代、1990年代、2000年以降と10年程度の単位でIRはかなり変貌を遂げている。1960年代からIRは米国で発展してきたという歴史を反映して、比較的新しい概念であると捉えられる。分析、比較、計画策定、政策分析というような日本ではそれほどおこなわれてない活動が、1980年代の米国におけるIRの主な役割あるいは活動であったが、現在は、それらの活動に加えて予測と事前対策といったような、より戦略性を全面に出した活動に重点がおかれるようになってきている。その変化には大学を取り巻く米国での環境が厳しくなってきていることが影響しているといえよう。つまり、報告業務がより重要になってきているのは、保証が大学を取り巻く環境の厳しさの中で、重要なこととして認識され、実際にパフォーマンス・ファンディングが多くの州で導入されていることにも関係している。それ故、ほとんどのIR室がおこなっている活動には、次の3点の共通性、すなわち、①アクレディテーション関連業務とそのプログラムの検討、②運営管理上の情報の提供と計画、③学内の政策策定とプログラム評価のための分析、が見出せる。この3つの共通性に加えて、学生、大学教職員のデータ収集と分析も共通要素といえなくもない。事実、大学教員に関しては、多くの米国の大学のIR部門において、教職員の給与等のデータを収集して分析しているところが多くなっていることが近年の動向である。

　機関によるIR部門への注力や、部門の形態によっては差異が散見される。

一般的に大多数のインスティテューショナル・リサーチャーと呼ばれるIRに携わる専門職員は、公立大学に勤務している。その理由のひとつに、公立機関のほうが私立機関よりも連邦や州政府への報告義務が細かく要求されていることがある。また、パフォーマンス・ファンディングが導入されている南部諸州の大学当局がIR部門に力を入れているという現実も看過できない。様々な大学のIR部門を調べてみると、絶対的とはいえないまでも、ある一つの傾向が見出される。すなわち、南部諸州の公立大学におけるIR部門は、学生のアセスメントを充実しているだけでなく、戦略計画や自己評価書等も作成・公開するなど比較的幅広い活動に携わっている。

次に、組織や種別による差異を検討してみよう。大学の種別で見たときには、いわゆる州立大学、公立大学にはより大きなIR室がおかれ、多数の専門職員が携わっていることは先述した。アクレディテーション、あるいは州政府への報告が重要な業務であるから、それに関しての政策分析や大学全体の戦略的なプラン、評価などの機能が充実しているのが公立大学のIRである。その意味では、日本の国立大学がIR評価室という形で設置して進めてきた動向に、米国の州立大学が直面してきた状況との類似性を見出すことができる。一方、私立大学のIRは小規模なIR室と少数の専門職員という特徴をもっている。小規模の私立大学には、少数の専門職員さえもおかれておらず、大学院生などがアルバイトでIR活動に従事しているケースも少なくない。一方で、私立大学のほうは経営の側面を重視し、また教育という点も重視していることから、学生や両親、同窓生にむけて、学生獲得戦略として、あるいは同窓生からの寄付金獲得戦略として、IRをおこなっている場合もある。私立大学におけるIRの共通点としては、エンロールメント・マネジメントが充実しているが、エンロールメント・マネジメントとIR室の情報が連携していることが特徴としてまとめられる。

米国の先行事例をベースに、アカウンタビリティとステークホルダーという視点から日本の設置者別によるIRの役割を検討してみると、日本における国公立大学と私立大学におけるIRが果たす役割にも差異があるのではないだろうか。国公立大学においては、アカウンタビリティという視点から自

己点検報告書、あるいは実績報告書を作成し、報告することが重要である。その場合、内部情報は公の研究として容易に外部に出せないという限界性を伴っている。それ故、IRを進めていく上で、IRの研究と実践の両立が可能か否かについては、疑問点があるといえなくもない。一方、私立大学がIRを進展させていく上では、国公立大学とは異なる困難性に直面するといえるだろう。私立大学においては、報告業務については国公立大学ほど今までは求められてこなかったために、報告業務をどう位置づけていくかということが簡単ではない。むしろ、米国の先行事例が示しているように、私立大学の場合はIRを学生確保というようなエンロールメント・マネジメントとして活用することも可能だろう。また、近年日本では国公私立大学全てに共通して教育の質保証が求められるようになっている。その際に、教学部門に焦点を当ててIRを充実させる方向性も考えられよう。次節では、教学に関するIRの機能としての学生調査について検討する。

5. 学生調査と教学IR

大学の経営の意思決定や教育の改善のために、大学内に存在するデータを分析し、活用することがIRの基本原理である。そのようなデータは、財務、施設、卒業生、学生等多岐にわたっている。しかし、財務や施設に関するデータは、個別の大学の内部情報として外部に明らかにしにくい性格のものが含まれているだけでなく、他の大学と共有しにくい性格も伴っている。一方、教育に関する学生のデータ、例えば学生調査は個別の大学のみならず、多くの大学が共通して利用できるだけでなく、結果を教育の効果に関するベンチマークとして利用することも可能である。それゆえ、米国のIRに関する学会での発表事例として、学生調査結果や教育に関するデータをもとにした分析が多いのはこうした事情が絡んでいる。

このような状況から、学生調査と教学に関するIRは双子のような関係とも例えられる。本節では、学生調査と教学IRをいち早く結びつけて大学の教育改善として機能させてきた米国の先例を参照しながら、日本の高等教育機関において現在求められつつある教育改善のためのデータ活用方法と教学

に関するIRの方向性について、日本で推進してきている継続的大規模学生調査の例をベースに紹介する。

　日本の多くの高等教育機関では、教育の改善が不可欠であるという認識は共有されているものの、未だに、現状評価を客観的なデータよりも、経験値にもとづいておこなうほうが多い。しかし、21世紀の到来とともに、大学教育の成果、いわゆるラーニング・アウトカムを提示することが強く社会から求められる新局面に高等教育機関は直面していることは先述した。

　質保証が重要になっている現在、教員の質保証の取り組みのひとつとして、学生調査という教育のプロセスの評価と、その分析を通じて見えてくる学生の実態、大学の教育環境、教員と学生の関係などの知見を教育の改善に有効に活用していくこともできよう。

　その際、教育の成果あるいは効果測定という視点から、学生調査を利用した教学IRという側面について考察してみよう。教育成果の評価方法には、先述したように学習の成果を直接に評価する直接評価と成果に至るまでの過程を評価する学生調査に代表される間接評価という2種類に分類できることは説明してきた。そして直接評価だけでは、あるいは間接評価だけでは充分に学生の学習成果を評価できるとはいえないことは既に本書の中で述べてきた。したがって、両方の評価を相互補完として利用することがより適切に学習成果や教育成果を把握するといえる。その間接評価の代表例が学生調査である。学生調査を効果的に使うことによりアクレディテーションの際にも教育成果の指標として提出することもできる。

　米国で学生調査データの分析を担う主な部門がIR部門である。その際、自大学で独自の学生調査を開発するには時間やコストもかかり、独自調査でベンチマーキングすることも難しい。それ故信頼度も高く、研究上でも実績のある標準的な学生調査を間接アセスメントとして利用することが一般的な動向である。例えば、現在多くの大学機関が利用している標準的な間接アセスメントのひとつにUCLAの高等教育研究所（HERI）が開発しているCIRP（Cooperative Institutional Research Program）がある。CIRP新入生調査（TFS）は1966年に開発された新入生用の学生調査であり、本調査への高等教育機関の参加

率は極めて高い。2007年には全米536校から37万人の学生が調査に参加している。40年以上の歴史があることから、継続データも蓄積され、大学生の時間軸での変化を追いかけることも可能である。CIRP新入生調査の上級生版がCSS（College Senior Survey）である。さらに学生の学習行動、大学での経験等を測定する代表的な間接アセスメントとして、インディアナ大学が開発したNSSE（National Survey of Student Engagement）がある。CIRPが幅の広い質問項目から成り立っているのに対し、NSSEは学習行動や経験に焦点を絞っているという特徴がみられ、目的が明確な学生調査であることから、参加大学も年々増加している。

標準的な学生調査はCIRPやNSSE以外にも複数の種類が開発され、研究者が研究目的で利用するだけでなく、大学機関が教育改善の目的で参加し、その結果を活用している。機関が教育改善の目的で参加する場合には、大学の規模、すなわち学生数に応じて課金システムが構築されており、参加大学は自大学のデータ、詳細な分析レポートおよびベンチマーキングとしての類似した大学グループとの比較結果等のレポートを受け取ることができる。教育改善の目的で機関参加した場合には、IR部門が受け取ったデータを独自に分析し、教育効果の測定をおこなうと同時に、教育課程の改善等のベースラインデータとして分析結果を活用することが一般的であり、この一連の活動が教学IRである。

6. 日本における学生調査と教学IR

第2章から第5章を通じて紹介し、またデータを分析してきた学生調査を、JCIRPと呼ぶことは先述した。質問項目は、学生の成長に関する理論的研究をベースに作成しており、学生研究や教育効果研究としても利用することができるが、参加大学が調査結果を通じて、大学の教育プログラムの課題を把握し、教育改善の基礎資料として利用してもらうことも本プログラムの重要な目的である。「長期にわたり継続的に実施可能」「複数の機関が参加し比較することが可能」「学生の追跡調査が可能」「調査項目が豊富で汎用的」といった特徴を備えている。ようやく継続調査を通じて、機関ベンチマークの進展

が現実的になっただけでなく、複数の時点での調査である JFS と JCSS を組み合わせることで、機関内パネル調査もしくは機関によっては個別学生パネル調査としても利用できる状況になりつつある。これまでに紹介してきた調査の分析結果、すなわち学生の傾向を示したデータは、より学生が授業に活発に参加できるように授業の形態を考えていく資料としても利用できる。

JFS は新入生向きに設計され、学生の成長を把握する出発点となる調査である。新入生の高校時代の学習行動や生活行動を把握し、大学での適応について知ることができるが、こうしたデータを基礎資料として、大学3・4年次用の JCSS をセットで使用することにより、大学という環境での学生成長過程を、より効果的に把握できる。

JFS と JCSS は、現在のところ毎年どちらかの調査を実施することにして、全国の大学への参加を呼びかけ、調査参加後、参加大学には電子媒体で自大学のデータを集計・返却し、全体の集計表によって各大学の集計との比較ができるようにしている。受け取り側の大学に、もし IR 部門や教学 IR を担う担当者がいる場合には、本データをベースライン・データとして様々に活用することができるだろう。

一方、JJCSS（短期大学生調査）については、短期大学基準協会を通じて、参加を呼びかけている。参加大学には電子媒体でデータと全体集計表を返却することについては、4年制大学版調査と同様であるが、作成した全体集計結果報告書を参加大学に送付し、参加短期大学からのフィードバックも受け、次年度の改善に活かすなど、組織的な実践は一歩進んでいるといえよう。フィードバックにおいても、ベンチマークとして利用される頻度が高いなど、教学 IR の一環としての学生調査の利用も徐々に広がっている傾向が散見されている。

大学評価や教学改革につなげる教学 IR の機能を充実させる可能性のある学生調査の開発を喫緊の課題として、質問項目の安定性と精度の向上を図り、質問項目の妥当性を提示しながら、JCIRP を進展させていかねばならない。つまり標準的な尺度にもとづいた、いずれの大学もが利用できるような共通調査としての精度をあげることが不可欠である。また同時に、研究上の課題

のみならず、内的アカウンタビリティとしての役割、内部質保証システムのひとつとして学生調査を機能させること、すなわち、学生調査をIRとして機能させ、教育改善モデルをサイクルとして回していくためには、間接評価である学生調査結果を、多種実施されている直接評価とどう結びつけるのか、あるいは現実的に、直接評価であるGPAや成績など学内学生情報データとのリンクと分析は誰が責任をもって担うのかといった実践面、組織面での課題をクリアしていくことが不可欠である。

　加えて、JCIRPは研究だけでなく、教育改善のためのツールとしての意味を伴っていることから、単にデータを分析し、理論の実証、方法論の開発にとどまるだけでは、不充分といわざるを得ない。いかに、組織の具体的な改善モデルにつながるような結果をわかりやすく提示できるか、あるいは参加者(参加大学)が利用できるかということも視野に入れ、活動していかねばならない。こうした教学IRをベンチマークとしてもっと活用し、同時に内部質保証システムとして機能させるために、平成21年度「大学教育充実のための戦略的大学連携支援プログラム」に、同志社大学を代表校として、北海道大学、大阪府立大学、甲南大学の3校が連携大学として申請し、採択されたのが「学士課程教育質保証システムとしてのIR──大学間相互評価ネットワークの構築」である。次節では、本プログラムの内容を、複数大学が協力して進める質保証のための教学IRの事例として提示してみる。

7. 4大学連携による教学IR

　連携事業では、教育の質保証を推進するために各大学がシラバス、GPA制度、CAP制などを導入してきた過去を「教育の質保証の第1ステージ」と位置づけ、IR機能の充実、IRを活用した連携大学間での相互評価、その評価結果を単位の実質化や学生の学習時間の確保に結びつける教育環境の整備の段階を「教育の質保証の第2ステージ」、さらに、英語による学士課程教育といったアウトカム目標の設定と、ベンチマークを目指す将来を「教育の質保証の第3ステージ」と位置づける。第2ステージ以降の教育の質保証の実質化のための戦略的な大学連携の推進が本事業の基本課題である。本事業を

推進していく上で、補助期間3年以内に実施する短期的取組と補助期間終了後にも引き続き長いスパンで教育の質保証を進展させていく長期的取組という2段階を設定している。

(1) 連携大学間の「相互評価」から連携を活かしての質保証の枠組みづくりへ

現在、学生の視点を重視し、確実に成果を身につけさせるといったような学生本位の改革が求められているが、この4大学による連携事業が、前述したIRの推進を通じて連携大学間の「相互評価」を活かし、教育の質保証の枠組みの整備を進める趣旨は、この学生本位の改革を目指すことにある。「単位制度の実質化」の推進には、学生の適切な学習時間の確保が不可欠であり、シラバスの到達目標の達成には、事前・事後の学習の充実と履修科目の適切な選択が鍵となる。それには、学生に関する教務データと学生調査などの評価のデータを組み合わせて分析し、改善に活かす必要がある。本取組は、10年という長いスパンで、IRを通じて客観的なデータにもとづいた現状評価文化を高等教育機関全体に広げていくことでもある。

IRには①個別大学内での改善のための調査・分析と、IR先進国ですでにおこなわれている、②ベンチマーキングのための複数機関間比較や全国調査による自機関の相対的な位置づけを知るための調査・分析という両方の機能がある。連携取組でおこなう「IRを通じての相互評価」の主要な課題は、この②のベンチマーキングのための複数機関間比較を通じて、教育課程の充実へと結びつけていく質保証の枠組みを整備することである。

短期的取組とは、学生の学びの実態把握と教育成果に焦点を合わせた「IRネットワークシステム(以下IRNS)」を構築し、4連携大学が共有できるデータをベースに相互評価をおこない、評価結果を反映して、4大学間で学生の学習時間の確保や単位の実質化にむけた取組などを進め、学士課程教育の質保証システムの汎用的モデルとなるIRを4大学間で構築し、そのノウハウおよび人材を共同開発することである。

具体的には、4大学共通の学生調査を活用して学生の自己評価による間接アセスメントを実施し、3年間にわたり、学生の単位取得状況や学習行動、

学習成果、教育の効果等に関する基礎データ（ベースライン・データ）を蓄積し、分析する。共通の学生調査については、代表校である同志社大学の「高等教育・学生研究センター」が開発し、過去4年間にわたって実施、分析してきた学生調査（JFSおよびJCSS）を参照しながら、長期的な取組の課題である外国語（英語）による教育のベンチマーク設定につなげるため、学生調査の項目に英語の能力についてより詳しい設問を設ける。これには、EU諸国で既に導入され、語学教育ベンチマークの国際標準としての地位を確立しつつある「CEFR」[6]も組み入れる。また、学生調査を紙媒体だけでなく、ウェブ上でも実施できる次世代型学生調査システムを開発する。連携4大学がデータと分析結果を共有し、「相互評価」と「ベンチマーク」設定へとつなげる基盤を固める。

次に、学生調査分析結果および収集データをもとに、自己点検・評価および相互評価を実施する。例えば学生の学習時間、学習状況、ラーニング・アウトカムの自己評価、教育方法、教育課程への満足度等における、連携大学それぞれの長所などを参考にしながらベンチマーキングを進め、各連携大学は各々の「学位授与の方針」「課程編成・実施の方針」「入学者受け入れの方針」の明確化に取り組む。「一年生調査2009」は、4大学という限られた学生集団から得られた調査結果であるが、学生本位の改革を進めていくためのベースライン・データとして本事業では位置づけている。

次に、学生調査は間接評価であることから、何らかの直接評価結果と結びつけることが不可欠となる。本取り組みでは、各大学の中にある直接評価結果と間接評価結果を結びつけることをおこなう。

各連携大学固有のシステムのなかから共有できるデータをまとめたシステムを開発し、その分析結果を活用して、連携各大学における教育成果の相互評価をおこなう。4大学共用のIRネットワーク構築に必要なデータとして、入学関連データ（入試方法や出身高校関連等の情報）、教務情報（履修状況、GPA、単位取得状況、留年・学位取得状況等）を収集し、それらの情報と学生調査結果とを統合し、情報セキュリティについては万全の配慮をしながら、4大学が共用できるシステムを開発する。このシステムは、IRNS（IR Network System）[7]のことであるが、基本的な設計は**図6-1**に示している。

複数大学の調査結果を集計・分析し、レポートを自動生成
- 共通調査のために収集された匿名化調査結果データや匿名か学生データの取り込み
- IR システムに取り込んだ各データの集計、設定に応じたデータ分析
- データ分析結果（共通指標）の表示、相互評価結果の表示
- 集計分析データの共用と基礎的データの蓄積

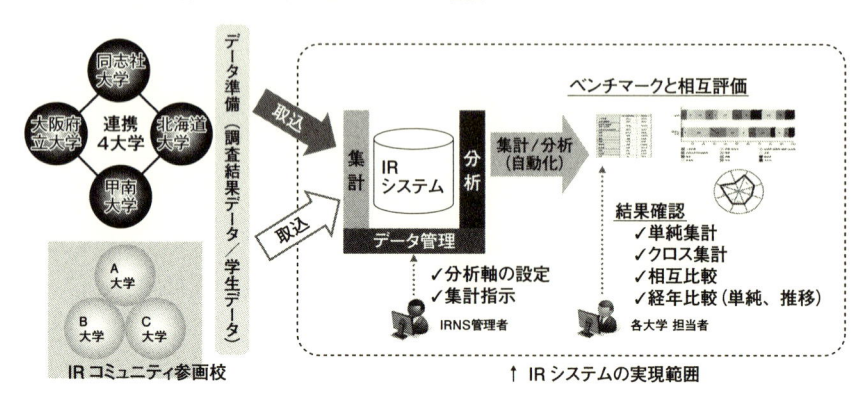

図6-1　IRNS の概要

次に、長期的な取り組みについて説明する。本取り組みでは、IR システムを通じて相互評価とベンチマーク策定をおこなうことにより、教育の質保証の枠組みを整備することを短期的な目的・課題とするが、次の段階では、その成果を実際の学生教育に還元する必要がある。

そこで、本取り組みでは、外国語のなかでも、4連携大学にとって最も共通性の高い「英語」について CEFR にもとづいて教育成果を測定し、連携大学が提供する英語科目の共通の到達目標の設定、さらに将来目標としては、英語科目のカリキュラムマップの作成を念頭におく。

外国語、特に英語科目を共通の課題とする理由は次のとおりである。4大学が参加した学生調査 (JCSS 2005, JCSS 2007) の結果からも、多くの学生が、大学で「外国語の能力」は「向上していない」と認識しており、他の汎用スキルの獲得状況に比べても問題が多いことが明確となった。その他の初修外国語については、特に理系分野では必修となっていない場合も多いので、英語科目の内容を到達レベルに沿って整理する試みは、多くの大学にとってもモデルとなりうる汎用性がある。これは、現在日本の高等教育が直面する最大の

課題のひとつである国際化の推進にも、確実な貢献が期待できる。長期的には、学生調査の英語のアウトカム評価の分析結果に沿って、ベンチマークやCEFRの自己評価結果にもとづき、CEFRに準拠したカリキュラムマップを共同開発することを意図している。

おわりに

　教育成果あるいは効果という側面に焦点を当て、教学IRを各大学での教育の質保証システムの一部として機能させることは決して不可能ではない。その際、学生調査を始め、教育に関するデータをどのように集積し、測定し、そしてそれらの結果を改善につなげていくかということが「教育の質保証」の前提条件である。高等教育が教育・研究において社会的責任を果たすためにも、エビデンスにもとづく分析・評価が大事であることは否めない。IRとはこうした主観や経験にもとづく教育評価をエビデンス重視に変えていく装置であるともいえるだろう。

　そうしたひとつの事例が、教学面に焦点を当てて、4大学が連携しながら教学IRを進展させる取り組みである。共通の学生調査と英語の指標のアウトカム評価を利用し、分析結果を相互評価しながらベンチマークするという取り組みである。大学教育のプロセスおよび成果を調査・測定するために、各種の学生調査を設計・実施し、それを国公私立大学や遠隔地間での大学連携によって推進することを通して、大学の個別性を超えた共通指標を開発する。このことにより、より多くの大学に共通の学習成果の獲得を目指しながら、同時に、各大学がそれにもとづき自己の大学の教育の向上に努めることが可能となる。その意味で、連携によるIRの進展は、標準的な指標の開発を通じて、教学IRが個別の大学にとどまらず、多くの大学に共通な教育評価を根づかせる契機となると思われる。

注

1　州外学生の学費は州民としての資格を得るまでは、高額に設定されている。そのため、トップレベルの州立の研究大学に進学する場合は他州に進学する場合も

多々あるが、一般的には州立大学への進学者は同一州内からの進学者が多い。
2 NSSEは、ジョージ・クー博士達が中心となって開発し、現在インディアナ大学ブルーミントン校の中等後教育研究センターが運営管理している学生調査である。学生の経験や学習時間、満足度などの項目から成り立っている間接評価として多くの高等教育機関で利用され、結果を教育改善のために活かしてきた信頼性、妥当性の高い調査である。
3 Saupe, J. L. (1990) *The Functions of Institutional Research* 2nd ed Tallahassee,FL:Association for Institutional Research.
4 Peterson, M. W. & Corcoran, M. (1985). "Proliferation or Professional Integration: Transition and Transformation". *New Directions for Institutional Research,* 11(2), pp.5-15 を参照した。
5 ランディ・スウィング, L. (山田礼子訳)、2005「米国の高等教育におけるIRの射程、発展、文脈」『大学評価・学位研究』3、pp.23-30に掲載されたスウィング氏の講演内容を参照している。
6 CEFRはCommon European Framework of Reference for Languagesのことで、ヨーロッパで共通の外国語学習の到達度を記述するのに使用するガイドラインとして、欧州評議会（Council of Europe）という組織によって2001年に正式に公開された枠組みである。具体的には、ヨーロッパの全ての言語に使える評価方法と指導方法が示されているガイドラインである。
7 IRNSは2010年3月に開発が完了し、同月から試用を始めている。本システムを利用するとシステム内で基本的な統計分析とグラフ化ができ、連携大学のIR担当者が、各大学内の学生調査に回答した学生の単位取得状況や、GPA等の直接評価の指標データと連結し、より詳細な分析ができるように設計されている。

第二部　学士課程教育の保証
——日米比較

第7章 『学士課程教育』が提起する課題とは

はじめに

2008年の中教審答申「学士課程教育の構築に向けて」では、「学士課程教育」は、グローバル化した社会での国際的通用性を意識し、学位授与という大学の教育機能にもとづいた「学位を与える課程（プログラム中心への再整理）」として整理がなされ、学部・学科ごとの組織中心を越えて、学位授与にふさわしい教育課程の確立が急務であるとされた。現在、多くの高等教育機関が、ディプロマ・ポリシー、カリキュラム・ポリシー、アドミッション・ポリシーの確立に着手しているが、学部・学科ごとの組織や専門分野を越えての共通性を意識したポリシーの確立は容易ではない。1994年に舘が米国のような学位の種類や教育の構成要素に象徴されるような専門分野を越えた共通性が、「学士課程」教育の前提であると整理している[1]。しかし、現在に至るまで高等教育機関が専門分野を超えた共通性という認識で「学士課程教育」を構築してきたとは言い難いのが実情である。

2009年の大学教育学会での課題研究「学士課程教育はどうあるべきなのか？」のシンポジストの一人である杉谷は、本学会で「学士課程教育」という課題が、近年多くの学会員によって問い直されてきた背景について、①「教養教育」と「専門教育」といった科目区分を越えて、4年一貫した学士課程教育のプログラムを構築する必要が生じてきたこと、②従来の「教養教育」や「専門教育」の領域では決して括れない「初年次教育」や「キャリア教育」等、新たなプログラムの構成要素が表面化してきたこと、③従来の「学部」を解体し、教員の所属組織と学生が所属する教育組織を分化させる改革が進んできたこと、④2008年答申で述べられた「教育の課程の修了に係る知識・能力

の証明」である学位の本質に鑑みて、国際的にはもとより国内においても、到達目標や獲得すべき「ラーニング・アウトカム（学習成果）」が求められ始めてきたこと、という4点に収斂している。

　本章では、本課題への学会のこれまでの問い直しを踏まえた上で、学士課程教育の確立の進捗状況は現在いかなる状況であるのか、日本が克服すべき課題は何であるのか、日本の学士課程教育での長所は何かという問題設定のもとで、特に学習成果の把握あるいは測定という点に焦点を当てて、現状と課題について考察することを目的とする。

1. 2008年調査と2009年調査

　本節では、2009年9月から10月にかけて日本私立大学協会附置私学高等教育研究所のプロジェクトの一環として実施した「学士課程教育の改革状況と現状認識に関する調査」のデータを主に利用し、さらに2008年に関西国際大学と日本高等教育学会が文部科学省の委託を受けて実施した「学生の大学卒業程度の学力を認定する仕組みに関する調査研究」のデータを比較のための参考資料として活用する。2008年調査（回収率：学長65.8%（477/725）、学部長45.3%（932/2057））は「出口」時点での学力を認定する仕組みに焦点を絞っていることが特徴である。その背景としては、21世紀に入って欧米を始め、韓国、日本等の国々において、専門分野にかかわらず、学士課程修了者に共通の能力を獲得させるような動きが顕在化していることが挙げられる。2008年答申で参考指針として挙げられている「学士力」のみならず米国やオーストラリアでは、個々の大学がそれぞれ掲げている卒業時に獲得しておかねばならない学習成果の目標[2]がそうした動きを象徴している。学力を認定する仕組みの導入可能性の検討という点で、2008年調査では、「仕組み」がいずれの機関においても比較可能であるかという「標準性」も調査の設計および分析の際の観点として導入した。2008年調査結果の一部については後述するが、調査結果から学力を認定する仕組みの導入状況については、専門分野ごとの差異が大きいことを認識できた。工学系、医療・保健系（看護を含む）等では、「仕組み」においても標準性が散見されるのに対し、文系、社会科学系、理学系

においてはそうした標準的な「仕組み」がそれほど導入されていないという結果が明らかとなった。

そうした結果を踏まえて2009年調査は、教育の実践単位としての学科レベルに注目し、これからの大学にとってどのように学士課程教育を構築していくかという大きな課題のもとで、現場の担当教員である学科長を対象に、彼らの学士課程教育についての意識・認識と、実際の教育改善の状況について明らかにすることを目的として実施した。調査対象者は全国の大学における人文科学系630学科、社会科学系770学科、理学系251学科、工学系200学科などの計2,000学科とし、回収率は45.3％（905/2000）であった。2009年調査は教育・学習目標の状況、教育・学習目標と教育プログラムの整合性、学習成果の把握・評価の実態、改革の状況など多方面からの質問項目から成り立っている。

次に、2008年におこなった文部科学省委託調査における「学長・学部長調査」時点と比較した教育改善にむけての取り組みの進捗度合いを検討し、特に学習成果の把握・評価の実態と学習成果の把握を測定する方法についての意見に焦点を当てた分析を提示する。

学習成果の把握と評価が2008年と2009年調査ではどのような差異があるかを**表7-1**の項目から検証してみると、両調査の5つの共通項目から1年間における進捗状況を確認することができる。とりわけ、「成績分布に関する申し合わせがある」と「成績の採点基準に関する申し合わせがある」という2項目が専門分野を問わず進展している。しかし両調査ともに、工学系、保健系のほうが人文、社会、理学領域よりも共通項目を実施している比率は全般的に高い。

次に2009年調査では、全項目において分野別の差異が存在していることが見て取れる。「成績分布に関する申し合わせがある」という項目以外のいずれの項目も「工学」「保健」分野での取り組みが活発だが、特に「試験問題の妥当性を教員相互でチェック」「ポートフォリオを学生に作成させている」「進級・卒業において一定基準以上のGPAを要求」という3項目においては、「工学」「保健」分野での取り組み状況と他の3分野との差は顕著である。反対

表7-1　2008年と2009年調査における学習成果の把握と評価の状況

学習成果の把握と評価	2009年学科長＊					2008年学部長				
	人文	社会	理学	工学	保健	人文	社会	理学	工学	保健
成績分布に関する申し合わせがある	24.4	23.7	23.8	16.7	14.1	13.1	14.4	3.3	17.2	7.5
多元的な成績評価の順守に関する申し合わせがある	27.5	21.2	19.8	31.1	31.0	23.1	18.3	20.0	23.2	18.1
成績の採点基準に関する申し合わせがある	38.2	38.1	35.0	52.2	44.2	19.0	16.7	16.7	28.3	23.9
学生による授業評価において、学習成果の獲得状況を確認している	63.2	70.4	67.0	84.4	69.4					
担当者が異なる同一科目では共通の試験問題を利用している	29.6	30.7	25.6	57.3	41.5	22.3	26.1	35.7	42.7	30.8
試験問題の妥当性を教員相互でチェックしている	7.1	5.4	11.9	23.6	25.9	5.8	4.8	6.9	14.1	14.1
学習成果の記録（学習ポートフォリオ）を学生に作成させている	9.5	7.7	7.0	24.4	33.7					
進級・卒業において一定基準以上のGPAを要求している	16.2	14.9	19.0	25.6	34.9					
在学生調査や卒業生調査において、学習成果の獲得状況を確認している	30.6	38.1	44.4	51.1	41.7					
学内で独自に開発した客観テストを利用している	7.5	6.0	3.0	9.2	13.6					

＊2009年12月15日現在
回答は全て%

に、「成績分布に関する申し合わせがある」は「人文」「社会」「理学」分野の取り組みが盛んになっている。「学内で独自に開発した客観テストを利用している」については、「工学」「保健」分野での取り組みが若干活発だが、全般的にはまだ取り組みが進展していない。「学生による授業評価において、学習成果の獲得状況を確認している」という項目のみにおいて、分野別での差異は小さく、進展度合いも高い。それではこうした数値は何を示唆しているのかという視点に立ち分析を進める。

次に、2009年調査における学習成果の把握と評価の仕組みに関する項目の中から、取組の導入についての検討状況を見てみる。**表7-2**には10項目のなかから、導入の検討状況の低い3項目を示している。さらに、「導入している」と回答している内訳をポートフォリオと客観テストに焦点を絞って、設置形態別と学力別での観点から見てみると、ポートフォリオの導入については、国立(17.7%)が公立・私立(共に12.7%)を上回っており、また、学力平均グループ(15.9%)と学力高めグループ(14.7%)が学力低グループ(9.1%)を導入率

表7-2 2009年調査における学生成果の把握と評価の仕組みの導入検討状況

		(N)	887
試験問題の妥当性を教員相互でチェックしている	①いいえ		77.1
	②検討中		11.5
	③はい		11.4
	計		100(%)
		(N)	885
学習成果の記録(学習ポートフォリオ)を学生に作成させている	①いいえ		68.2
	②検討中		18.1
	③はい		13.7
	計		100(%)
学内で独自に開発した客観テストを利用している	①いいえ		89.4
	②検討中		2.8
	③はい		7.8
	計		100(%)

では大幅に上回っている。一方、客観テストの導入については、導入率自体が低いが、学力別では低グループ(10.5％)が、高(6.6％)・平均(5.1％)グループを上回っている。

分野別では、「保健」「工学」分野が客観テストを成果評価の仕組みとして導入している比率が他の分野よりも比較的高いことを前述したが、次に、分野別に見られる成果の測定意識には差異が見られるのかという問題意識に立って、分析してみる。

表7-3に示しているように、「汎用的能力を測る客観テストの開発」という項目については、半数近くが「どちらとも言えない」という回答をしていることを除けば、「賛成」と賛成に近い意識の合計が「反対」と反対に近い意識との合計を上回っている。専門分野別では、「保健」「社会(経済、法学等)」「工学」分野に代表される、体系的なカリキュラムとの関連性がみられる分野では賛成への度合いが高くなっているが、「人文」や「理学」分野ではその度合いは相対的に高くないという結果となっている。

「専門分野を超えた共通の様式で汎用的能力を測る客観テストの開発」についてはどのような意識をもっているのだろうか。「専門分野別の共通テストの開発」という項目では、全分野において反対派よりも賛成派の比率が高

表7-3　分野別にみられる成果の測定意識*

専門分野別に汎用的能力を測る客観テストの開発

		総計	専門分野				
			人文	社会	理学	工学	保健
	(N)	879	218	297	101	91	85
①反対		6.6	7.8	5.7	10.9	4.4	2.4
②		12.2	12.8	12.1	20.8	8.8	4.7
③どちらとも言えない		46.4	49.1	46.5	42.6	42.9	45.9
④		27.3	25.2	27.6	21.8	36.3	29.4
⑤賛成		7.5	5.0	8.1	4.0	7.7	17.6
*2009年12月15日現在	計	100.0	99.9	100.0	100.1	100.1	100.0

専門分野を超えた共通の様式で汎用的能力を測る客観テストの開発

		総計	専門分野				
			人文	社会	理学	工学	保健
	(N)	881	220	297	102	91	85
①反対		8.6	10.0	7.1	13.7	5.5	4.7
②		17.7	17.7	19.9	22.5	15.4	10.6
③どちらとも言えない		49.6	52.3	45.1	45.1	52.7	58.8
④		17.8	16.8	19.2	13.7	20.9	16.5
⑤賛成		6.2	3.2	8.8	4.9	5.5	9.4
*2009年12月15日現在	計	99.9	100.0	100.1	99.9	100.0	100.0

＊四捨五入の関係から合計比率が100％にならない項目もある。

くなっているのに対し、本質問に対しては、「人文」「理学」分野においてはいずれも「反対」と反対に近い意識の合計が「賛成」と賛成に近い意識の合計を上回っている。2008年調査での調査の枠組みあるいは分析する際の観点として取り入れた「標準性」は、取り組みや仕組みで用いられる指標が各分野あるいは分野を越えて、さらには他機関での使用が可能であることを意味している。しかし、標準性やその水準についての認識の共有度は、分野によって当然異なっている。知識や技能を習得させるべく体系的なカリキュラムがある程度構築されている「工学」や「保健」分野では、標準性やその水準についての認識を共有している度合いは高い一方で、体系的なカリキュラムの構築が容易ではない「人文」や「理学」分野では標準性にもとづいた共通テストの開発に対して、肯定的であるとはいえないことが読みとれる。「標準性」についての認識や受け止め方の差異が、専門分野を越えての共通性という、

学士課程教育の核となる部分の測定に対する異なる認識につながっているのではないだろうか。

2. 学士力の構成要素をどう測定し、保証するか

「学士力」の項目とOECD諸国で目標とする大学教育の成果として挙げられている項目には共通性が見られる点が多いと先述した。そこで、仮にこうしたスキルや力を「汎用的能力」と仮定して、その構成要素とその測定や保証をどう担保するかという点を考察してみる。

例えば「学士力」で挙げられている項目には、「コミュニケーション・スキル」「情報リテラシー」「問題解決力」「リーダーシップ」「市民としての社会的責任」「異文化コミュニケーション・知識」があるが、これらの項目のうち、一般教育カリキュラムの目標は、大学での経験と卒業後の経験を結びつけるためのものという位置づけを確認したハーバード大学一般教育報告書で明示されている教育目標[3]や、メルボルン大学で大学教育の成果として掲げられているアトリビュート[4]と共通している。しかし、これらのスキルや力については、ハーバード大学の報告書が、一般教育を通じて獲得されるべきと明示していることが象徴するように、米国では共通教育・一般教育を通じて獲得される大学教育の成果と認識されているのが一般的である。この認識は舘がおこなった専門分野を越えた共通性が「学士課程」教育の前提という整理に重なる点である。

しかし、汎用的能力を獲得する過程において、日米の大学の学士課程教育を提供している組織の構造から生じる差異を看過することはできない。米国では医学、歯学、法曹、獣医学、社会福祉、教職課程[5]、上級看護士、図書館司書等専門分野の標準的な資格と結びつく領域の多くは、大学院レベルのプロフェッショナルスクールで実施され、学士課程教育における専門分野別の教育はCollege of Letters and Science（文理学部）に帰属する学問分野とSchool of Engineering（工学系）において主に提供されている。さらに、ほとんどの学生は下級学年では専門分野別に所属するのではなく、共通教育、一般教育を履修してから、専門分野を選択するという「late decision（遅い進路決定）」が

米国の学士課程教育の特徴でもある。すなわち、米国の学士課程は、専門分野を越えて、共通教育、一般教育、教養教育を充実させやすい構造になっている。それゆえ、B.A.(Bachelor of Arts)やB.S.(Bachelor of Science)という学位についても、ArtsやScienceで共通される学びの成果が学位に反映されていることが米国の学士課程教育の特徴である。

翻って日本では、司法研究科を例外として、国家試験と結びつく教育課程が学士課程段階で多く担われていることから、専門分野によっては、大学教育の成果が職業資格と結びついているという複雑性を伴っていることを看過できない。2008年調査において、学内で開発した試験や外部試験を卒業要件として課し、卒業時の質の保証として捉えていた比率の高かった分野は、国家資格あるいは職業資格と成果が関連づけられている領域であった。換言すれば、専門分野を越えた共通性を学習成果として測定することが容易ではない構造をもつことが、日本の高等教育の特徴でもある。しかし、米国では専門分野を越えて共通性を身につけやすい学士課程教育の構造になっているにもかかわらず、こうした共通性の測定、つまり汎用的能力の測定についての議論はいまだ収斂されているとはいえない。次節では、汎用的能力測定をめぐる複雑さについて検討する。

3. 汎用的能力測定の複雑性

日本においても、大学版PISAと呼称されるAHELO[6]への分野別での参加が決定し、現在調整がおこなわれているが、そのモデルのひとつが米国で開発された標準試験であるCLA（Collegiate Learning Assessment）である。21世紀にむけての人材育成を可能にするような高等教育改革と教育成果を具体的に測定し公表することを課題として設置されたスペリング委員会（Commission on the Future of Higher Education）による報告が提示され、その報告以降、米国の高等教育機関では、より具体的かつ明確な成果を示すことがアカウンタビリティであるとされ、高等教育の認証評価を担っている地区別基準協会も、個別の機関に対して学習成果を何らかの指標を用いて明示することを要求するようになっている。

CLA は CAAP (Collegiate Assessment of Academic Proficiency) あるいは MAPP (Measure of Academic Proficiency and Progress) と同様に、大学で学んだ成果を標準的に測定し、大学間での比較を可能にするような測定ツールとして開発された標準試験である。米国の大学での一般教育や共通教育を通じて身についた汎用力を測定するために開発されたといっても過言ではない。知識の獲得を測定するというよりは、「クリティカル・シンキング」「分析的理由づけ」「問題解決」「文章表現」を包摂した、包括的あるいは汎用的能力を測定することを目的として、記述式で回答するように開発されたところに特徴がある。汎用的能力が学力と言えるのかといった議論、あるいは学力の定義は多種多様であることから、本章では学力を巡る本質的な議論に深入りをするつもりはないが、米国の高等教育機関における一般教育や共通教育で獲得される成果は、初等・中等教育との接続性を前提として認識されている。したがって、CLA は、そうした接続性を所与として開発されていることに注視する必要がある。米国では、K12 やフロリダ州などでは K16 という用語が用いられているように、幼児教育から中等教育までを K12、幼児教育から高等教育までを K16 という教育の接続を意味する概念で表している。

それ故 AP (Advanced Placement) プログラム[7]が制度化され、高校時代に大学の前期課程に相当する科目が提供され、もし生徒が AP 科目を履修し、認定試験に合格すれば大学での前期の共通教育科目、あるいは一般教育科目の単位として換算される[8]。AP の運営機関は、高校時代に大学レベルの授業を履修することで早期から大学での学習レベルに慣れることができる、作文技能を改善し、問題解決技能を修得することができる、高次な大学の授業内容に挑戦することで大学での学習習慣を高校に在籍したまま身につけることができる、等が高校生にとって代表的な AP 科目履修によるメリットとしているが、高校と大学の学習目標の接続性がなければ、効果はみられないとも考えられることから、米国では中等教育と高等教育を通じて、学習成果の目標の共通性や接続性が意識されているという見方もできる。つまり、K12 や K16 という高校と大学間の接続概念が存在していることや、科目を通じて接続させている AP 制度から推察すると、米国ではクリティカル・シンキングやプ

レゼンテーションスキルは、Kレベルから「長い期間での熟成」をキーワードとして育成されるように教育内容や方法が開発されているのではないか。一方、現在の日本のほとんどの中等教育機関では、クリティカル・シンキングが大学で共通に必要とされる汎用的能力（学力）と定義づけた概念として意識され、教育課程においても育成するように構築されているとは言い難い。そうであるとするならば、日本とは異なる状況と学力概念にもとづいて開発された試験（CLA）によって日本の学生汎用的能力を測定することには、妥当性があるのかという疑問が生じる。さらには今後の課題として、共通性を前提としてこなかった日本の高等教育機関において、学生の汎用的能力を測定するような試験を開発していく際には、初等教育から中等教育、高等教育を通じて汎用的能力を育成するべき教育内容や、方法の接続性をも視野に入れる必要があろう。

4. 標準試験開発に伴う妥当性と信頼性

本節では、共通性を測定するために開発されたCLAの問題点を検討しながら、標準試験開発の複雑性を考察する。近年は米国を中心に、直接評価の代表ともいえる標準試験が開発され、標準試験結果を切り口として学習成果との関連性に関する様々な先行研究が積み重ねられている。

標準試験の多くは、一般教育の成果測定や文章力や批判的思考力（クリティカル・シンキング）の測定を意図して開発されている（Palomba & Banta: 1999, 98-99）。1998年に出版されたThe Mental Measurements Yearbookには、369種類にものぼる標準試験の内容と700人からなる評価者からの標準試験の検証と評価が掲載されている。信頼性と妥当性をめぐる議論が顕著であると先述したが、The Mental Measurements Yearbookの標準試験の評価においても、多くの学生に適用されることを目的として開発されたテストに、教授内容とその結果として学生が習得した能力やスキルが偏りなく反映されているかという妥当性の検証に頁が多く割かれている。このように標準試験の信頼性と妥当性をめぐる議論が活発におこなわれ、とりわけ妥当性についての論議の方向性は一定ではない。ボーデンとヤングは、標準試験を学習成果の測定ツールとして

使用する際に考慮すべき問題点として、妥当性を挙げている（Borden & Young: 2007）。CLA は CAAP や MAPP が多肢選択を基本としているのに対し、「クリティカル・シンキング」「分析的理由づけ」「問題解決」「文章表現」を包摂した包括的な能力を測定することを目的として、「make-an-argument task」（議論の課題を立てる）「break-an-argument task」（議論の課題を立証する）という a performance task（実行課題）を基本とした問題構成から成り立っている。実生活を想定した場面において、問題解決や理由付けのスキルや力を提示するような設定がなされている。採点方法も機械的ではなく、記述にもとづいて人が採点をおこなうという方式が取り入れられている。一般教育の成果測定として開発された CAAP の妥当性については、テスト理論を用いて得点の等化が複数回検証されてから汎用化されるようになっている。CAAP や MAPP[9] は、多肢選択方式であることから、等化によって妥当性を高めることができると理論的には考えられるが、CLA は、一般教育の成果測定のために開発された CAAP や MAPP とは異なり、大学で学んだ成果全般を標準的に測定し、大学間での比較を可能にするような測定ツールとして開発された標準試験である。

　しかし、入学時の標準試験である SAT との相関性が高く、学生に CLA の受験を義務づけていないことから、受験者はまだ少数にとどまっている。CLA の結果を一般化できない機関によっては、CLA 受験準備をした少数の学生の得点と無作為に選ばれて準備をしないまま受験した学生の結果を比較することの妥当性についても、疑問が呈されている。

　大学間での教育効果を比較するために、低学年時（1学年次）に CLA を受けた学生に上級学年時（4学年次）にも再度 CLA を受けさせるというシェイベルソンが開発した「value added」方式により、一定の期間での得点の伸張（あると仮定して）を測定するケースも少なくない。この場合には、各機関における学生の経験や関与が得点の変化に多大な影響力を及ぼしていると仮定できる。そうなると経験や関与をいかに測定するかも重要な要素となる（Borden & Young: 2007）。学生の経験や関与の度合いを測定するために開発された、学生の自己評価を基本とした間接評価と組み合わせることで直接評価のみでは把握できない成果に至る過程を測定することが可能となる。CLA はそれほ

ど多くの機関で導入されているとはいえない現状、およびSATとのかなり高い相関性や学生個別のvalue addedを確認するということには限界があるものの、学生個人というよりは機関の教育力を測定する上でのCLAの効果は前向きに評価されている。さらに、測定結果の専門分野による差異はそれほど大きくはなく、分野を超えての共通性を測定する試験としての意義はあるとされている(Shavelson: 2010)。

　CLAが高等教育機関に導入されてからの期間はまだそれほど長くはないが、実際にはCLAは長い米国での標準テスト開発の成果と研究蓄積をベースとして開発されてきた。CLAの開発に際しては、大学院の入学に際しての標準試験であるGRE、大学の入学に際しての標準試験であるSAT、多肢選択方式による一般教育の成果を測定するCAAPやMAPP等の知見がベースになっている。特に1933年から47年にかけて登場したGREは認知心理学研究からのアプローチをもとに開発された標準試験の最初のケースであり、その後、認知心理学研究からのアプローチにもとづく多様な試験が登場する分岐点になったと指摘されている(Shavelson: 2010)。米国での標準試験は長期間にわたる認知心理学の研究蓄積の上に開発され発展し、実践のなかで改良が加えられており、これが現在のCLAにもつながっていることがわかる。テスト理論による得点の等化をCLAに適応することは容易ではないだけでなく、前述した妥当性の問題がクリアされていないという批判や、大学間での比較の信頼性に関する論争は収斂していない(Borden & Young: 2007)が、年々CLAを利用する大学も増加しており、大規模な学生数と継続的参加により、CLAの妥当性と信頼性に関する研究が積み重ねられ、改善も期待されている。米国では、一般教育やクリティカル・シンキング等を測定する直接評価の開発が理論にもとづいて実施されていることから、一般教育の成果として掲げられている能力・スキルを学習成果として測定することは多種多様に開発されてきた標準試験で可能という論理に結びついている。一方で米国の多くの高等教育機関では、専門分野の学習成果の測定については、専門分野別の知識を主体とした標準科目試験を採用する事例も多々あり、これらは日本の調査とも整合的である。

5. 日本の学士課程教育の成果の評価の特長

　翻って、日本で汎用的能力を測定する試験を開発するには、何をクリアしていかねばならないのだろうか。米国での標準試験開発をめぐる系譜を参照すると、その課題は決して小さくはないことに気づく。分野を越えての共通性は、共通教育、一般教育カリキュラムが機関を越えて担保されているだけでなく、学生が科目を履修して獲得するとされる成果についても、他の機関においても通用性があるように設計されていることが肝要となろう。先述したように、現時点の日本では、特に中等教育と高等教育での汎用能力育成に関する接続性は担保されていないだけでなく、高等教育機関における汎用力育成のための学士課程教育の構築が緒についたばかりであるとすれば、CLAの日本版 AHELO が測定するような汎用能力を育成するように、教育課程が構造化されているとはいえない[10]。一方で、多くの学科で汎用的能力を育成するために効果があるとされている多様なアクティブ・ラーニング法が導入され、現在進展していることが**表7-4**から見てとれるが、今後もさらなるアクティブ・ラーニング法の導入の促進が期待できる。

　日本の学生の高等教育を通じての特徴的な学習成果の評価の仕組みとして、卒業研究の存在を看過することはできない。2008年調査によると、6割の大学が必修化しており、全く課していない大学は1割程度にすぎないこと

表7-4　2009年調査に見られる教育方法や評価における進捗状況

	質疑や発表などによる、学生の能動的な授業参加	グループで作業やディスカッションをする機会	学生自身が課題を設定し、調査・研究する機会	採点された試験・テストの返却	授業時間外学習を促進するための具体的な指示	現実社会の問題を取り入れて学ぶ機会(インターンシップや実地研修などを含む)
①ほとんどない	1.3	2.2	6.3	18.9	9.6	9.0
②特定の授業である	63.5	73.7	79.1	50.1	52.2	76.9
③半分くらいの授業である	21.4	16.7	10.0	17.1	20.1	9.7
④大部分の授業である	12.3	6.8	4.1	11.7	15.8	4.3
⑤全授業である	1.5	0.6	0.4	2.1	2.4	0.2

2009年12月15日現在(%)

表7-5　2008年調査に見られる卒業研究の導入状況＊

	人文	社会	教育	理学	工学	農学	医療	保健	芸術	家政	他
必修	66.1	40.0	81.8	60.0	88.3	78.0	41.9	62.1	62.9	68.2	75.0
選択	14.8	35.6	9.1	0.0	1.1	4.9	3.8	17.2	5.7	13.6	11.5
学科毎に異なる	15.7	5.8	5.5	36.7	10.6	14.6	28.1	9.2	28.6	18.2	11.5
なし	3.5	18.7	3.6	3.3	0.0	2.4	36.2	11.5	2.9	0.0	1.9
平均単位数	6.19	4.39	5.32	7.28	6.43	7.05	5.70	3.68	5.90	4.91	5.56
口頭試問あり	72.6	22.5	53.2	76.9	84.5	70.3	48.4	31.1	65.5	66.7	55.1

注：平均単位数を除き、値は有効回答に占める％。ただし、口頭試問の％は、卒業研究がおこなわれている学部に対する割合。
＊「学生の大学卒業程度の学力を認定する仕組みに関する調査研究」104頁の串本剛作成の表6-2を再掲

が判明した。また、約半数が口頭試問も設けている。専門分野による特徴としては、①社会科学系の学部では選択にしている割合が高く、口頭試問を設けている例は少ない、②教育学系、工学系では8割以上の学部が学部全体で必修化している、③医・歯・薬学系では36.2％の学部が卒業研究を課しておらず、実施率が顕著に低いという結果であった（**表7-5**）。

本章で参照してきた米国の学士課程教育においては、日本で一般的な教員の専門分野のもとで学生が学ぶ演習、および理系の研究室制度はそれほど普及していない。それゆえ、逆に専門分野別試験や汎用的能力を測定する標準試験が学習成果を認定する仕組みとして開発されてきたと推察できる。しかし今日、米国でも日本の卒業研究に類似した、上級学年むけのキャップストーン・プログラムの推進がアクレディテーション機関によって推奨されつつある[12]。演習（ゼミ）や研究室に属しながら、卒業研究を遂行するという日本の大学の特長を活かしながら、かつ実質化することで、学生の批判的思考、問題発見力、解決力、論理的思考を伸長させ、内容を発表する機会を通じて、プレゼンテーション力やコミュニケーション・スキルを獲得するという学習成果の認定の仕組みとして機能させることも選択肢といえよう。

おわりに

本章では、特に学習成果の測定に着目しながら、学士課程教育の確立の進捗状況を調査結果から検討してきた。結果の一つである分野による成果測定

についての認識の異なる点を鑑みると、専門分野としてのカリキュラムや職業資格体系が確立し、その体系に合わせた教育課程が構築されている場合には、知識主体の共通試験の導入が進展する可能性は高い。カリキュラムと学習成果との体系性が整合的というだけでなく、仕組みとしての蓋然性も伴っていると考えられるからである。

汎用的能力の育成と測定という課題については、K12やK16といった接続概念を前提としてカリキュラムの構造化やアクティブ・ラーニング法が進展することが肝要である。同時に、日本の高等教育機関固有の演習や研究室制度と成果に相当する卒業研究をより実質化することで、専門分野に拘泥されない学習成果の共通性を保証する仕組みが機能する可能性は高いと考える。

注

1　大学教育学会1994年度課題研究集会セッションⅠにおいての舘昭の発表を参照。
2　米国においては、現在は各地域基準協会（アクレディテーション機関）のほとんどは、各高等教育機関が成果についてエビデンスを示すという方向性を示している。そのため、多くの高等教育機関が、卒業時に獲得すべき能力・知識を明文化している。
3　2007年2月におけるハーバード大学一般教育対策本部による報告書を参照している。
4　メルボルン大学のアトリビュートについては第1章で説明しているが、ここでは詳細なアトリビュートの内容を提示する。
　　メルボルン大学では、アトリビュートとして次のような項目が挙げられている。
- 真実への敬意と知性の統合を図り、学識への倫理観をもつこと
- 高度な認知的、分析的、および問題解決の技能を修得すること
- 自立した批判的思考、自己学習の探求ができること
- 新しい考えを受け入れるオープンな姿勢をもち、また批判ができること
- 学んできた分野について深い知識を持ち、専門職の分野であれば関連する知識や技能を充分に備えていること
- 情報コミュニケーションの技術について理解し、そうした技能を使用できること
- 国際性と世界観を備え、社会的・文化的多様性の理解を充分にできること
- リーダーシップを発揮し、社会的市民的な責任を果たすことができ、偏見や

不正に対しては敢然と立ちむかえること
- チームワークを発揮できること
- 仕事の計画を立て、かつ効率的に遂行できること

5　ミズーリ州など一部では、学士課程段階から教職課程が提供される。
6　AHELO は Assessment of Higher Education Learning Outcomes の略語であり、OECD による大学生がいかなる知識と技能を高等教育の成果として獲得したかを測定するテストである。「一般的技能」「専門分野別技能」「付加価値」「機関の特徴」の4領域から構成され、日本では、将来の実現可能性を探る予備調査が予定されており、「専門分野別技能」領域の有力候補として「工学」と「経済学」分野が挙げられている。
7　AP プログラムとは、高校に在籍しながら大学レベルの授業を受講し、その授業を修了すれば大学レベルでの単位取得ができるプログラムを指し、非営利団体であるカレッジボードが運営し、TOEFL などを実施している ETS（Educational Testing Service）が実施している。第10、11章でより詳細に説明する。
8　現在、AP プログラムで提供されている科目と試験は22の学習分野からの37科目と試験に上り、AP 科目を教えている教師への支援、AP に関する成績に関するポリシーの制定に関しての大学との調整機能をカレッジボードがおこなうなど、制度面での接続のみならず、調整機能の面も無視できない。
9　CAAP や MAPP は一般教育の成果測定のために開発されたテストであり、少なくない高等教育機関が学習成果の測定と結果の提示のために利用している。
10　ここでのカリキュラムは主に共通教育、一般教育のカリキュラムを意味しているが、専門分野でのカリキュラムも当然含まれる。
11　WASC（Western Association of Schools and Colleges）が2004年時におけるカリフォルニア大学バークレー校の再認証にあって、バークレー校での上級生用キャップストーン・プログラムの導入を前むきに評価した。

第8章　大学における初年次教育の展開
——米国と日本

はじめに

2008年3月に初年次教育学会の設立大会が同志社大学で、11月には第1回大会が玉川大学で開催され、両大会への参加者数はいずれも330名を超えるなど、初年次教育へのニーズと期待の高さを如実に示している。初年次教育は、高校から大学への移行という青年期にとっての重要な転換期を支援する教育として定義され、1970年代後半から80年代前半にかけて、多くの米国の高等教育機関で導入されたことが始まりである。もちろん、米国における初年次教育の歴史は20世紀前半にまでさかのぼるが、現在のようなファースト・イヤー・エクスペリエンス (First Year Experience: FYE) に形態が定まったのが70年代後半から80年代にかけてであった。同様に、作文能力や数学、物理などの特定の教科における知識や技能が欠如している部分を補うための教育である補習教育とは定義上区別されるようになった。米国の高等教育機関は日本に先立って、高等教育のユニバーサル化とそれに伴う学生の多様化を経験する一方で、卒業時の質保証に対する強い要求を受けてきたが、そのような状況において、初年次教育は、入学した学生を大学教育に適応させ、中退などの挫折を防ぎ、成功に水路づける過程で効果的であるという評価を受けてきた。高い評価や期待を背景に米国で誕生した初年次教育は、現在では日本を含む世界20カ国以上に広がっている。

なお米国では、必ずしも日本で使われている初年次教育を直訳した First Year Education ではなく、First Year Experience が多用されていることを理解しておく必要がある[1]。日本でほぼ普遍的な用語として定着しつつある初年次教育に相当する用語としては、米国で現在使われているファーストイヤーセ

ミナーが近いが、用語をめぐる解釈については後述する。

　近年、日本の高等教育を取り巻く環境変化は著しく、学力・学習目的・学習動機・学習習慣の多様な学生を受け入れる大学が急増している。こうした状況に対処するために、大学をより教育を重視する場へと変革させるような教育政策がとられるようになってきたことも初年次教育の広がりにインパクトを与えている。事実、2008年の中教審の答申では、高等学校から大学への円滑な移行に果たす初年次教育の重要性が指摘され、学士課程教育の中に初年次教育を明確に位置づけることが提言された。

　日本における初年次教育は、2000年代に入って多くの大学に急速に導入されるようになった。2001年時点で84％近くの私立高等教育機関が、スタディ・スキル（一般的なレポート・論文の書き方や文献の探し方）の取得や専門教育への導入を主な目的とした初年次教育を導入していた[2]。2000年前後から進展してきた日本における高等教育のユニバーサル化の進行に伴って、多様な学生が私立大学を中心に入学してきたことがその背景であることも指摘されている[3]。2001年度調査のその後の進展を検証するために、2007年に全国の国公私立大学を対象に国立教育政策研究所がおこなった調査結果をみると[4]、初年次教育の普及率は97％近くに上っており、総合大学、研究大学、単科大学などの種別を問わず、全国の大学への初年次教育普及の進展が確実に広がっていることが新たな知見として得られた[5]。2001年時点で初年次教育の領域として認識されていたスタディ・スキル、ステューデント・スキル、専門教育への導入、情報リテラシーに加え、学びへの導入、キャリア・デザインや自校教育等が初年次教育のカバーする領域として新たに認識されるようになるなど領域の広がりも著しい。初年次教育は日本において定着しつつあるといっても過言ではないが、実際に日本において初年次教育が大学等において導入され始めたのは2000年前後であり、その歴史は浅い[6]。形態、内容においても日本独自で開発されたというよりは、米国で1970年代から普及してきているファーストイヤーセミナーに代表される初年次教育を、基本的に参考にしている[7]。

　本章では、日米の初年次教育の共通点と差異を探ることを目的とする。そ

の際、第1に初年次教育についての日米両国における発展経緯と初年次教育へのアプローチを概観し、第2に日本の私立大学の全学部長および米国の4年制大学の教務担当副学長を対象に実施した同内容の初年次教育調査結果を通じて、日米の初年次教育の共通点と差異、および学生の現状を分析する。さらに日本の初年次教育が2001年からどのように進展してきたかを把握するために、2007年に実施した全4年制大学学部長調査から日本の初年次教育の現状を把握する。

1. 日米における初年次教育拡大への軌跡

　日本の初年次教育の原型であるファーストイヤーセミナーは、20世紀初頭から米国の大学に取り入れられてきたが、大学のユニバーサル化が進行し、学生の学力面、価値観等における変容が顕著になってきた70年代から、比較的多様な学生が学生人口を占めている4年制州立大学や、小規模リベラルアーツ大学で一般教育カリキュラムに統合され始めたことを契機に、急速に普及してきた。ファーストイヤーセミナー（フレッシュマンセミナー）には新入生のオリエンテーションとしての機能が付与されている。大学でのオリエンテーションの重要性は既に今世紀初頭に指摘されている。当時のハーバード大学総長ローレルは、「俗世間から離れて寮生活を送る新入生にとって、緊密なつき合いをしながら方向づけをおこなってくれるアドバイザーとの共同生活は不可欠である」と述べ、新入生とアドバイザーとの共同生活からなる大学寮生活を制度化するよう提案した。1910年にはスタンフォード大学学長ジョーダンが、「新入生へのガイダンス教育」の強化を提案した。フレッシュマン・オリエンテーション科目として、最初に制度化されたのは1888年のボストン大学においてであり、単位を付与するフレッシュマン・オリエンテーション科目を初めて設置したのは、1911年のリード大学であった。「大学生活コース」と命名された当科目は新入生全員が履修する必修科目として設置され、大学生活と学問への適応を促進するための内容が重要視されていた。1916年に単位付与型のオリエンテーション科目を開設している大学はわずか6校であったが、1930年までには82校がオリエンテーション科目

を単位ベースで開設していた。

　1918年から22年の間には、プリンストン大学、インディアナ大学、スタンフォード大学、ノースウエスタン大学、オハイオ州立大学、ジョンズホプキンス大学等威信の高い大規模大学において単位ベースでのオリエンテーション科目が設置された。

　学問への招待的要素をもつ講座は1920年代に複数の大学が開設したが、ダートマス大学の「進化（Evolution）」やコロンビア大学の「現代文明への招待」が典型的な科目例である。一方、ブラウン大学、ミネソタ大学やアンティオークカレッジ等は、社会、経済、哲学、政治、自然科学に関連する幅広い分野への入門科目を提供すると同時に学習技能、図書館の使用法、職業の選択を統合した、現在多くの高等教育機関で構築されているファーストイヤーセミナー（フレッシュマンセミナー）の原型ともいえる科目を開設した。

　1930年代までには当時の大学のおおよそ3分の1に相当する大学がフレッシュマン・オリエンテーション科目を設置し、1938年の調査によると全大学新入生の約90％がフレッシュマン・オリエンテーション科目を履修したとされている。1960年代に入り、教授団の学習技術の向上や、学生生活の方向づけへの単位付与に対して疑義が出されたことを契機に、フレッシュマン・オリエンテーション科目は多くの大学のカリキュラムからいったん消失することになる。同時に、1930年代までの学生を前提として構築されたフレッシュマン・オリエンテーション科目の内容が70年代の学生には時代遅れとして受け止められ、魅力が半減してしまったことと重なってフレッシュマン・オリエンテーション科目は下火となった。

　しかし、学生運動を契機として教育への学生の要求が高まり、高等教育の大衆化に伴う諸現象が顕在化し始めた1970年代後半あたりから、フレッシュマン・オリエンテーション科目は再び脚光を浴びることになる。名前をフレッシュマンセミナーと改め、教育方法も学生を主体にしたプレゼンテーションやコミュニケーションなどを多用し、読み書き、情報検索、討論、発表などのアカデミック・スキルや大学生活の基本的なスキルを身につけることを目標として、時間管理法や就職支援、ならびに友人や教員とのつき合いを円滑

にするための人間関係、コミュニティ活動、職業選択に関連する包括的な内容で構成されるようになり、現在でもこうした内容は基本的なフレッシュマンセミナーの定番として定着している。

2. 現在の米国における初年次教育

筆者は、70年代後半あたりから再度大学がフレッシュマンセミナー（本節以降はファーストイヤーセミナーとして統一する）[8]をカリキュラム上に復活させた背景には、第1次の教育改革ともいうべき、学生から大学のカリキュラムの変革への要望があったこと、それまでの全寮制の大学から通学生主体へと変革した学生人口動態の変動、そして多様な学生の入学と70年代から顕著化し始めた学生文化の変容の存在に加え、一連の環境変化に伴い、SATやACTの取得点数の低下や、高校時代に受けた補習教育の時間数の増加があったと考える。このことは別の論考で既に指摘した[9]。

本節では、こうした状況を前提とした上で、現在の米国の初年次教育の動向について文献から検討する。初年次教育という用語は米国では狭義では、ファーストイヤーセミナーに相当し、広義ではFYEすなわち「初年次の経験」に相当する。それでは学生を取り巻く環境変化および学生の変容に対応していると推察できる初年次の経験とはどのような概念であり、どのような内容が提供されているのだろうか。

米国における初年次教育を過去20年にわたって牽引してきたガードナとアップクラフトは1989年に米国における初年次教育を幅広く捉えた著書、"*Freshman Year Experience*"を著した。2005年には20年間の初年次教育の進展状況を反映した著書 "*Challenging & Supporting the First-Year Student: A Handbook for Improving the First Year of College*" を出版した。2005年版の著書は、『初年次教育ハンドブック——学生を「成功」に導くために』というタイトルで邦訳され2007年に日本で出版されている[10]。両書の共通点としては、「初年次生が大学に円滑に適応し、教育上や個人的な目標を達成することを手助けするような数多くのプログラム、サービス、関連科目やその他の取り組みのヒントとなる概念を提供すること」である[11]。しかし、一方で最初の書が出版されてからの20年間

には、初年次生をめぐる大きな変化があったことは疑いもない。たとえば、初年次の経験は、米国の高等教育界に確固として根づいた意識であり、初年次生の成功を支援する動きは拡大し、その内容も多様化している。同時に、初年次の経験とリテンションの専門的研究と専門家が確立されてきたということがその代表例である[12]。初年次生の成功を支援する動きの拡大とその内容の多様化は、具体的な支援内容の多様性から検証することができる。先述したように、ファーストイヤーセミナーは日本で用語として普及している初年次教育に相当するが、学習アドバイス、オリエンテーションの方法、学生支援サービス、全寮制のプログラム、サービス・ラーニング、ラーニング・コミュニティおよび総合化された補習教育なども初年次生の支援として位置づけられるようになってきている。換言すれば、教育課程で提供されているファーストイヤーセミナーのみならず、学生支援や学習支援も含めて、より総合的に初年次生の経験を支援することが、米国の初年次教育とみることができる。

　ここで、リテンション研究と専門家が確立されてきたことに関連して、リテンション率と学生の多様化の関係を考察してみる。学生の学力面および価値観の変化は、実際にどのような影響を及ぼしているのだろうか。80年代以降、急激に卒業率および各学年を修了して次年度に進級するリテンション率が低下し始める。かつて4年制大学の標準的な卒業率の指標は4年卒業率であったが、現在では5年卒業率が一般的な指標になっている。4年卒業率の高さを誇れるところは少数の威信の高い4年制大学のみという事実は否めず、学生の多様化が進み、ユニバーサル化を引き受けている小規模大学、あるいは州立大学では5年もしくは6年を標準とした卒業率が一般的である。ACTが公表している1999年度の5年卒業率は、4年制の学位授与機関である公立大学では43.1％、同私立大学は53.9％であった。一方2007年度のIPEDデータによる全米の6年間での4年制卒業率平均は、56.1％となっている[13]。初年次から2年次へ進級するリテンション率は2007年時点で68.1％が全米平均となっている[14]。米国の4年制高等教育機関では、かつて4年卒業率を標準としていたが、このように徐々に5年卒業率が標準になり、現在では6

年卒業率が標準となっている次第だ。卒業年限が長くなることは、高等教育費用が上昇し、連邦、州および個人家計を圧迫することになる。同時に90年代以降、米国の高等教育機関は高等教育への資金配分の縮小とアカウンタビリティというイシューに直面してきた。高等教育費用の削減にむけてのアクレディテーション機関による評価の要求が年々厳しくなっているが、標準的な評価指標の代表がリテンション率と卒業率である。

　それ故、卒業率とともに、多くの公立大学は資金配分を受ける上で、「ティーチング」面における「教育改善」が重要視され、「リテンション率」の向上は教育改善の指標として大きな意味をもっている。それでは「教育改善」と「初年次」にはいかなる関連性があるのだろうか。ガードナーやベアフットを始めとする初年次に関する先行研究では高校から大学への大きな転換期を迎える学生にとって、初年次がその移行期を円滑化する上で効果的であると指摘しており、サウスカロライナ大学にある初年次教育研究機関(NRC)の調査でも高等教育機関で実施されているファーストイヤーセミナー (FYS) の多くは移行期支援型であることが明らかにされている[15]。さらに、初年次から2年次への在留率は、ファーストイヤーセミナーを受けた学生のほうがより高いと明らかにしている先行研究も多い[16]。初年次を充実させることにより、大学生活への転換が円滑化し、リテンション率が高く維持される。そうすると、教育改善の指標であるリテンション率の維持もしくは向上という評価が得られるという仕組みである。

　初年次学生支援の研究と理論は、とりわけ大学の初年次に関する研究と学識に依拠しており、学生を対象にしている研究に、その理論的基盤を見出すことができる。学生を対象にした研究は、学生の発達に主眼をおいた心理学的アプローチと、機能している大学を前提として、大学という環境の中での学生の社会化過程を検討する社会学的アプローチに大別できる。社会学的アプローチから導き出された理論が本書での研究が依拠しているカレッジ・インパクトである。米国においては、カレッジ・インパクトに関する実証研究は長期間にわたって多くの研究者によって実施されてきており、初年次生の研究もカレッジ・インパクト研究の一部として蓄積されてきていることが特

徴である。

　一方、前述したように日本においては2000年になって急激に初年次教育が普及したものの、実際には理論的な研究の上に構築されているわけではない。むしろ、実践が研究の蓄積を凌駕して進展してきている。次に、両国の初年次教育をめぐる状況の違いを前提として、日米で実施されている初年次教育の状況と共通点を把握し、初年次教育が学生の成長に効果を及ぼしているか否かについて考察する。

3．日米の初年次教育調査

3-1．調査の設計と方法

　日本においては全私立4年制大学の1,170学部に対して初年次教育の実施状況、内容および学生の状況についての質問紙調査を2001年に実施し、636学部から回答を得た[17]。2002年には同様の内容の質問紙調査[18]を米国の全4年制大学1,358校の教育担当副学長に対して実施し、463校から回答を得た[19]。両質問紙調査の内容はほぼ同様であったものの、分析の枠組みは両国の教育制度の差を反映しているために、完全に同じ分析枠組みを適用することはできていない。米国の大学の分析枠組みとしては、カーネギー大学分類を適用しているが、日本の大学においては普及している偏差値を使用している[20]。

　本章では日米の4年制大学への質問紙調査の比較分析を主な目的とするが、先述した大学分類の差異に加えて、日米高等教育の制度的差異も比較分析をする上での限界を示している。すなわち、日本の学生は早期決定（early decision）という言葉で表されるように、一部の高等教育機関を除けば、入学時において専攻分野を決定していることが通常である。一方、米国の学生は遅い決定（late decision）、すなわち一般教育から構築されている前期教育課程を終了後に、専攻分野を決定することが一般的な道程である。それ故、日本の高等教育機関においては、学部別にカリキュラムが構築され、履修内容も決定されるという分散型であるのに対し、米国の高等教育機関では前期課程においてはカリキュラムも履修内容も中央集権型で決定されるという特徴を伴っている。そのため、米国での質問紙調査は教育担当副学長（プロボスト）

が回答しているのに対し、日本では各々の学部長が回答している。第2点として、大学評価の標準的な評価項目として米国ではリテンション率が重要視されているのに対し、日本ではリテンション率はほとんど意味をもたない。第3点として、日本では4年卒業率が一般的な指標であるのに対し、米国では5年もしくは6年卒業率が標準的な指標となっている[21]。初年次教育という概念に関しては、先述したように米国と日本では捉え方に差異が存在していることから、米国に対しては狭義のファーストイヤーセミナーとして定義し、日本においてはより広義の意味を包摂する初年次教育として定義している（以下では便宜上初年次教育という用語で統一する）。

3-2. 調査結果の分析

　日本の4年制大学の4年卒業率の平均は83.2%である。選抜度の非常に高い大学の平均は81.5%、選抜度の高い大学84.7%、一般的大学84.1%、非選抜型大学80.5%、そしてフリーランク型大学が81.3%となっている。非選抜型大学と選抜度の非常に高い大学の学生の4年卒業率は若干低くなっているが、全体的に高い4年卒業率であり、日本社会では4年卒業率が公的な卒業指標として機能していることを示している。一方、米国の4年卒業率と5年卒業率はそれぞれ46.2%、54.9%となっている。カーネギー大学分類にもとづいた4年卒業率をみてみると、拡大型博士号授与研究大学は41.1%、集約型博士号授与研究大学は35.8%、修士号授与総合大学Ⅰは41.7%、修士号授与総合大学Ⅱは42.1%を示しているが、全体として5年卒業率のほうが高い数値を示しており、より一般的な卒業指標として機能していることが読み取れる。

　日本の大学における初年次教育の実施状況を見てみると、80.9%の大学が教育課程内に初年次教育を組み入れていたが、9.5%の大学が初年次教育を提供していなかった。大学種別別の特徴としては、フリーランク型大学の90%以上が初年次教育を導入しているが、10%以上の選抜度の非常に高い大学と選抜度の高い大学が、初年次教育の導入予定がないと回答をしていた。

　米国の大学の初年次教育の導入率の平均は83.4%を示しており、実施率

に関しての大学分類別の差異はほとんど見られなかった。

　次に、日米の大学が提供している初年次教育の内容にはどのような共通点があるのかを詳細に検討するために、2001年、2002年の日米の初年次教育内容の質問項目を主成分分析して得られた結果を分析する。主成分分析により3因子が抽出された（バリマックス法による主成分分析、累積寄与率58.7％、回転後の因子負荷量の絶対値0.52以上）。レポート・論文作成方法、口頭発表の技法、読解・文献講読の方法、論理的思考力や問題発見・解決能力、調査・実験の方法、図書館の利用・文献探索方法、情報処理や通信の基礎技術から構成されている因子を「アカデミック・スキル」、情報収集や資料整理の方法とノートの取り方、職業生活や進路選択に対する動機づけ、集中力や記憶力の醸成、時間管理や学習習慣の確立、大学教育全般に対する動機づけ、受講態度や礼儀・マナーからなる因子を「ステューデント・ソーシャルスキル」と命名した。第3の因子は、チームワークを通じての協調性、大学への帰属意識の醸成、市民としての自覚・責任感・倫理観の醸成、自信・自己肯定感の醸成から構成されており、大学への学生の適応を支える情動的側面ともいえることから、「内面的アイデンティティ」と命名した。

　算出された各因子得点をベースに米国の大学と日本の大学とを比較した結果は「アカデミック・スキル」$t(853) = 11.042$ ($p<0.000$)、「ステューデント・ソーシャルスキル」$t(853) = 9.263$ ($p<0.000$)、「内面的アイデンティティ」$t(853) = -14.206$ ($p<0.000$) である。日本の大学が初年次教育の内容として「アカデミック・スキル」「ステューデント・ソーシャルスキル」を米国の大学より重視し、米国の大学は大学への適応を内面で支える情動的側面である「内面的アイデンティティ」を醸成するような内容を重視していることが確認されたといえる。本調査は学生を対象としたものではないため、実際のリテンションや初年次教育の効果を測定することは不可能であるが、米国の初年次学生の支援に関連する研究蓄積にもとづいて内容が構成されているようにも思われる。その点、日本の大学は初年次教育に学習面から「ステューデント・ソーシャルスキル」面等多様な内容を組み入れていると解釈できる。

　次に、大学分類によってどのような差異があるのかを検証する。日本の大

学は偏差値分類、米国の大学はカーネギー大学分類にもとづいて分散分析を実施した結果を示す。日本の大学の結果は「アカデミック・スキル」、$F(527) = 2.025$ ($p<0.09$)、「ステューデント・ソーシャルスキル」$F(527) = 3.794$ ($p<0.005$)、「内面的アイデンティティ」$F(527) = 2.60$ ($p<0.03$) を示し、選抜度の非常に高い大学とフリーランク型大学が他のいずれの分類の大学よりも「アカデミック・スキル」を重視していることを示唆している。さらに、チューキー法により大学グループ間での差異をより詳細に分析した結果、「ステューデント・ソーシャルスキル」因子において大学分類の差がみられた。左記の結果からは、選抜度の非常に高い大学よりも選抜度の低い大学とフリーランク型大学が「ステューデント・ソーシャルスキル」を重視していることが明らかになった。選抜度の非常に高い大学は学生の「ステューデント・ソーシャルスキル」面にはあまり関心を寄せていないが、高等教育のユニバーサル化の影響を受けやすい、より選抜度の低い大学は学生のマナーの悪化や学習習慣が身についていない状況に直面している度合が高く、それゆえ、初年次教育を通じて学習習慣やマナーの向上を早期に身につけることを期待していると考えられる。

米国の大学の結果は「アカデミック・スキル」、$F(316) = 5.142$ ($p<0.000$)、「ステューデント・ソーシャルスキル」$F(316) = 14.0$ ($p<0.000$)、「内面的アイデンティティ」$F(316)=3.393$ ($p<0.005$) を示している。この結果から、リベラルアーツ大学は拡大型博士号授与研究大学、修士号授与総合大学Ⅰ、修士号授与総合大学Ⅱ、学士号授与大学よりもアカデミック・スキルを重視していると推察される。一方、学士号授与型大学は他のどの分類の大学よりも「内面的アイデンティティ」を重視していることが示唆されている。

3-3. 学生の評価

図8-1には、5年前と比較した学生の能力やスキルの状況を評価する項目についての日米の状況を示しているが、学生の能力変化状況は日米の大学間で大きな差異がみられる。

米国の大学の教務担当副学長が数理能力と外国語能力が5年前と比較して

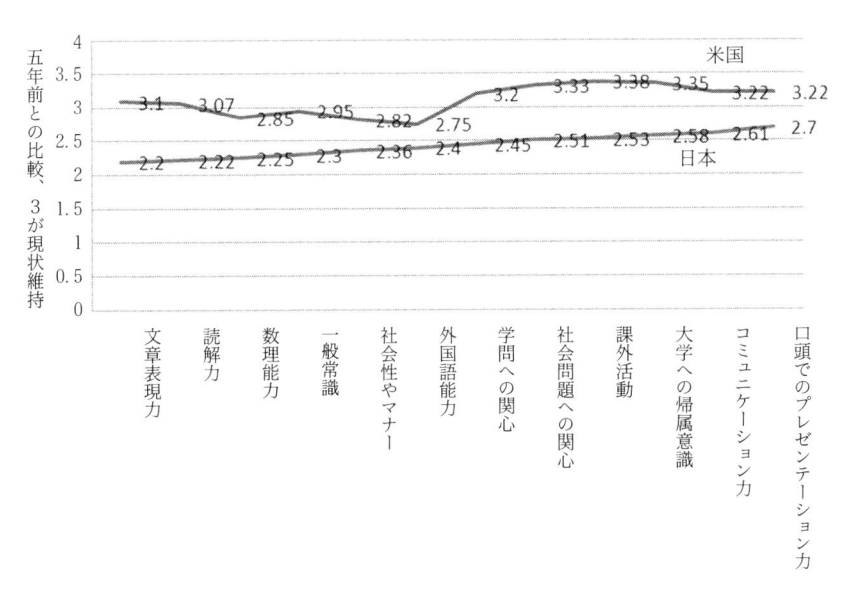

図8-1 日米の大学における学生の能力変化状況

悪化していると評しているのに対し、日本の大学の学部長は全項目における学生の能力・スキルが悪化していると評価している。**表8-1**に掲載している t テストの結果からも全項目における日本の大学の学生の能力・スキルの状況が米国よりも悪化していることを示している。

次に、日本の学生の能力変化に関する質問項目を主成分分析した結果、2つの因子が抽出された（バリマックス法による主成分分析、累積寄与率62.1％、回転後の因子負荷量の絶対値 0.570 以上）。最初の因子は構成されている項目の要素から「アカデミック・スキル改善」と命名し、第2番目の因子は「ステューデント・ソーシャルスキル改善」とした。第2因子得点を分散分析で比較したが、日本の大学分類のいずれにも差異は観察されなかった。換言すれば、いずれの分類の大学も5年前と比較すると「ステューデント・ソーシャルスキル」の悪化に直面していると見受けられる。一方で、「アカデミック・スキル改善」（$F(578) = 8.655, p<0.000$）には差異が確認された。選抜度の非常に高い大学のみがアカデミック・スキルの悪化に直面していないことを示している。

表8-1　日米の大学における学生の能力変化状況の t テスト

	N	t	p
読解力	930	-15.076	0.000
文章表現力	932	-14.829	0.000
数理能力	924	-10.222	0.000
外国語能力	926	-5.508	0.000
学問への関心	929	-13.181	0.000
コミュニケーション力	932	-12.255	0.000
口頭でのプレゼンテーション力	929	-8.921	0.000
社会問題への関心	931	-11.556	0.000
一般常識	928	-12.854	0.000
社会性やマナー	930	-8.442	0.000
課外活動への参加	931	-15.001	0.000
大学への帰属意識	930	-14.751	0.000

　米国の大学分類に従って分散分析をおこなった結果、拡大型博士号授与研究大学において「アカデミック・スキル改善」が顕著だが、その他の要素においては大学の累計での顕著な差は見られなかった。

4. 2007年調査結果の対応分析

　2007年度調査では、各学部が教育プログラムの成果としていかなる能力や態度の修得を重視しているかについて尋ねている。質問した能力や態度に関する項目を主成分分析により分解した結果、汎用的学士力、社会人基礎汎用力、新教養力、古典的教養力等の6つの要素に分類することができた。それらの要素のうち、汎用的学士力、新教養力、古典的教養力は重視されている度合いが高く、あまり分散はみられない一方で、一般常識、責任感をもち物事を遂行する力、人間関係を構築する能力、チームワークで活動する能力、リーダーシップの能力、成人としての基本的態度（礼儀・マナー）、課外活動への参加、大学への帰属意識についての重視度には差異があると見受けられた。そこで、学部の教育プログラムが専門的知識を重視しているのか、あるいは社会人として通用するような一般的な知識や技能を重視しているのか、学部によって異なる意味のパターンを視覚的に捉えることにして、対応分析を試みた（1次元イナーシャーの寄与率0.84　1次元特異値0.17）。**図8-2**からは社

会科学、人文科学、家政系の学部の位置が近く、社会人基礎汎用力の重視度の高いグループとの位置も近いという特徴的なパターンを読み取ることができる。これらの系列の学部は、社会人基礎汎用力を教育プログラムの成果として重視する傾向が高いと解釈できる。一方で、芸術系や農学系の距離も近く、また社会人基礎汎用力を重視する度合いの低いグループとの距離が近いことから、芸術系や農学系はどちらかといえば社会人基礎汎用力よりも他の要素を教育プログラムの成果として重視していると解釈できる。教育は中間グループとの距離が近く、理学、工学、その他はいずれのパターンにも属していない。これによって、一般常識、責任感、チームワーク、人間関係構築力、礼儀・マナー等からなる社会人基礎汎用力は、どちらかといえば就職してからも営業や総務など人との関係が重視される領域に関わる比率の高い、文系・社会科学系の分野の教育プログラムの成果として期待されているという特徴がみえる。

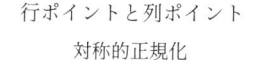

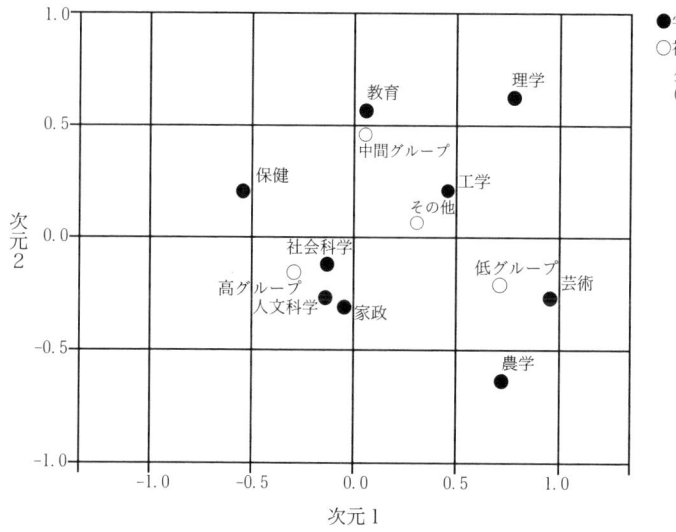

図8-2 学部と社会人基礎汎用力の対応分析結果

5. 初年次教育の効果の規定要因

次に、初年次教育の効果の規定要因を重回帰分析によって探索する。その際、相関係数の高い変数を選択し、次に日米すべての大学のデータ、第2段階として日本の大学のみのデータ、最後に米国の大学のみのデータについてそれぞれ重回帰分析した結果を**表8-2**に示す。

日米全大学においては、初年次教育への満足度、初年次教育を導入した年、情報処理や通信の基礎技術の養成、集中力や記憶力の醸成が初年次教育の効果において統計的に有意であることが確認された。また、日本および米国の大学の初年次教育の効果の規定要因について比較検討した結果、米国の大学における初年次教育の効果のほうが日本の大学における初年次教育への効果よりも効果的であることが確認された(表8-2)。

表8-2 初年次教育の効果の規定要因

変数	全大学				変数	日本の大学				変数	米国の大学			
	B^*	β^{**}	t	p		B^*	β^{**}	t	p		B^*	β^{**}	t	p
満足度	0.69	0.694	22.111	0.000	満足度	0.552	0.558	11.954	0.000	満足度	0.87	0.868	25.957	0.000
導入年	-0.058	-0.083	-2.678	0.008	集中力・記憶力	-0.102	-0.2	-4.141	0.000	口頭プレゼンテーション力	0.041	0.072	2.164	0.032
情報処理通信の基礎技術	0.05	0.099	3.008	0.003	情報処理通信の基礎技術	0.1	0.122	2.592	0.010	導入年	-0.05	-0.066	-2.007	0.046
集中力・記憶力	-0.47	-0.096	-2.943	0.003	導入年	-0.63	-0.1	-2.059	0.040					
R^2 乗値	0.505					0.358					0.782			
調整済 R^2 乗値	0.502					0.349					0.779			

* 回帰係数
** 標準化回帰係数

6. 考察

日米の初年次教育には差異と共通点があることが確認された。共通点としては、日米双方の大学の分類において、選抜度の高い大学における初年次教育の導入度はそれほど高くないことが挙げられる。一方で、日本の高等教育環境が急速にユニバーサル化する中で、学生の能力・スキルの悪化が米国の

大学の学生を凌駕している状況が、日本の大学において急速な初年次教育の導入の要因となっている。この日本の状況は初年次教育の内容の重視度の差異に如実に表れている。米国の大学が「アカデミック・スキル」よりも「ステューデント・ソーシャルスキル」を重視しているのに対し、日本の大学は全項目を重視している。

　また、この要因を考察する上で、日米の高等教育と中等教育の接続性という問題にも目をむけることは不可欠である。レポート・論文作成方法、口頭発表の技法、読解・文献講読の方法、論理的思考力や問題発見・解決能力、調査・実験の方法、図書館の利用・文献探索方法、情報処理や通信の基礎技術から構成されている「アカデミック・スキル」という初年次教育の内容の因子は、米国の初等・中等教育で育成すべきスキルとして、教師がディスカッション、ディベートなどを教育方法としていずれの教科においても積極的に導入し、問題発見型、課題解決型レポートの作成などを課している。

　一方、日本の中等教育の場合、知識注入型の授業が多く、少数の中等教育機関のみが、ディスカッションやディベートを教育方法として導入したり、問題発見型、課題解決型レポートの作成を課しているにすぎない。すなわち、米国の大学では中等教育機関から高等教育機関における学習スタイルや学習成果の獲得目標において接続性が存在しているのに対し、日本の中等教育と高等教育機関においては、学習スタイルや期待される成果の接続性があまり見られないことを考慮しなければならない。米国の高等教育機関への入学に際しての標準試験は、高校までに獲得されたコンピテンシーを測定することが前提となっており、各大学におけるアドミッション・スタンダードの設定も、標準化されたコンピテンシーに対応して設定されているのに対し、日本では必ずしもコンピテンシーという概念で試験が設定されていない現実も関連していると推察できる。本章では中等教育と高等教育の接続と入試というイシューを論ずることを目的としていないので、この点については別の機会に譲るが、米国の中等教育と高等教育の接続性の存在は、さらにアドバンスド・プレースメント（AP）と呼ばれる教育プログラムの存在からも確認することができる。

また、調査結果に見られる差異が、2国間における学習とティーチングに関する戦略性からもたらされている可能性も検討すべきであろう。米国における初年次教育は、初年次学生の支援というより総合的なアプローチで実践されているが、総合的なアプローチはカレッジ・インパクトやリテンションに関する豊富な研究実績を基盤として進展してきていることから、理論にもとづいてカリキュラムの構築や教授法の開発および実践がされているという強みがある。一方、日本では急速に初年次教育が拡大・普及していることから、初年次教育のペダゴジーが必ずしも学生のラーニングや成長に関する理論に依拠しないまま、実践が先行している状況がみられる。

おわりに

米国の初年次教育の課題として、研究および評価から政策ならびに実践に至る結びつきが依然として弱いことが挙げられているが[22]、米国以上に急速に初年次教育が拡大、普及が進む日本においては初年次教育の効果についての精緻な研究の蓄積と評価が求められる。その際、評価方法の開発とミクロなデータの集積、そうしたデータの集積から導き出される学生の学習意欲や成果を向上させるための教育プログラムの開発、さらにはカリキュラム全体へのつながりへと結びつけていくことが肝要であろう。わずか10年という短い期間で黎明期から普及期への移行を経験しつつある日本の大学の初年次教育は、中等教育との接続が少ないという状況のなかで、初年次教育の効果をいかに高めるかという大きな課題に直面している。2008年11月に第1回初年次教育学会が開催されて以来現在まで多くの興味深い研究が発表されたが、こうした課題にむけて、今後の研究の量、質およびその応用としての実践の蓄積が期待される。

注

1 舘昭(2008)「アメリカにおける初年次学生総合支援アプローチ―その登場、展開、特徴―」『初年次教育学会誌』第1巻、第1号、49～56頁を参照している。
2 2001年に私立大学協会附置私学高等教育研究所の導入教育プロジェクトに関わる導入教育班が実施した、私立大学学部長を対象とした導入教育調査結果による。

3 山田礼子（2005）『一年次（導入）教育の日米比較』東信堂に詳しい。
4 「大学における初年次教育に関する調査」共同メンバーは、塚原修一、川島啓二、深堀聡子（以上、国立教育政策研究所）、山田礼子（同志社大学）、沖清豪（早稲田大学）、森利枝（大学評価・学位授与機構）、杉谷祐美子（青山学院大学）である。
5 山田礼子（2006）「初年次教育の組織的展開」『初年次教育』第1巻、第1号、65～72頁に詳しい。
6 日本私立大学協会附置私学高等教育研究所（2005）研究プロジェクト報告書『私立大学における一年次教育の実際』私学高等教育研究所に詳しい。
7 山田礼子（2005）『一年次（導入）教育の日米比較』東信堂に詳しい。
8 現在ではジェンダー中立用語であるファーストイヤーセミナーがフレッシュマンセミナーに代わる用語として定着している。しかし、一部の高等教育機関ではフレッシュマンセミナーという用語を使用しているところもある。
9 前掲書に詳しい。
10 山田礼子（監訳）（2007）『初年次教育ハンドブック―学生を「成功」に導くために』丸善。
11 前掲書、ⅰ～ⅵ頁。
12 前掲書、3頁。
13 Graduation Rates Six-Year Graduation Rates of Bachelor's Students–2007 出典はNCES、IPEDS データ2007年度で http://www.higheredinfo.org/dbrowser/index.php?level=nation&mode=map&state=0&submeasure=27　12/30/08 を参考にした。
14 http://www.act.org/research/policymakers/pdf/retain_2007.pdf
15 Barefoot, B.O. & Fidler, P.P. 1995. *The 1994 National Survey of Freshman Seminar Programs: Continuing Innovations in the Collegiate Curriculum.* Columbia, South Carolina: National Resource Center for the First-Year Experience & Students in Transition, University of South Carolina に詳しい。
16 例えば、Meyers, L.E. "Developmental Reading Educators and Student Affairs Professionals: Partners Promoting College Student Growth." 1999 National Association of Developmental Education Conference Paper. などがある。
17 回答大学の分類は、選抜度が非常に高い大学の81学部、選抜度が高い大学の188学部、選抜度が通常である大学の220学部、選抜度が低い大学の115学部、フリーランクの大学の32学部となっている。
18 質問項目は日本語から英語に翻訳し、内容についてはアメリカ人研究者にチェックを受けた。
19 回答大学の内訳は、カーネギーの大学分類を参考にすると拡大型博士号授与研究大学51校、集約型博士号授与研究大学32校、総合型修士号授与大学172校、修士号授与大学26校、リベラルアーツ型大学75校、学士号授与大学78校、学士号・短期大学士授与大学11校である。なお分類が不明な機関が18校あった。
20 代々木ゼミナールの偏差値を使用している。
21 2007年度の米国の標準卒業率は6年を用いているが、本調査では4年および5

年卒業率を指標として用いている。
22 　山田礼子監訳 (2007) 前掲書、7 〜 8 頁に詳しい。

第9章　初年次教育のための組織体制づくり

はじめに

　米国において初年次教育が広がっていった契機のひとつに、サウスカロライナ大学に設置されている National Resource Center for the First-Year Experience & Students in Transition（以下 NRC）の活動がある。この研究センターでは初年次や重要な移行期にある学生に関する研究や、教育プログラムの開発、調査、情報提供をおこなってきた。センター主催による国内外の会議やセミナー、ワークショップの開催などを積極的におこなっている。この NRC は初年次教育、初年次支援プログラムに関する調査研究や国際会議を担当する部門と「ユニバーシティ 101」という授業の実践、および研究をおこなう教育実践部門に分かれている。研究部門では、全米の初年次教育、初年次支援プログラムに関する調査研究を始め、インストラクター養成のためのセミナーやワークショップ、国際会議など対外的な活動を一手に引き受けており、同時に初年次教育に関連した本やモノグラフシリーズの出版、論文雑誌の出版もおこなっている。教育実践部門は「ユニバーシティ 101」の実践およびピアリーダー・プログラムの開発などサウスカロライナ大学内での授業の実践を担っている部門である。教育の実践が広がっていくためには、研究だけでなく、実践活動も推進していかなければなかなか裾野は広がらない。この視点で日本においても今後、初年次教育が研究だけでなく、実践として広げ、教育法や実践者相互の情報の交換、さらにはインストラクターの養成までをもおこなっていかなければ、初年次教育全体の質も向上しない。現在、日本の大学においては教員の FD 活動を支援する研究・実践センターが多く設置されてきてはいるが、初年次に特化したセンターはごく少数に限られている。そう

した数少ない初年次教育に特化した研究センターもしくは初年次教育を推進するセンターが、関西国際大学と玉川大学に設置されている。こうしたセンターの設置が他の大学に広がり、互いの情報交換を通じて初年次教育の認識が共有化されることにより、その質もより向上するものと期待できる。筆者の所属する同志社大学においても、初年次教育に特化しているわけではないが、もともとは初年次教育の普及と効果の検証のために、設置された部門がある。

本章では、第1に初年次教育センターの設置状況を検討し、次に大規模大学における初年次教育の推進をするための組織の事例として、同志社大学教育開発センターの導入教育部会の役割について紹介する。そして最後に導入教育の効果について早期から導入教育を実施している学部・学科をベンチマークとして選び検証してみる。

1. 大学教育関連センター設置の現状

近年、教育改革の重要性の認識が浸透し、全国の大学において教育改革を推進のための企画・立案、および改革の実施機能をもつ組織の設置が進んでいる。2005年度現在、少なくとも国公立大学で46大学52組織、私立大学でも23大学26組織が教育改革に特化した組織を有し、必要な人員配置をおこなっている。国立教育政策研究所では、2005年11月に全国公私立大学700校を対象に(FD, 授業評価、共通教育・教養教育等を主たる目的とする)各センター組織等の、組織目的、組織構成、人員、活動領域、関係者の意識等に関する実態調査をおこなった[1]。「教育改善を企画・実施するために設けている組織は？」という質問に対して、「大学教育センター等」を設けているとしている機関の内訳は、国立大学45校、公立大学9校、私立大学61校となっており、「全学レベルでの委員会等を設けている」という組織の内訳は、国立大学55校、公立大学36校、私立大学229校となっている。さらに、「学部ごとの委員会等を設けている」という質問に対しては、国立35校、公立7校、私立63校という回答が示されている[2]。白川は本報告書のなかで、初年次教育・導入教育を扱っているセンター、全学レベルの専門委員会、学部ごとの専門委員

会の設置数・設置率を調べた結果を提示しているが、それによると初年次教育・導入教育については、専門のセンターが55校 (設置率11.7%)、全学レベルの専門委員会数は154校 (設置率 32.6%)、学部ごとの専門委員会数は61校 (設置率 12.9%) という数値となっている。この結果から初年次教育・導入教育の導入・運営についてはセンターを設置するよりも「全学レベルの専門委員会」の設置数のほうが上回っており、多くの大学において初年次・導入教育への対応は全学での委員会レベルで実施されている現状が把握できる。

白川はさらに高大連携、アドミッション、初年次教育・導入教育等に関わる13の課題別のセンターの設置数・設置率を設置形態別に分類した結果、13の課題においては国立大学設置率が高いことを示している。初年次教育・導入教育についても、国立の設置数25 (設置率) は33.8%となっており、公立の2 (3.9%)、私立の25 (7.2%) を大きく上回っている。同様に、全学レベルでの委員会の設置数 (設置率) についても、多くの課題での国立大学の数が公立、私立の数を上回っている。初年次教育・導入教育分野では、国立が33 (44.6%) であるのに対し、公立18 (35.3%)、私立102 (28%) である。一連の調査結果から、国立大学の設置率が高いことが明らかになっているが、これらの結果と国立大学と私立大学の管理運営方式の違いは関係がないのだろうか。こうした問題意識をもとに、次節では国立大学と私立大学の管理運営の違いについて検討してみる。

2. 国立大学と私立大学の管理運営

国公立大学においては、研究機能と改革推進機能という要素をもつ組織がセンターという名称で設置され、そうした組織には専任教員が配置されているという場合が多い。私立大学においても近年こうした機能をもつ組織が設置されるようになってきている。しかし、その実態は多様であり、国公立大学の組織のように研究機能や専任教員が配置されているところも少数あるが、その性格および組織上の位置づけは多様である。これらは私立大学の管理・運営方法とも密接に関連性があると思われる。

2003年に成立した国立大学法人法によって、大学が政府から独立した組

織であることが法律によって明確に制定されたと同時に、意思決定組織が明確に規定された。具体的には、学長に多くの権限が集中することを可能としたところに特徴がある。例えば、重要な案件を審議する組織は役員会であるが、この構成員は学長が指名する。学術面においては教育研究評議会、および経営面においては学外者を含む構成員から成り立つ経営協議会が重要案件を審議するが、それほどの権限は付与されていない。従来の教授会主導の大学の運営・審議の過程から、学長の多大なる権限下での意思決定へと移行した[3]。国立大学の法人化は、国立大学に法人格を付与することで、各大学が管理・運営の裁量権をもち、柔軟に管理運営を実施し、個性化を進めるという意味をもっている。独立法人格が付与されることにより、政府や助成団体からの助成金、予算の使途に関して自由度が高まること、各大学が学部・学科の再編を実施する際にも文部科学省からの認可を受けることなく、自由に再編できる等の自由度が強調されているものの、最終的には中期目標の達成度にもとづき資源配分が決定されるという意味では、政府の統制は強化されたとみなすことができる。

このような学長の権限の強化に対する法的基盤の確立により、国立大学では様々な教育改革が推進されるようになってきており、しばしばトップダウン式での迅速な意思決定によって教育改革が進められていることも、その動向の特徴である。そうした迅速な意思決定が、国立大学におけるセンターや全学委員会の設置数の多さや設置率の高さに反映しているとも考えられる。

一方、私立大学の管理運営については、迅速な意思決定が求められながらも、国立大学とは若干異なる様相を呈している。

私立大学と学校法人の関係については、私立学校法の第1条において学校法人制度が定められ、第3条に私立学校の設置を目的として設置する学校法人が規定されている。小日向(2003)は『私立大学のクライシス・マネジメント』において、学校法人と私立大学の関係を、学校法人はその設置する学校がなければ法人ではありえず、私立学校はその設置者が学校法人でなければ存立しないとしている。また私立学校法第25条により、学校に法的性格を与えることが明記されている。

私立大学にとってしばしば建学の精神が重要であるとされるのは、私立大学が私的発意によって設立され、私的自治によって運営されるという特性をもっていることに起因する。学校法人は私立大学の経営を目的とする組織であることから、私立学校法によって理事、監事、評議員会がおかれることが定められている。それゆえ、学校法人の意思決定機関でありその執行をおこなう機関が理事会であり、財産の状況や業務執行について監査する役割を担っているのが監事、意思決定機関としての役割をもつ機関が評議員会になる。

大学としての管理組織は学長と教授会に属している。教授会は重要な事項の審議に当たり、教育研究の方針を定めている。学長については学校教育法第58条3項でその校務の管理権と統督権が定められており、教授会は同法第59条にて重要な事項の審議機関としての性格が定められている。

2003年の国立大学法人法により、教授会の審議内容が定められ、学長、学部長、研究科長の権限や執行責任が明確になったのに対し、私立大学ではそのあたりが法令上明確とはいえないという指摘がしばしばなされる。その背景に次のような私立大学の経営組織の特徴があることを看過すべきではないと思われる。すなわち、法人組織と大学組織、言い換えると経営と教学という目的がそれぞれ異なる組織が二重に存在していること、かつ学校法人としての理事長、理事会の管理運営の範囲と権限および学長、教授会がもつ管理運営の範囲と権限という2つの主体がもつ性格やその裁量はそれぞれの私立大学によって異なるという点である。このような特徴が大規模大学と小規模大学との差異、理事会主導型、学長のリーダーシップ発揮型、教授会主導型に代表される私立大学の経営・教学の多様性の一因になる。

日本私立大学連盟の調査によると、各私立大学の法人と大学の関係は3類型に分類できるという。第1の類型は理事会の付託を受けて大学運営の大半の権限が学長に付託される「学長付託型」、第2の類型は経営と教学を同一の人物がおこなう「理事長・学長兼任型」、第3の類型は教育研究については主に学長が担い、経営面は担当理事が担うが、理事長が全体を統括するという「経営・教学分離型」である[4]。私立大学の意思決定は、このような法人と大学関係を分類した3類型のいずれかに相当し、かつ様々な各段階で積み上げ

られてきた意思決定が最終理事会決定につながる過程を通じておこなわれている。同時に、国公立、私立大学を問わず、学長への諮問機関として設置されている委員会や教育・研究の方針を実施していく上で設置された委員会など多種多様な委員会の存在により、最終意思決定に至るまでの調整や合意に至るまでの経過が長い。

　今日、多くの大学では委員会が多くなりすぎて、その整理が強く求められていることもこの委員会の数の問題とは無縁ではない。それでは何故大学においては委員会が多用されるのかの要因について考察してみよう。小日向はその長所、短所を以下のように整理している。長所としては、①メンバーによる集団討議によってよい刺激を受け判断が適切になる、②過度の権限が少数の人員、あるいは一人に集中することを避ける、③利害相反する構成員の審議による公正な判断、④調整機能、⑤情報の伝達と参加することによる関心、計画や決定への支持、⑥決定を遅らせることが周囲の状況から好ましい場合、時間稼ぎができる、の6点が挙げられ、短所としては、①時間とコストの費消、②合意形成のための妥協、③強力なリーダーによる支配的運営という可能性があるものの平等に参加しているという錯覚、④合意形成のために少数派が強い立場をとりやすい、⑤責任のもたれあい、分割によって委員会全体としての責任が拡散され、誰も責任を負わない、⑥調整機能が充分に活かされない、の6点が挙げられている[5]。換言すれば、客観的かつ合理的な判断にもとづいて意思決定に至るために、委員会には必要であると同時に、時間の費消や責任の所在の不明確性という相反する性格が伴っている。このような性格をもっている委員会を、いかに有効に活用できるかが教育・研究に大きな課題を抱えている大学、とりわけ主体である組織の二重性が特徴でもある私立大学にとっては重要であることはいうまでもない。

　本節では私立大学の組織と意思決定の過程を概観し、2003年以降、法的にその主体と役割が明確に規定された国立大学法人と比較した場合の特性を検討してきた。私立大学には建学の精神にもとづく教育・研究の推進という使命は確認することが容易である一方、今日私立大学が直面している課題は数多く、その中には国立大学と同様の課題も決して少なくない。認証評価機

関による評価や21世紀にふさわしいカリキュラムの構築、教員のFD、効果的学習方法の開発、および学生の成長を教育を通じてどのように担保するかといったことが共通の問題である。こうした問題や学内での教育改革を推進する組織として国公私立大学において教育開発関連センターが多く設置されるようになってきたことは、前述のとおりである。次節ではこうしたセンターの事例として、筆者が属する大学に2004年に設置された教育開発センターをとりあげ、その組織の特性、役割およびどのような活動をおこなっているかを提示することにしたい。

3. 同志社大学教育開発センターと組織的特徴

　前節で検討してきたように、私立大学の管理運営スタイルのひとつの特徴に、意思決定までに時間がかかるということが挙げられる。本節で紹介する教育開発センターはそうした意思決定にかかるまでの時間を短縮するという目的を遂行するために、2004年に新たに設置された組織である。国立教育開発センターの実態調査のなかで、専門のセンター、全学委員会、そして学部別委員会という設置形態により、様々な課題に対処する国公私立大学の現状が提示されていた。こうした枠組みに本センターを分類してみると、次のような特徴が見出される。

　センターには専任教員は配置されておらず、教育改革の課題に対処する専門センターである一方、センターの中に設置されている部会は各学部、大学院あるいは関連教育部門からの代表者で構成されており、委員会に近い方式をとっている。しかしながら、部会長はセンターを運営している運営委員であり、部会長に政策立案および実践の課題が託されているという点で、機動的な組織であるともいえる。

　教育開発センター設置の経緯について見てみよう。同志社大学における教育開発センターは、学長よりファカルティ・ディベロップメント委員会に諮問された「教育支援体制の充実の具体策」に対して、2003年7月28日付で、同委員会より学長に提出された『「教育開発センター」(仮称)の設置について(報告)』で設置の必要性を答申したことが出発点である。本答申では、文部

科学省で進められている現在の文教政策において、日本の各大学には「特色ある」教育活動を全学的に展開することが強く求められ、高等教育を取り巻く環境の急激な変化に各大学が教育機関として主体的に対応することを求める社会的要請を具現化したものと理解すべきであることが確認された。さらに、高等教育を取り巻く環境の変化の顕著な例として、18歳人口の減少に伴って大学全入時代が訪れるいわゆる「2009年問題」や、新指導要領のもとで教育を受けた高校生が大学進学年齢に達するいわゆる「2006年問題」があり、このような状況のなかで、受験者にとって魅力的な本学独自の「特色ある」教育プログラムを、慎重かつ迅速に開発することの必要性が認識された。上記のような多岐にわたる課題に応える対応策を検討し、実践していく上で、単一諮問委員会であるファカルティ・ディベロップメント委員会の機能をさらに発展させて、中期的展望を見据えながら同志社大学の教育の将来を総合的に検討する「教育開発センター」の設置が必要であるという結論に達した。一連の経過の中で、2004年に設置された教育開発センターでは、従来のファカルティ・ディベロップメント委員会の役割である教育活動支援体制の整備を根本に据えながらも、全学的な視点から新しい教育システムの開発、教育効果測定方法の開発、教育方法の改善について研究し、企画立案をおこなっていくという新たな使命が課せられたのである。本学が抱えている教育活動に関する課題は恒常的であるというわけではない。国立大学の教育関連センターの研究・事業活動が全学の教養教育カリキュラムの構築、FD活動の推進等比較的恒常化した内容であるのに対し、本学の教育開発センターでは単年度もしくは複数年度をベースに、その都度直面している教育活動の課題に対する部会を設置し、ある一定の役割を終えると新たな部会を設置して、その課題に対処していくという機動性のある方式を採用した。設置された2004年にはFD支援部会、導入教育部会、IT活用部会、そして高大連携部会という4つの部会が設置され、2005年にはこれら4つの部会に加えて、新たに大学院部会が設置され活動を開始している。センターの役割をまとめると、大学の教育活動に関するシンクタンクとして、本学が現在抱えている課題や今後の具体的な施策について調査研究をおこない、新たな企画や提案を

積極的に発信していくという教育改革を推進する上でリーダーシップを果たすこととされている。具体的な事業活動としては、①全学に共通する教育システムの企画および開発、②教育内容・方法の改善に関わる全学的な企画および推進、③全学に関わる教育効果の評価方法の開発および実施、④教育活動の支援体制の整備、⑤大学教育に関する図書、資料の収集、という5つがある。

4. 同志社大学の初年次教育推進の方針と方法

　同志社大学では、高校から大学への移行を円滑にし、大学・各学部への帰属意識を早期に育成することで、入学直後から学生の目的意識をもった主体的な学びが実現できるように、全学的、総合的な導入教育の実施体制の構築に取り組んできている。それは1年次生を対象とした学習と大学生活に関する4つの支援・指導活動の有機的連携から成り立っている。

①学部における少人数の基礎教育科目の実施
②在学生の「ぴあアドバイザー制度」などによる、1年次生の学習および生活上の諸問題の解決を支援・指導する学生支援センターの多様な活動
③専攻規模から全学的規模までの各種のオリエンテーション合宿の実施
④総合情報センターによる1年次生全員への情報倫理教育と情報基礎実習の実施

　あえて単純化すれば、①は学習面、②は生活面、③は精神面（帰属意識）、④はスキル面での支援・指導を受けもっている。これらのうち①③④は従来から継続的に取り組まれてきた活動であり、②は、1・2年次生の大学生活への支援を目的に、2002年6月に創設された学生支援センターによって開始された取り組みである。

　全学的な視点からの導入教育の重要性に鑑み、それぞれ固有の目的をもつ4つの活動の有機的連携による、総合的な導入教育の実施体制構築の必要性を確認し、この体制を強化すべく2004年に設置された「教育開発センター」のもとで、導入教育に関する理論的・全学的課題の解明とその教育効果測定を担当する役割を担っているのが、導入教育部会である。だが、導入教育部

会の政策の立案、実施が軌道に乗る以前に、学部によって初年次・導入教育が進展する機会が設けられていた。

例えば2004年度に開設された政策学部では、初年次・導入教育に特化した科目"First Year Experiment"が22クラス（20名規模）設置された。同年に教育開発センターと導入教育部会が設置されたことにより、一気に全学ベースでの初年次・導入教育の展開が加速化した。

教育開発センターと導入教育部会にとっては、政策学部のみならず、他の専攻、学科、学部においても初年次・導入教育を全学的に展開することが2004年度の主な目的であったが、2005年度には文学部ではより多くの学科が導入教育を展開し、2005年度設置された社会学部ではファーストイヤーセミナー（FYS）という名称で、より1年次教育に特化した科目が設置され、少人数での導入教育を学部で展開するようになった。また従来から設置されていた経済学部に加えて商学部では試行段階の2004年を経て2005年からは本格的に、法学部においては2004年の新カリキュラム設置に伴い、導入教育科目が展開されるなど全学的規模での展開が進行している。同志社大学の「導入教育」の最大の特色は、各学部それぞれの特色を反映した内容をもち、目標を達成すべく構築されている導入的「基礎教育科目」の独自性と各学部で構築している支援システムを活かしている。同時に全学的な組織や委員会による、学生の学習および生活上の諸問題を支援する学生支援プログラムが前者と有機的に絡み合って、総合的な導入教育の役割を果たしている点にあるといえよう。

2005年度の導入教育部会[6]が立案した実施計画では、1.「キャンパスライフアンケート調査」の実施と本学学生の特徴分析、2.各学部で実施されている導入教育の実態の把握、3.全学で参考になる導入教育モデルの策定、4.導入教育の理念の啓発活動の実施、5.「キャンパスライフアンケート調査」の追跡調査の検討、の各項目がそれぞれあげられた。続く2006年においては、2005年度の目標を踏襲しながら、2004年度入学学生の大学での教育効果を総合的に測定するための追跡調査を実施することを企図している。この追跡調査はPDCA（Plan-Do-Check-Action）サイクルの一環であり、教員側の教育と

学生の学習を振り返り、新たな出発のための起点として位置づけられる。

初年次・導入教育の効果については、2年間にわたって一年次の終わりに全学を対象に実施した「キャンパスライフアンケート調査」により、その効果の検証と分析が実施されている。次節では具体的な初年次教育の効果について調査結果を紹介してみる。

5. 初年次教育の効果

先述したように、キャンパスライフアンケート調査を、全学の1年生を対象に2004年（回答者4,171人、回答率78.5％）と2005年（回答者4,800人、回答率84％）に実施した。その後も毎年継続的におこなわれている。2004年度の回答から、入学時と1年次終了時に身についた技能の比較を図9-1に示してみた。全項目で上昇がみられるが、とりわけ「レポートを書く力」「4,000字程度のレポートを書く力」「図書館の利用方法」「パソコンを使っての資料作成力」「プレゼンテーション力」等技能系および大学での学習を進めていく上で不可欠な要素の伸びが高い。

図9-2は早期から初年次・導入教育を導入している学部と全学部の平均値を示しているが、全項目においてA学科とB学部の平均値が全学部平均を上回っていることが示され、学習技能や大学での学習を進展させていく上で

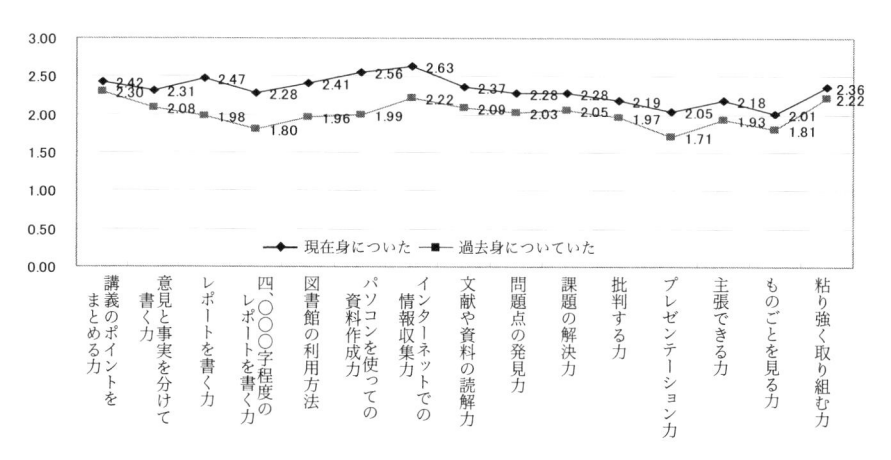

図9-1　入学時，入学後1年間の自己評価

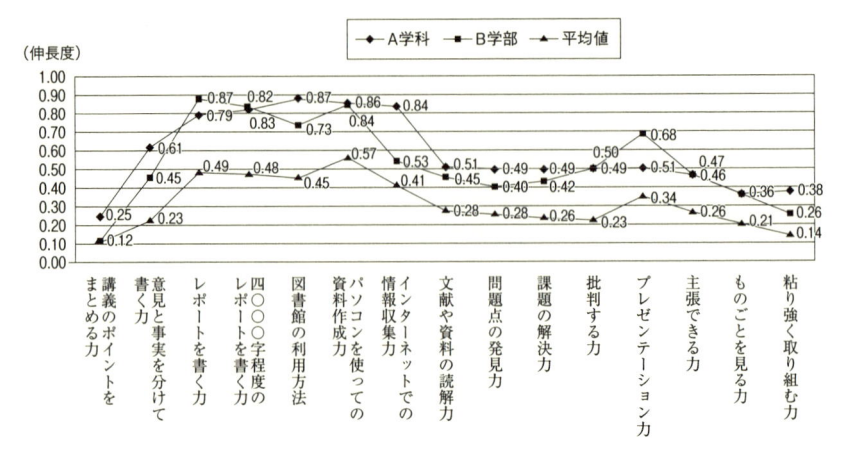

170　第二部　学士課程教育の保証

図9-2　特定学部と全学部平均入学時，入学後一年間の自己評価

不可欠な要素の伸長に対して、初年次・導入教育が機能していることが読み取れる。さらにA学科が2003年度初年次学生用の全国調査に参加した際のデータと、本調査での同一の質問項目での回答を比較したところ、A学科の2004年度調査の結果は2003年度の全国調査平均値を上回っていることが明らかになった。2003年度調査時点と同じ教員がクラスを担当していることを考慮に入れると、2004年度においては、初年次・導入教育クラス規模をより少規模に変更した効果がこの数値に表れているのではないかと思われる。紙面の都合から初年次・導入教育の効果については別の機会に譲りたいが、こうしたデータをベースにすることで自分の大学にふさわしい初年次教育モデルを形成することへとつながり、さらにはその効果の検証をすることで、教育改善を企図したサイクルを軌道に乗せることも可能であろう。

おわりに

　本章では、大規模私立大学における初年次教育の組織づくりとその展開を国立大学と比較した際の管理運営の違いという視点をベースに、同志社大学教育開発センターの事例を検討しながら見てきた。意思決定のスピードを迅速化し、初年次・導入教育の効果をどう共有するかという大きな目標を掲げ

て動いてきたセンターを通じて、大学という大きな組織体での教育改善が一歩動き出したという効果は見られるものの、直面している課題は依然として少なくない。人的資源管理の問題、初年次教育を内包しているともいえる教養教育改革との連携、そして初年次・導入教育に関わるペダゴジーの開発を学内でどう共有し、進展させていくかという点であるが、それらに対し政策の立案そして実践、および全学での調整機能も課せられているセンターがどう応えていくかは大きな課題である。

注
1　国立教育政策研究所、『大学における教育改善と組織体制』2006年、4ページ。
2　同上、60ページを参照。
3　金子元久、「国立大学法人化の射程」、江原武一・杉本均編『大学の管理運営改革：日本の行方と諸外国の動向』東信堂、2005年、62-63頁。
4　日本私立大学連盟編、『私立大学きのう　きょう　あした』1984年、129頁、日本私立大学連盟。
5　小日向允、『私立大学のクライシス・マネジメント―経営・組織管理の始点から』論創社、2003年、112-113頁を参照。
6　導入教育部会は2006年度で当初の掲げた使命を終了したとして閉じられ、2007年度からは学士課程全体を視野に入れて設置された「教育効果向上部会」の中に組み込まれ、現在も活動している。
7　「キャンパスライフアンケート調査」は2006年3月には2004年度の初年次生を追跡する目的で3年次生を対象にも実施されるようになり、現在は1年次生用と3年次生用の2種類の調査が実施されている。

第10章　初年次教育の展開と課題

はじめに

　日本における初年次教育は現在大変な勢いで広がってきている。特に、この10年間での急速な広がりには驚くばかりである。そうした広がりの背景としては、2008年の学校基本調査の結果速報によると2007年度の進学率が短期高等教育機関を含めて55.3％となっているように、高等教育の進学率が大幅に上昇していることが大きい。つまり、ユニバーサル化が急速な勢いで進行し、それに伴って、学力、動機、また本人の考え方自体を含めて、学生が変容してきているといえる。こうした状況においては、特に学生の変容を前提に、文科省による様々な教育のグッド・プラクティス（教育GP）事業が推進されているように、政策的な側面でも大きな変化がみられるようになっている。すなわち、大学をより教育を重視する場へと変革させるような政策である。

　2001年に初めて著者たちは全国の大学を対象に初年次教育がどのように受けとめられ学内で位置づけられているのか、どの程度広がってきているのかについての調査を実施したが、当時は初年次教育のなかにリメディアル教育（補習授業）も含まれているなど、初年次教育の概念や位置づけが定まっていなかった。初年次教育は単位を与えるような授業であるのかということについても様々な議論がなされていた。当時においても驚いたことに85％を超える学部において何らかの形で初年次教育が提供されていたが、実際には混沌とした状態のなかで定義も定まらないまま多くの大学が手探りで初年次教育らしき教育を提供していたと推察できる。

　現在では状況はかなり異なってきている。例えば、中央教育審議会の

2008年答申『学士課程教育の構築に向けて』のなかでも、初年次教育は「高等学校や他大学からの円滑な移行を図り、学習および人格的な成長にむけ、大学での学問的・社会的な諸経験を成功させるべく、主に新入生を対象に総合的につくられた教育プログラム」あるいは「初年次学生が大学生になることを支援するプログラム」として明記され、初年次教育として「レポート・論文などの文章技法」「コンピュータを用いた情報処理や通信の基礎技術」「プレゼンテーションやディスカッションなどの口頭発表の技法」「学問や大学教育全般に対する動機づけ」「論理的思考や問題発見・解決応力の向上」「図書館の利用・文献検索の方法」などが重視されていると言及されるように、初年次教育が学士課程教育のなかで正規の教育として位置づけられていることが示されている。

1. 日本における初年次教育の急展開

　初年次教育はこの10年間という短いスパンで急速に日本の高等教育に広がってきていると先述した。次節ではデータから実際にどのように初年次教育が拡大、普遍化してきているかを分析し、提示するが、本節では研究グループや諸学会がどのように初年次教育に関わってきているかを概観してみたい。筆者が初めて初年次教育に関わったのは1996年に設置された新設の大学において、「自己の実現」[1]という科目をチーム・ティーチングで担当したことから始まった。手探りの状態で同僚たちと研究会を設置し、海外の状況を調べていく上で参考になる事例が日本にはまったくなかった。そこで担当している教員たちで調べたところ、米国に米国のサウスカロライナ大学（USC）に初年次教育に関する研究センターがあり、そこで蓄積されているものが先行事例になるということが確認できた。それが初年次教育[2]との関わりのきっかけであったが、その後米国の「初年次教育国際フォーラム」という学会にも参加することで、初年次教育の米国での動向を把握するようになった。その後、私学高等教育研究所のなかで導入教育研究のグループをつくって、組織的な研究にも携わるようになったのが2001年から2003年頃のことになる。

同時期に、より多くの大学が実践レベルで初年次教育を導入し始めた。しかしながら、その時点では初年次教育の概念は未整理であり、例えば、リメディアル教育は初年次教育の類型として認識されていた。一方、学生の多様化も進展していたが、当時のキーワードとしては、学力低下、進学の目的意識・動機づけの欠如、大学生活への不適応といったことが前面に出ていて、学生をどう支援するかといった視点で初年次教育は構造化されていなかった。

学会関連については、比較的早期から初年次教育に組織的に関わってきた大学教育学会と、最近設立された初年次教育学会を中心に概観してみたい。大学教育学会は、設立以来、学士課程教育に早くから焦点を当てながら、教育課程、教育方法、そしてFDにおいて常に先導的な役割を果たしてきたといえる。大学教育学会の課題研究としてとりあげられた課題の成果が現在、大学教育の新たな地平に影響を及ぼしていることも多い。初年次教育も大学教育学会の課題研究としてスタートして以来、委員会の設置期間およびその後の活動を通じて、初年次教育という新たな領域の発展に先導的な役割を果たしてきた。大学教育学会では、2004年から初年次・導入教育[3]委員会を設置し[4]、初年次教育研究の蓄積を図りながら、かつ会員に初年次教育の意味を伝え、その理論や、方法等を共有するような組織的な機会が必要であると考え、初年次・導入教育の大学での普及を目指し活動を開始した。2004年の大学教育学会において初年次教育・導入教育を先駆的に導入している大学の事例をもとに「初年次教育・導入教育の方法」というテーマでラウンドテーブルを開設し、同年の秋に実施された課題研究集会では、「高校教育の多様化の進行と初年次教育・導入教育の課題」というテーマでシンポジウムをおこなった。2005〜06年度においては、引き続き委員会を主体に課題研究集会で、「初年次教育・導入教育のアイデンティティーキャリア教育と学士課程教育との関係を考える」というテーマのシンポジウムを提供した。2006〜07年度においては、委員会の締めくくりとして本委員会による初年次教育・導入教育プログラムの選定を試行としておこなった。なお、大学教育学会課題研究集会のプレカンファレンス・ワークショップとして、海外からの講師による「アクティブ・ラーニングの方法」と「教養教育・学習支援の組織体

制づくりと人材養成」のほか、国内の講師による3つのワークショップを提供した。2006年に金沢大学でおこなわれた課題研究集会では、本委員会の委員による研究報告に加えて、「学士課程教育に初年次教育をどう組み込むのか」というテーマでシンポジウムを開催し、活発な初年次・導入教育の議論を展開した。

2007年の大学教育学会課題研究集会では、初年次教育の導入にむけての組織体制づくりや初年次教育の意味についての実践的な初年次教育ワークショップを開催した。

2008年には、初年次教育を学問の対象として研究し、かつ効果的な実践を広げていくことを意図して、初年次教育学会が設立された。この学会には、ひとつには、高等教育、心理学、教育工学、外国語教育、日本語教育、教養教育等多くの学問領域や分野を研究領域とする研究者が、初年次教育をキーワードとして集合するという特徴がある。言い換えれば、様々なディシプリンや領域が初年次教育を「研究対象」として成り立たせているのと同時に、もうひとつは「実践対象」として初年次教育を扱うことにより、研究と実践のインタラクティブな活動を期待することができる。

こうした学会の発足と既存学会でも初年次教育を研究対象とすることにより、現在の初年次教育は2000年までの概念を普及しその研究を開始するという啓蒙と基礎固めの過程を経て、急速な拡大期という新たな段階に入っていると思われる。そこで次節では、この新段階にある初年次教育の現状をデータから分析し、検討してみる。

2. 初年次教育の現状

初年次教育の現状分析をおこなう際に、米国で2005年に公刊され、日本でも2007年に翻訳出版された『初年次教育ハンドブック』のなかで指摘されている、初年次教育の現状を把握するための枠組みを参考に検討してみる。第1に、「大学初年次に関する学内、国内、国際的規模での議論と活動が増大した」という点については、**表10-1**をご覧いただきたい。表10-1は2001年に実施した調査と2007年調査[5]との初年次教育の実施率に関しての比較を示

表10-1　初年次教育の実施率（％）

	人文系	社会科学系	理工系	その他	計
2001年	76.1	84.9	86.7	73.2	80.9*
2007年	96.7	96.3	98.0	96.2	97.0

＊ .< 0.5

している。2001年調査では学系別に見た場合、理工系と社会科学系の導入比率が高く、人文系等では導入率が低い傾向を示していたが、2007年調査では学系間の差がなく、一様に拡大していることが見てとれる。いわば初年次教育が分野に関係なく導入され、日本の高等教育界の意識に根づいてきていることを示している。その間の議論の活発化については、大学教育学会における実際のシンポジウムやワークショップへの、個人会員や機関会員の熱心な参加度合に反映されている。

　こうした拡大要因のひとつとして、初年次教育の概念の整理がおこなわれてきた結果として、初年次教育の概念の混乱が収束したことが挙げられる。中教審の答申でも、初年次教育に特別の配慮を払うことが肝要であるとの指摘がなされているが、初年次教育がプログラムとして大学内に位置づけられつつあることを示しているのではないか。

　次に「大学初年次に関する研究と学識が拡大した」という点を検討してみる。ここでは、2008年に設立された初年次教育学会における発表の動向を検討する。初年次教育の研究においてはマクロベース研究が政策・制度そして調査等も含まれ、ミドルベース研究はカリキュラムあるいはプログラムの中身、さらにマイクロベース研究は授業方法、ペダゴジーといった小さな単位で見るような研究として認識されている。大会の発表動向からは、初年次生に関する全国的データを利用しての研究などのマクロレベルでの研究、個別大学での初年次カリキュラムや分野別での初年次教育などのミドルレベルでの研究、初年次教育クラスにおける教育実践や教育方法等のミクロベースでの研究が蓄積されつつあることがわかる。テーマとしては理論や方法、評価、効果、学生の成長、適応、アイデンティティ、教授法、スタディ・スキルの獲得といったようなものがキーワードとしてあげられるが、第1回、第2回

大会でもこれらをテーマにした発表が多く見られた。

　研究発表の中でも、教授法という点に焦点を当ててみると、協働学習やサービス・ラーニングの方法、チーム・ティーチングなど、アクティブ・ラーニング方法に関する発表や学会として提供しているワークショップの参加者も多く、こうしたワークショップに参加した教員や職員が自大学にその方法を還流することを考えると、初年次教育の教授法に関する学識も徐々に広がっていく過程にあるといえるだろう。

　次に、初年次教育の内容に焦点を当ててみる。2007年調査においては、初年次教育の内容を①スタディ・スキル系、②スチューデント・スキル系、③オリエンテーションやガイダンス、④専門教育への導入、⑤教養ゼミや総合演習など学びへの導入を目的とするもの、⑥情報リテラシー、⑦自校教育、⑧キャリア・デザイン[6]、として定義し、初年次教育ではどの内容を提供しているかを尋ねている。回答から、初年次教育の内容として、オリエンテーションやガイダンス、スタディ・スキル系、情報リテラシー、専門への導入が定着していることが判明した。また、「学びへの導入」や「キャリア・デザイン」も正課内での初年次教育として位置づけられていることも判明し、初年次教育の内容は、2001年調査と比較すると幅広くなってきていることが確認された。一方でスチューデント・スキル系、自校教育を初年次教育として位置づけている比率は下がる。ディプロマ・ポリシー、カリキュラム・ポリシー、アドミッション・ポリシーを立てる際に、建学の精神を核とする自校教育は、3つのポリシーを関連づけるベースにもなるということ、学生の薬物問題や自尊感情（セルフエスティーム）も大学での適応に関係しているという指摘がある今日、こうした側面を今後どう展開していくかについても注視していく必要がある。

3．特色GP採択プログラムと初年次教育

　大学をより教育を重視する場へと変革させるような政策の存在のひとつに、短期大学教育、学士課程教育、大学院教育、社会人教育、学生支援などを対象とする文部科学省の「国公私を通じた大学教育改革の支援」の取り組

み、いわゆる教育のグッド・プラクティス（教育GP）があるが、そのひとつに2003年から07年まで5年間にわたっておこなわれた「特色ある大学教育支援プログラム」がある。2003年の開始以来、多くの大学が本プログラムに応募したが、初年次教育プログラムを「特色ある教育」とみなして申請している大学の比率は高かった。本節は特色GPに申請された初年次教育プログラムの分析を通じて、それが初年次教育の普及や拡大にどう影響を及ぼしたかについて検討することを目的とする。

特色GPへの各4年制大学の取り組み申請状況をキーワードから大雑把に分類し、どのような教育取り組みの申請が多いかを検討してみる[7]。図10-1に示しているように、国公私立という設置形態の違いにかかわらず、体験型学習、初年次教育の取り組みの申請件数が多いことが判明した。また、私立大学では、外国語教育の取り組みの申請状況が多く、国立大学では、カリキュラムの体系化への取り組みが目立っていた。また、学生を主体的に学ばせる教育方法であるアクティブ・ラーニングを高等教育機関に導入することの必要性が指摘されるようになって久しいが、その方法のひとつである体験型学習を核に教育プログラムを構築している大学が増加し、実績を残してきてい

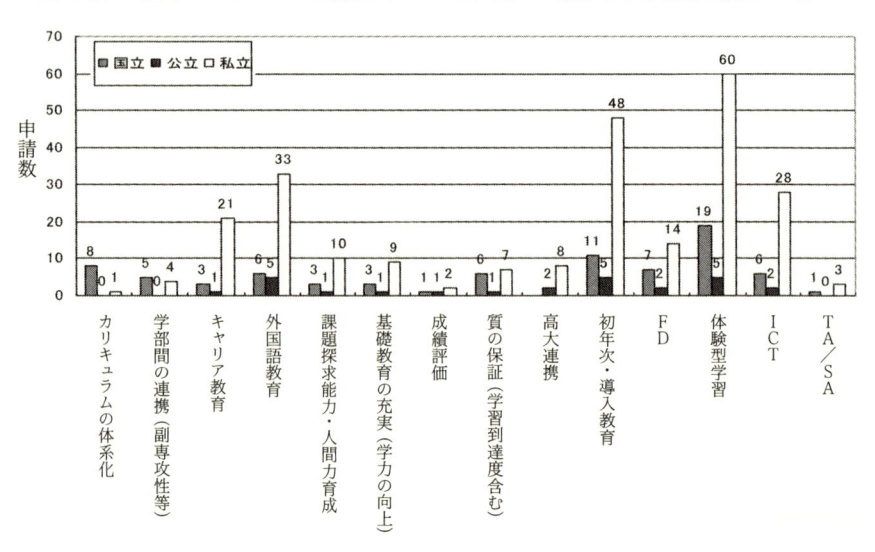

図10-1　特色GP申請プログラムの分類

ることが示されている。さらに、初年次・導入教育は国公私立大学を問わず、多くの大学が学生にとって初年時は重要であると位置づけ、力を注いできていることも明らかになった。

4. 初年次教育におけるアクティブ・ラーニングの活用

　特色 GP への申請書類上に明記されているキーワードを拾って分類した図10-1から、体験型学習を組み入れた教育プログラム数が多いことは前述したとおりである。体験型学習とアクティブ・ラーニングは切り離せない関係にあるか、大学によっては同一視しているところも少なくない。従来の教員の側から提供する講義主体のティーチングから、学生が能動的に関わるアクティブ・ラーニングが広がってきたことは、絹川が「特色 GP と採択事例の特性」という論考の中で指摘しているが (2011: 123)、初年次教育の手法として実際に積極的に取り入れられるようになってきている。そこには、「何を教えるか」から「何ができるようになるか」という、教育活動の中心目標の移行が促進され、その場合に双方向型のアクティブ・ラーニングが効果的であるという認識が共有されつつあることが背景にある。また学士課程教育における教育課程を通じて身体的な学習成果を身につけていくことが期待されるわけだが、その場合、従来から実施されてきた座学中心の講義とともに、初年次教育やサービス・ラーニングを始めとする新しい内容で構成された教育や方法が重要となる。つまり、ティーチングとラーニングの相互作用という概念が、教育を中心とする政策志向の流れの中で認識されるようになってきたと見ることができる。それ故、実社会で直面する正解が一つではない複雑・多様な課題に適切に対応できる思考力、創造力および課題探求能力を育成するため、教員は授業においては、ディスカッション、ディベート等により双方向対話型の授業を展開し、授業の事前・事後の学習を通じて、文章力、表現力、読解力、分析力、思考力といった基礎的能力を高めるように努めるようになってきた。特に、アクティブ・ラーニングは初年次教育の教授法として定着しつつある。プロジェクト型学習、プレゼンテーション、PBL（プロジェクトベースド・ラーニングもしくはプロブレムベースド・ラーニング）等がアクティ

ブ・ラーニングの代表的な教授法であり、フィールドワーク、インターンシップ、サービス・ラーニングなどは体験型学習としても分類されるが、初年次教育でも大いに取り入れられている手法である。なぜなら初年次教育は、知識を蓄積するというよりも、大学での学習への転換を図るという視点で設計されている授業が多く、その場合に学生達が参加を通じて、知識主体の講義形式からは学べないようなことを、自ら主体的に関わることを通じて転換を促進しやすい構造となっていることも関係している。

5. 初年次教育の課題

次に、初年次教育が直面する問題を検討してみよう。2007年の大学教育学会課題集会において実施したワークショップにおいて、初年次教育をなぜ導入するのかを参加者に尋ねてみたところ、「中退防止策として」「学生の学力低下対策として」「学習技術を教えるため」「学生の学習目的・学習動機対策として」「学生満足度アップのため」「学生の多様化への対応のため」「教育改革の一環として」「FDとして有効だから」「学力格差が拡大しているから」「動機の格差が拡大しているから」等が代表的な答えであった。初年次教育が拡大し始めた時期には「学力低下や動機の低下への対処」「中退率を低下させるため」といった回答が代表的であったが、現在はそれらに幅の広い理由が加わっていることに気づかされる。

また現在ある大学の規模や分類も一様ではないことから、初年次教育のニーズも一元的ではない。それ故、初年次教育をめぐる状況は「多様化の多様化」と呼ぶこともできるのではないか。

「多様化の多様化」という見方に立脚して、初年次教育が重視する内容を、2001年調査、2002年米国四年制大学調査[8]、2007年調査で比較してみると、日本の大学で初年次教育の内容の重視度および期待度が高くなってきていること、米国のほうがいずれの内容への重視度および期待度とも低いことが判明した[9]。特に2007年のデータから、日本の大学においては、学生生活における時間管理や学習習慣の確立、受講態度や礼儀・マナー、学生の自信・自己肯定感の重視度が大幅に伸張している。つまり、日本ではスチューデン

ト・スキル面への期待度が高くなっているとも言い換えられ、今後、自校教育や自尊感情の醸成といった側面が初年次教育を通じてどう展開していくかといった先述の指摘と、整合的である。

　日米の大学が提供している初年次教育内容についての共通要素としては、学習支援と情報スキル、つまりITが挙げられ、基礎的な学習として定着している。補完教育的要素も日米の共通要素である。一方、日米の差については、日本では学生生活スキルの支援、マナーなどが重視されているが、米国では転換期の支援型、しかも学習スキルをその中に組み込んで積極的に図書館などの学内施設を利用しているということが特徴として挙げられる。

　さらに、日米の2001年、2002年調査から、日米両国の初年次教育の普及率についてはほとんど差がないという結果となっているが、初年次教育を受ける学生に関する学力や学習動機などについてみると、日本の大学の教員は全ての項目での評価が悪化していると答えている一方で、米国の教員は現状維持あるいは改善しているとみなしていることが判明した。とりわけ、日本の教員の回答において、学習関連項目の悪化が目立っている。日米両国の学生の学力を共通に測定するのは不可能であることから、米国の入試制度における接続という概念を紹介したのちに、両国における学習に関する方法やペダゴジーといったミクロな側面を検討してみることにする。

6. 日米の中等教育と高等教育の接続概念

　現在、高大接続への関心が広がりつつある。特に高校卒業程度の学力を保証するために高大接続テストの導入にむけての議論が活発になってきている。本節では、学力の測定という視点からではなく、米国の入試に見られる接続という概念を明らかにした後、高校と大学において獲得すべき力にむけての教育方法やペダゴジーといった視点から、日米の高大接続を考察してみよう。レポートの書き方やプレゼンテーションについて日本の大学が米国より必要性が大きいことは前述した。その要因を考察する際に、日本の大学で求められるレポートの書き方やプレゼンテーションの経験を日本の中等教育でそれほど経験する度合いが高くないということを注視する必要がある。大

学で学生に期待する、身につけるべきレポートの書き方は、分析型、問題発見型、問題解決型、あるいは探求型である。一方、筆者が今までフォーカスインタビューをした内容を要約すると、多くの高校生はセンター入試や個別大学での論文試験対策として、小論文の執筆を経験することも少なくないが、それらは事実認識型、要約型、感想型といった類型に分類される。また、プレゼンテーションの機会も少なく、高校教育を通じて論理力涵養、問題発見や問題解決の機会を経験することはあまりない。推薦入試や AO 入試の普及により、入試が学力測定として機能していないという批判もあり、事実そうした側面が強い一方で、地方公立進学校や中堅の公私立進学校では、大学受験への対処として、知識注入型の学習が多く実施されている。つまり、論理力、問題発見力、解決力といった目標にむけての教育方法であるとされるディスカッションやプレゼンテーションの機会、あるいはレポートなどを書く機会が少なく、この面での高等教育と中等教育との接続性はあまり見られない。

初年次生を対象に実施した私学高等教育研究所の調査[10]のなかに、初年次教育を受けて役に立った教育方法や授業形態についての項目があるが、「プレゼンテーション」や「グループ・ディスカッション」など、アクティブ・ラーニングの範疇に入る教育方法が「役に立った」と評価している比率が高くなっている。もし学生がこうした方法を中等教育、特に高校教育の段階で充分に経験していたとすれば、果たしてこういう高い比率になったかは疑問である。

7. 米国の入学適性試験と AP プログラム

そこで、K-12、K-16 という概念から米国の入学適性試験である SAT[11] や ACT を見てみよう。米国における入学適正試験は、高等教育が大衆化するにつれて、様々な改革がおこなわれてきた。例えば、1950年から60年代にかけては、SAT は選抜型試験として機能していた。しかし、高等教育が大衆化していくなかで、SAT 受験者の得点が下がり続けることとなり、基礎学力試験として SAT Ⅰ が誕生するようになった。1994年に SAT は、SAT Ⅰ と推論力を測定する SAT Ⅱ の2種類からなるテストに複線化された。2002年に

は知能検査的項目を言語、数学テストから削除して、作文力テストが付加された。こうした改革を経て、現在SATは到達度評価型試験として位置づけられている。

　一方ACTのほうも1989年の改革以降、高校での学習到達度の測定から大学での学習に必要となる能力の測定が基本的な目的になるなど、その機能は変化してきており、高大接続という観点からテストの中身が構成されるようになってきている。その結果、英語では作文、社会では読解、数学では論理的な思考力と推論力、理科では科学的な推論力の測定が重視されるようになった。また、1990年代から米国の多くの州では、教育段階に応じて学習目標となる教育スタンダードを示し、それに準拠する進級テストによって生徒たちの到達度評価が実施されるようになった。この動向にも高大接続という視点が反映されている。つまり、高校教育では、入試のための受験勉強よりも、大学で教育を受けるための準備としての教育がより重要視されるようになったという次第である。

　1990年代には、新たな入学者選抜方法として入学スタンダードを設定する大学も登場した。この入学スタンダードとは、コンピテンシーやプロフィシエンシーという能力概念で表され、大学入学に必要な能力を大学側が示す仕組みであり、その内容はスタンダード、つまり高校までに身につけた能力を基準にしており、高校教育と大学教育の内容的接続ということが重要なポイントであり、特に、フロリダ州やオレゴン州の大学でK12からK16という概念で初等、中等、高等教育の接続を確立させる動向と捉えられる。

　K16という枠組みで教育制度が捉えられる際、具体的にはどのようになるのだろうか。初等、中等、そして高等教育を通じて、例えば、論理的思考の醸成、問題発見、解決力の育成が共通の目標として掲げられているとすれば、そうした力やスキルを育成するのに適している教育方法や形態は初等、中等教育を通じて導入され、児童や生徒が経験することになる。

　さらには、第7章で説明した高校に在籍しながら大学レベルの授業を受講するというようなAP（Advanced Placement）制度も取り入れられている。

　APプログラムは1952年に始まり、カレッジボードが提供するAPプログラ

ムのサービスは米国国内の高校および世界24カ国の高校で利用されている。

　モチベーションの高い高校生なら誰でもアクセスができるというこの制度を通じて、高校に通学せずにホームスクーリングを受けている若者も、AP科目の受講と単位認定試験の受験が可能である。

　AP科目を履修する高校生にとってのメリットについては第7章で述べたが、ここでAPプログラムへの参加がもたらす効果を学生と大学という側面からより詳細に検討してみる。

　大学への入学志願の段階において、生徒がアドミッション書類を提出し、審査を受ける過程において、もしその生徒がその大学のAPプログラムを受講していたならば、大学での学習のための準備が整っていると前向きに評価されることにつながる。次に、高校で学ぶ科目とは異なり、学識が深く、詳細な内容で構成されている科目を学習することができ、論理構成、分析するという大学での根幹となる学習の過程に関わることで、よいスタートを早期から切ることができるという効果がある。すなわち、高校生でありながら大学レベルの科目を受講しその単位認定のための試験に合格することが、その生徒が学習上で優れているという証明として機能することで、大学にとっては大学に適応する可能性の高い学生を入学予備軍として確保することにもつながる。近年、連邦政府やアクレディテーション団体から従来以上にリテンション率や卒業率を上げることが厳しく求められている高等教育機関にとっては、費用対効果やリスク管理といった視点からも、大学に適応する可能性の高い学生の確保は不可欠であることがその背景にある。

　APプログラムは、本来優秀な生徒に早期から大学レベルの科目を履修させることで大学への適応を支援する、いわばエリート教育の一類型であったが、最近では「APプログラムに参加を希望する生徒は誰でも挑戦できる」というように、大学進学を希望する生徒は誰もがアクセスできるようなプログラムに変容してきている。さらには、従来APコースは高校の最終学年の在籍者を対象にしていたが、現在ではそれ以外の学年の生徒も参加するなど対象学年が拡大する傾向にあり、事実高校低学年次生徒の履修率が全履修生徒数の五割程度を占めているといわれている (College Board: 2011)。しかし、AP

プログラムの展開と普及には落とし穴があることも事実である。つまり、高大接続といった点からみれば、どこまでが高校（中等）教育であり、どこからが大学教育であるのかが不透明になる危険性を伴っている。動機づけの高い生徒がますますAPコースに挑戦するようになり、参加者が年々低学年化することで、高校、中等教育の空洞化といった新たな問題が浮上していることも否定できない。

しかし、K16という枠組みをベースとして、大学で養成していくべき学生の成果を検討する際には、APプログラムの果たす役割は決して小さくないのではないだろうか。

米国でのK16という枠組みは、日本の中等教育と高等教育との接続という問題を振り返りながら改善していく上で、参考になる点も少なくない。日本と米国の学生の能力やスキルの過去5年間の変化に関する日米の初年次教育調査結果では、米国に比べて日本の大学では全ての項目で評価が悪化していること、特に学習に関連した項目における悪化が顕著なことが判明した。学習内容、ペダゴジーにおける高校と大学との共通点の少なさがひとつの要因と推察できるが、高大接続という視点から、高等教育と中等教育との接続、

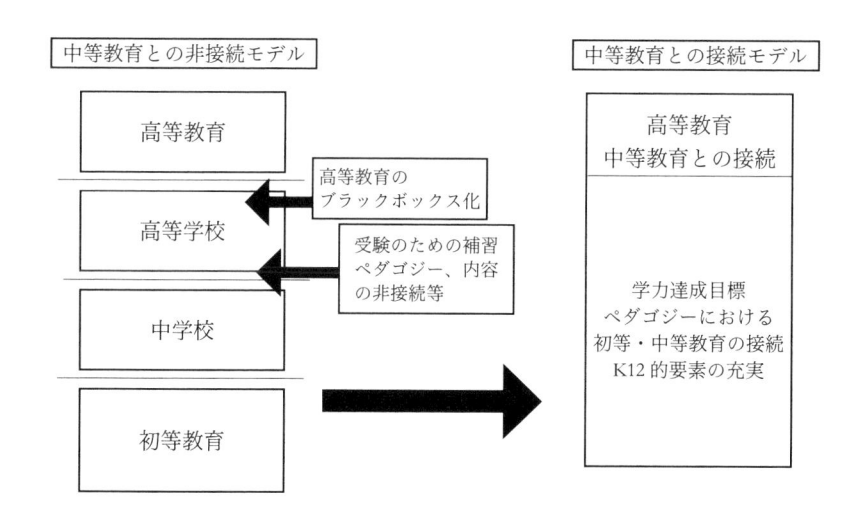

図10-2　教育方法・目標における高大接続モデル

学力達成目標、ペダゴジーにおける初等・中等教育の接続、K12的要素の充実といったことを整備し、そしてこれを踏み台としてみるとK16要素を充実させていくことが不可欠ではないだろうか。**図10-2**に教育の非接続モデルから接続モデルへの転換をモデル化した。

8. 初年次教育の多様化

　初年次教育が拡大・普遍化という第2ステージにかかってきていることは疑いの余地はない。その過程のなかで、大学教育学会や初年次教育学会の研究活動を通じて、概念の整理をおこない、方向性や教育方法、理論などの共有を図ってきた。しかし、そうした拡大化の一方で、初年次教育そのものの多様化にも目をむけていく必要がある。「学力格差の拡大」や「動機の多様化」を取り上げて、初年次教育をどの層に合わせて設計するべきかという論点を提示する大学も増加するようになってきた。中等教育と高等教育の接続問題において、大学で初めてプレゼンテーションやディスカッション、問題解決型のレポート執筆などを経験する学生が多い一方で、少数ではあるが中等教育段階でこのような教育方法や形態をかなり経験した学生も存在するようになってきている。こうした学生が授業終了時の授業評価アンケートで、「初年次教育の授業内容は既に高校で学んできており、再度学ぶ必要があるのか」といった疑問を提示することもある。既修者や入学当初から大学院進学を視野に入れて、高いステージで学びたい、あるいは海外の大学や大学院への正規留学を視野に入れて高度な内容を英語で学びたいというモチベーションをもつ学生をどう伸長させるかといった視点での初年次教育の構築にも視点をむける必要があるのではないか。また、初年次教育に要求される内容も大学の形態や構造、あるいは専門分野によって多様であり、専門分野や大学の類型別のプログラム開発も求められるようになっている。初年次教育が「多様化の多様化」にどう対処していくかは、現在直面している大きな課題であるといえる。

おわりに

　「多様化の多様化」段階では新たなニーズに対してのプログラムの開発や、類型化に着手していかねばならないが、その前提として、初年次教育の実践や研究実績の蓄積を充分におこない、それらを共有していかねばならない。

　初年次教育の方法、評価、学内で進めるための組織基盤を充実することが求められ、ネットワークを通じての情報交換の需要はより高くなりつつある。正規教育課程に初年次教育を組み入れる機関は増加してきてはいるが、実際に初年次教育内容と評価の問題といった授業関連要因とそれを担当する教員の意識や力量の差といった教員による要因、およびそれに付随して学内での理解がなかなか得られないといった学内での認知不足という現状を改善することは容易ではない。教授法にアクティブ・ラーニングをどう取り入れるかといった初年次教育の進め方についての困難性は、教員のFDにも関連しており、今後はFDの推進と同時進行で初年次教育も進展させていかねばならない。同時に、初年次教育の効果の測定方法については米国においても常に論議されているが、日本においても初年次教育が普及し新たな段階に入った現在、さらに情報を交換し、グッド・プラクティスを参照しながら、効果の測定や評価方法についての研究や実践の蓄積を進めていくことが求められている。

　このように見てくると、今後は様々な大学教育のディシプリンをしっかりとした背景としてもち、FDやSDに先導的な役割を果たしてきた大学教育学会や初年次教育や高校との接続を中心的な研究課題とする初年次教育学会の知見を、「多様化の多様化」段階に入りつつある初年次教育に活かしていくことが今以上に求められよう。特に、現在は学士課程教育と初年次教育との関係性を明確にすることや、初年次教育の位置づけの整理が急務であることから、研究と実践の統合を図りながら、初年次教育と学士課程教育の関係を発展的・整合的に形成し、考察していかねばならない。

注
1　当時は初年次教育という用語はまだ日本ではなかったが、内容は高校から大学

という移行期支援をおこなうということに重点がおかれており、現在の初年次教育の範疇に分類できる。
2 　当初は、初年次教育ではなく、1年次教育あるいは導入教育という名称を使用していた。
3 　課題研究委員会が発足した当初は、初年次・導入教育というように呼ばれていたこともあったが、濱名篤氏が「日本の学士課程教育における初年次教育の位置づけと効果、初年次教育・導入教育・リメディアル教育・キャリア教育」『大学教育学会誌』第29巻、第1号（2007）36-41頁で指摘しているように、現在導入教育は初年次教育という包括的な概念の一部として位置づけられている。その結果として、初年次教育が総称として使用されている。
4 　濱名篤委員長、田中義郎（～06.4)、山田礼子、川嶋太津夫、川島啓二、中村博幸、吉田智行、近田政博、杉谷祐美子各委員
5 　2001年調査は、私学高等教育研究所の導入教育班が4年制私立大学1,170学部を対象に実施し、636学部より回答を得た。2007年調査は、国立教育政策研究所が国公私立大学1,980学部を対象に実施し、1,419学部から回答を得た。
6 　①②③④⑥⑦⑧は具体的に次のような内容である。①レポートの書き方、図書館の利用法、プレゼンテーション等、②学生生活における時間管理や学習習慣、健康、社会生活等、③フレッシュマンセミナー、履修案内、大学での学び等、④初歩の化学、法学入門、物理学通論、専門の基礎演習等、⑥コンピュータリテラシー、情報処理等、⑦自大学の歴史や沿革、社会的役割、著名な卒業生の事績など、⑧将来の職業生活や進路選択への動機づけ、自己分析等
7 　複数挙げられているキーワードの中から、第1番目のキーワードを主体に分類したものであることから、実際のプログラムの中身がキーワードと一致しないこともありうる。これは実数をキーワードで分類したものなので、正確でないことを了承いただきたい。
8 　著者が米国の4年制大学1,358校を対象に実施し、463校が回答した。質問項目は2001年調査とほぼ同じである
9 　第11章において高校と大学との接続という視点から分析した、詳細な結果を示しているのでそちらを参照いただきたい。
10 　2003年に私学高等教育研究所の導入教育班が先進的初年次・導入教育を実践している全国の8大学の初年次生1,632人を対象に実施した調査。
11 　SATにはSAT Reasoningテスト（以下SAT推論テストとする）とSAT科目別テストの2種類がある。かつて、多くの大学が入学志願者に提出を求めていたのは、SAT推論テストのほうであったが、最近では推論テストに加えて、科目別テストの受験をアドミッションの要件としている大学も増加しているという。SAT推論テストは、「数学」「読解」「文法＋エッセイ」の3分野から成り立っており、それぞれが800点満点で合計2,400点になるように設計されている。

　SAT推論テストはカリキュラムとは関係のない進学適性テストであり、中等教育を修了した者であればだれもが受験できることから、進学予備軍をつくり出さ

ないという特徴を伴っている。SAT 科目テストは英語、数学、科学、社会、言語などの各専門教科のテストが1時間以内で終了するように設計されている。

　http://sat.collegeboard.com/practice/sat-practice-questions

第11章　大学から見た高校との接続

1. 問題の設定

　近年、日本の高等教育を取り巻く環境変化は著しく、学力・学習目的・学習動機・学習習慣の多様な新入生を受け入れる大学が急増している。文部科学省が、大学教育をより重視する教育政策の方向性を明確にしたことも、高等教育環境の変化とは無縁ではない。事実、多様かつ変容する学生の高等教育への進学を既にいち早く1970年代から経験した米国で登場した「初年次教育」が日本の高等教育において導入されたことは、自立し確立したアイデンティティをもった「大人」として、学生が自ら学び、成長していくことを間接的に支援してきたのみであった日本の大学に、教員が積極的に主導しながら学生を学びに関わらせる新しいタイプの教育が位置づく契機となった。事実、導入期には、定義や役割をめぐっての混乱がみられたが、現在では、初年次教育とは、高校から大学への重要な移行を支援する教育として定義され[1]、その定義も広く認知されている。学習技能分野における、特別な欠如を矯正するという意味をもつリメディアル教育を提供する大学が増加していることは否定できないが、初年次教育は大学に入学した新入生を大学1年生として認識し、大学での学習や生活に移行していく上での支援という位置づけで、リメディアル教育とは一線を画している。

　武内 (2008)、浜島 (2005) は、大学生が自らを「生徒」として自己定義し、大学のことを「学校」と呼称するなど、大学と高校との境界が曖昧になっている現象を大学の学校化、学生の生徒化と指摘しているが、事実、初年次教育を大学生への移行を支援する教育として位置づけるだけでなく、「高校4年生のための教育」といった高校と大学の接続の側面を意識した教育として

捉える動向も生まれつつある[2]。この動向からは、従来、中等教育までの普通教育機関とは異なり、専門教育を担当する機関として、学校教育法によって扱われてきた高等教育機関に、教育接続という新たな視点で教育を提供することが求められているともいえる。

こうした動向を視野に入れて、本章では大学から見た高校との接続とは何かというテーマのもとで、高大接続についての論点を整理し、定量データから新入生の実像を探る。次に、日米の初年次教育調査結果から日米における高校と大学の接続の差異を浮き彫りにした後、日本の教育を中心とした高大接続の方向性の検討を試みる。

2. 高大接続に関する論点の整理

高大接続は、入試選抜と高校時代の学習や生活行動を包摂する「生徒文化」という先行研究から論点を抽出することができる。本章では、高大接続の定義を入試選抜、教育、学生の発達と幅広く捉え、教育接続においては、教育制度、カリキュラム、教育方法、内容面と限定的に捉える。

荒井(2005)は、米国の入学適性試験として長く機能してきたSATやACTが、大衆化した高等教育に対処するために「大学での学習に必要となる能力」を測定するための試験内容に改革してきていること、そしてこの改革は中等教育までの学習との接続が不可欠であるという視点から、全米での学力テストや州ごとに設定された教育スタンダードの導入など出口段階の学力をチェックする機能が充実してきていることにも注目し、米国の動向を合わせ鏡として、日本においても入試選抜から、教育接続のシステムへの転換を意図した政策転換の必要性を論じている。このような中等教育段階での出口と、高等教育段階での入口を結ぶ接続システムとして、議論の俎上に上っているのが「高大接続テスト」(仮称)の構築である。

佐々木(2010)は、高大接続テスト(仮称)は、大学入試の選抜機能に高大接続の学力把握を任せている現状を脱却し、高校教育の達成度を確認することにより高等教育への学力面での接続を図るものと定義し、その制度化の可能性を具体的なテストの方向性とともに道筋として提示している。しかし、こ

うしたテストを介しての接続だけではなく、教育の内容や方法としての教育接続の充実化が指摘されてはいるが、その具体的な論点はまだ展開されているとはいえない。

高校における生徒文化というアプローチでは、武内ら (2005b; 2008; 2009) の研究が嚆矢といえる。生徒文化が学生文化に接続するという論点から、谷田川 (2009) は、高校時代に「読書」や「受験勉強」といった勉学中心の活動、「ボランティア」といった奉仕活動に打ち込んだ学生がより「向授業」にプラスの効果を示していると指摘している。黒河内 (2009) は、高校時代の経験を入試タイプ別に分析した結果として、AO 入試学生は高い意欲をもち、一般入試学生は受験勉強を通じて学業への意識を高めているが、読書経験が比較的少なく、自主的な学業への意識はそれほど高くない結果を示している。

高等教育研究の領域としての研究蓄積は多くはないが、高大接続の論点として、青年心理からのアプローチ、あるいはアイデンティティの形成という視点は不可欠である。大学生のアイデンティティ確立にどう大学教育が関わっていくかを実証および実践面で架橋しようとする方向性は、溝上の一連の研究 (2001; 2004) にみられる。氏の知見をまとめれば、若者は様々な経験を通じて、青年である自分への問いかけをしながらアイデンティティを確立するが、現代大学生は他者との関わりや活動において、様々な揺らぎを感じ、アイデンティティを模索している (溝上: 2004)。こうした模索する学生に大学教育がいかに関わっていくかが新しい論点でもあり、これまでとは異なる大学教育のあり方でもあるだろう。青年のアイデンティティ確立には、高校時代の経験や学習行動などが連続的に関わっていることも、高大接続を考察するプロセスでは看過できないことを付加しておきたい。

筆者は日本の大学におけるカレッジ・インパクト研究を 2004 年以来実施してきた。高校との接続を先述したアスティンが提示した I-E-O モデル（インプット＝既得情報、環境、成果）[3] に依拠しながら、インプット要因はどこまで学生の成長に影響を及ぼすのかという高大接続に関する問題意識をベースに検討してきた。

ここで高大接続課題の整理に関連する研究結果の一部を提示してみる。杉

谷 (2009a) は進学理由や大学での充実度等を指標とし、学生をポジティブ学生とネガティブ学生に類型化した。第1志望校進学者はポジティブ学生に多く、ネガティブ学生は第1志望校以外への進学者に多い傾向がある。また、入学難易度の高い大学ではポジティブな学生が占める率がやや高い傾向がみられるが、比較的難易度の高い大学でも、一定数のネガティブな学生が存在している。入試形態別には、指定校推薦者や内部進学者においてポジティブな学生の率がやや高いといった傾向も確認された。

一連の学生研究のなかで、進学理由に関して自己決定力の強い学生、そして反対に、他者決定力の強い学生がそれぞれどのような大学での経験を経て、結果としてポジティブ学生あるいはネガティブ学生になっていくかの過程を検討した結果、自己決定型の学生はポジティブに学生生活を送り、また、ポジティブな学生は経験を大学での適応に結びつけられる傾向が高いことが判明した (山田: 2009a)。大学での学習や経験など包括的な向大学生活という点で、自己決定型進路選択が、高大接続に影響を及ぼしていることは看過できない。しかし、山田らが示した研究成果のベースとなったデータは、主に大学2〜3年生を対象とした大学生調査 (JCSS) であり、高校時代の学習行動、経験と大学での経験の接続を意識した調査項目から構成されていないことから、分析上限界がある。

以下本章では、新入生調査 (JFS) のデータから、新入生の現状について大学からみた接続という視点で分析する。

3. 新入生調査からみる新入生のプロフィール

3-1. 使用するデータ

JCIRP は、カレッジ・インパクトモデルを検証することを目的とした、継続的に実施する複数の学生調査からなるプログラムである。2008年、従来の大学生調査 (JCSS) による一時点調査に、新たに開発された大学生調査のインプット部分として利用できる日本版新入生調査 (以下 JFS) が加わった。2008年6月から7月にかけて JFS を実施し、163大学 (実際は学部) から 19,661人 (うち新入生は19,332人) の新入生が参加した。調査項目は、高校での学習

表11-1 参加大学、学生（新入生のみ）の基本的情報

設置形態	度数	比率	専攻分野	度数	比率	性別	度数	比率	高校成績	度数	比率
国立	3,523	17.9	人文	2,375	12.3	男性	10,103	52.3	上位	3,536	18.3
公立	1,568	8	社会	5,390	27.9	女性	8,710	45.1	中位の上	5,287	27.3
私立	14,570	74.1	理工農系	4,821	24.9	無回答	519	2.7	中位	4,583	23.7
合計	19,332	100	医療	2,295	11.9	小計	19,332	100	中位の下	2,753	14.3
			教育	1,714	8.9				下位	2,556	13.2
			家政	484	2.5				その他	555	2.9
			芸術	777	4.0				小計	19,274	99.7
			その他	1,024	5.3				無回答	58	0.3
			合計	18,880	97.7				合計	19,332	100
			無回答	452	2.3						
			合計	19,332	100						

体験、向学態度、進学理由、入試形態、大学での補習授業の受講状況、受講希望、大学での満足度、自己評価、価値意識等から構成されている。本調査の概要を表11-1に示しているが、参加大学は設置形態別に見ると私立大学が約75％であり、学校基本調査と大きな隔たりはない。原票では、より詳細な専攻分野に分類しているが、本章では学校基本調査の分類に準じて再分類した分野を示している。性別は男子学生の比率が若干高く、高校での成績は上位から中位までがおおむね70％となっている。

本調査データから、新入生の高校時代の学習体験の全体像を把握する。次に、学生を類型化し、学生の類型と高校および大学環境での行動との関連を探る。分析には、高校時代の学習体験、向学態度および現在感じている大学での充実度を変数として使用する。さらに、学生類型と自己認識の関連も検討する。先行研究では、大学類型という分析軸により、大学が学生に与える環境との関連が探られてきているが（谷田川：2009）、本章では学生類型による差異を探索することを主眼におくことから、難位度（偏差値）という変数は分析軸としては扱わないことをあらかじめ付言しておきたい。

3-2. 学生類型

学生類型は2種類設定する。第1の類型は、現時点での大学生活に焦点を

当てた項目「大学での経験全般の満足度」「学生生活の充実度」「進学先への意識」について杉谷の学生類型を適用し、分類した結果、「ポジティブ」「ややポジティブ」「ややネガティブ」「ネガティブ」学生という4類型が得られた。内訳は、「ポジティブ」学生は3,313名(16.9％)、「ややポジティブ」学生は5,445名(27.7％)、「ややネガティブ」学生が5,849名(29.7％)、「ネガティブ」学生は4,272名(21.7％)である。ポジティブ学生とネガティブ学生のプロフィールについて述べるが、入学後間もない6月の時点での回答項目から学生類型を作成しているために、大学入学までの背景であるインプット部分がかなり類型を規定していることをあらかじめ付言しておく。設置形態別では、国立と公立大学にポジティブ学生が多く、私立大学にネガティブ学生が多い傾向が散見される。また、高校時代の成績上位者にポジティブ学生が多く、成績下位者にネガティブ学生が多い傾向が見られる。

　次に、第1の類型とは異なる枠組みから学生の類型を探索的に検討する。質的な変数を用いて、探索的に類型への分類、すなわち、質的な潜在変数である学生分類を探索するのに適しているのが潜在クラス分析と呼ばれる統計分析モデルである。この統計分析モデルにより、主に高校時代の行動や経験に焦点を当て、JFSの質問項目の中から、「進学時の親の関わり」「進学理由」「高校時代の学習行動・経験」からなる項目を因子分析し、その値の0以上を「高」、0以下を「低」と置き換え、2値の質的変数にし、加えて質的変数である「高校成績」「志望度合」を分類に使用する。木村(2010)がおこなった潜在クラス分析により、適合度検定、適合度指標、情報量基準の各指標の算出を検討した結果、6つのクラスター数が選択された[4]。それぞれの顕在変数への回答傾向を検討した結果、第1クラスターは特に明確な目的、目標のないまま学習をしてきた無目的型、第2クラスターは高校時代に探求学習を経験しているが、その意味を深く理解していない探求学習型A、第3クラスターは高校時代に教師の指導に従順に対応した高校指導従順型、第4クラスターは自分の明確な意思をもたないまま他律的に受験勉強に臨んだ受験勉強型A、第5クラスターは探求型学習を経験し、その意味を理解し次につなげようとする探求学習型B、第6クラスターは明確な目的、目標をもって自律的に受験勉強

に励んだ受験勉強型Bという特徴をもった学生群であるとした。

3-3. 高校時代の経験

図11-1には新入生の高校3年時点での1週間の活動時間を示している。アルバイトに時間を全く割いていない高校生が79.2％、部活動や同好会の活動時間が0の高校生が37.7％というように、受験期にある高校3年生という立場を反映した結果が示されている。「読書」にまったく時間を割かない高校生も40.8％存在している。比較的活動時間が長い比率が高い「友人との交際」と「勉強や宿題」を取り上げ、より詳細に見ると、「友人との交際」では11〜15時間が9.0％、16〜20時間が5.0％、20時間以上が13.6％、「勉強や宿題」では、11〜15時間が8.5％、16〜20時間が7.6％、20時間以上23.1％となっており、「勉強や宿題」での最も比率の高いのは20時間以上である。しかし一方で、1週間にほとんど「勉強や宿題」に関与しない層も合計33.2％（0時間から1時間未満と1〜2時間の合計）存在していることが判明した。

次に、ポジティブ学生とネガティブ学生という学生類型でこの2項目についての活動を見てみたところ、「勉強や宿題」については、ポジティブ学生のほうが若干活動時間の長い傾向がみられるが、それほどの差があるとはいえず、「友人との交際」においては、ほとんど差が生じていない（図11-2）。

しかしこの問いでは、活動時間について尋ねているだけで、実際の具体的

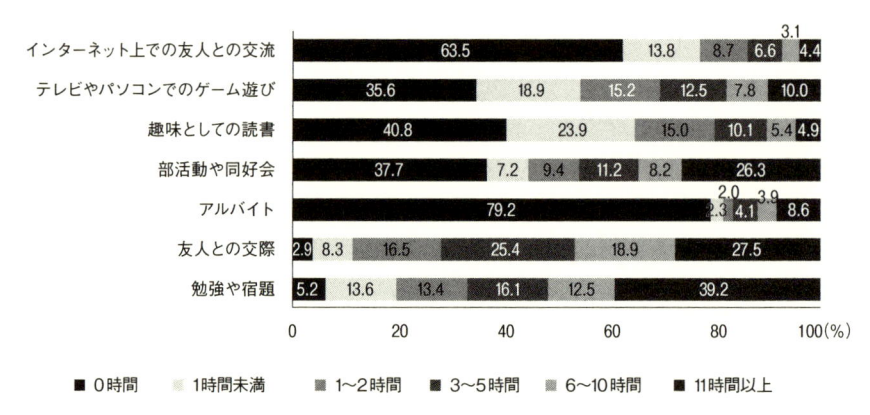

図11-1　高校3年生時点の活動時間

		0時間	1時間未満	1～2時間	3～5時間	6～10時間	11～15時間	16～20時間以上	20時間以上
友人との交際	ネガティブ	3.4%	8.8%	16.3%	24.9%	18.6%	8.9%	4.9%	14.1%
	ポジティブ	2.3%	8.6%	16.4%	26.2%	19.6%	9.1%	5.1%	12.7%
勉強や宿題	ネガティブ		7.6%	15.3%	13.5%	14.7%	11.8%	8.3%	6.9%	22.0%
	ポジティブ	4.2%	11.5%	12.9%	15.6%	13.4%	9.0%	8.5%	24.9%

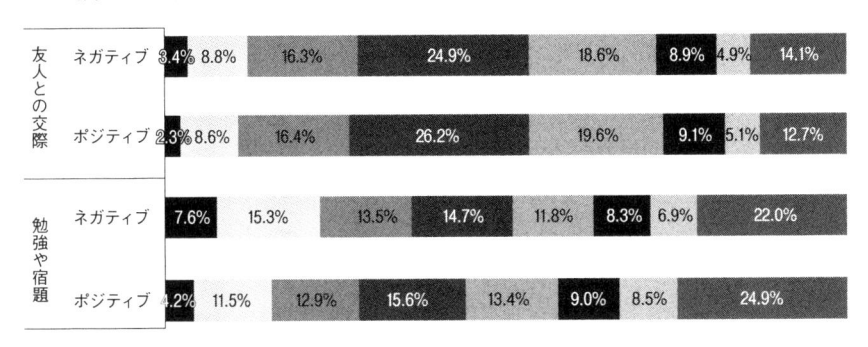

図11-2　学生類型別「友人との交際」と「勉強や宿題」に割く1週間の活動時間

な行動や関与(Involvement, Engagement)の状況についてはわからない。アスティンやクー等により、学生は学習活動やその他様々な活動への関与(Involvement 以下インボルブメント、Engagement 以下エンゲージメント)[5]を通じて成長し、成果へとつなげていくことが実証されている。学生の成果は、知識の習得や知識を使って理論づけや論理構成などができるという認知面(cognitive)と感情、態度、価値観、信念、自己概念、期待感や社会的および人的相互関係の構築に関連するような情緒面(affective もしくは non-cognitive)に分類できる。米国のカレッジ・インパクト研究では、認知面と情緒面の成果は相互に関連し合うという知見を前提とし、情緒面での安定や充実が認知面の充実につながるという認識が一般的に受け入れられている。チカリングが明らかにした①能力の達成、②情動の統制、③依存から自立へ、④対人関係の成熟、⑤アイデンティティの確立、⑥目標の開発、⑦統合性の発達、という7つのベクトルという概念も、この情緒面と認知面の相互関連性に焦点を当てた理論研究である。エリクソンのアイデンティティ理論、コールバークの道徳性発達理論に代表される認知—構造論者が米国のカレッジ・インパクト研究の系譜に影響を及ぼしているのも、情緒と認知の相互関連性を捉えることが学生の成長には不可欠であるという問いを投げかけていることに他ならない(Pascarella & Terenzini: 2005)。そうであるとすれば、インボルブメントやエンゲージメントの度合いを知るためには、学生の自己認識や実際の行動の状況を把握するこ

とが必須となる。そこで、学生の類型にもとづき高校時代の行動と自己認識の状況について概観してみる。

現在の自己認識の項目については、学力、読解力、数理的な理解力、文章表現力等アカデミックな認知性に関連した項目と、**表11-2**に挙げている情緒的な項目から成り立っている。質問項目を主成分分析した結果、3因子が抽出された（累積寄与率55.1％、回転後の因子負荷量の絶対値0.530以上）[6]。第1因子は表11-2に因子得点の高い項目から並べているが、主成分分析によって得られた因子を構成している因子負荷量は次の通りである「情緒面での安定度（0.673）」「他者の理解（0.623）」「協調性（0.588）」「体の健康（0.582）」「社交面での自信（0.550）」「自己の理解（0.530）」から構成されており、内面的情緒性と名づけた。第2因子は、創造性（因子得点0.683）、チャレンジ精神（0.672）、競争心（0.624）、やる気（0.594）、リーダーシップ（0.532）から構成され、先ほどの因子と比較すると外面上に現れやすい項目であることから、外面的情緒性とした。

「友人との交際」「勉強や宿題」に割く1週間の活動時間においては、ポジティブ学生とネガティブ学生にはそれほど差がないことは前述した。しかし、活動内容を積極性、動機づけとの関連性があるとして、より詳細にみてみると、いずれの項目もポジティブな学生のほうがネガティブ学生よりも「した」[7]と回答している比率が高い。次に、ポジティブ学生とネガティブ学生の自己認識を外面的情緒性と内面的情緒性から検討してみると「平均」と回答している比率にはそれほど差がみられないが、「平均以上〜上位」と回答しているポジティブ学生の比率が高く、「平均以下〜下位」と回答しているネガティブ学生の比率が高いなど、学生類型の差が顕著に表れている。特に外面的情緒性を構成している項目は、積極性や行動力にも結びつく要素と推察されるが、高校3年次の活動状況とも相互関連性が高い。内面的情緒性の項目では「協調性」「自己の理解」「他者の理解」が若干活動状況との間に相関がみられるが、他の項目と活動状況との間には、ほとんど顕著な相関は見られない。一方、外面的情緒性の因子をもつすべての項目は、活動状況との間に0.140〜0.350程度の幅での相関係数を示している。相関係数の高い上位5位まで

表11-2 高校3年生時での活動状況と現在の自己認識 (%)

高校三年生時の活動状況 *		全くしなかった	した	合計
授業中質問した	ポジティブ	35.3	64.7	100
	ネガティブ	42.9	57.1	100
自分の意見を論理的に主張した	ポジティブ	45.4	54.6	100
	ネガティブ	54.8	45.2	100
問題の解決方法を模索し、それを他者に説明した	ポジティブ	33.1	66.9	100
	ネガティブ	42.9	57.1	100
困難なことにあえて挑戦した	ポジティブ	28.6	71.4	100
	ネガティブ	39.6	60.4	100
問題に対処するために新しい解決策を求めた	ポジティブ	28.2	71.8	100
	ネガティブ	38.3	61.7	100
授業以外に興味のあることを自分で勉強した	ポジティブ	37.6	62.4	100
	ネガティブ	44.9	55.1	100
自分が取り組んだ課題について教師に意見を求めた	ポジティブ	40.4	59.6	100
	ネガティブ	50.5	49.5	100

現在の自己認識 **		平均以下〜下位	平均	平均以上〜上位	合計
内面的情緒性					
情緒面での安定度	ポジティブ	22.6	43.9	33.5	100
	ネガティブ	30.8	45.0	24.2	100
他者の理解	ポジティブ	9.9	51.9	38.2	100
	ネガティブ	16.7	54.0	29.3	100
協調性	ポジティブ	15.1	43.4	41.4	100
	ネガティブ	22.7	47.0	30.2	100
体の健康	ポジティブ	15.9	36.8	47.2	100
	ネガティブ	20.2	41.4	38.4	100
社交面での自信	ポジティブ	26.7	41.9	31.4	100
	ネガティブ	36.6	41.1	22.3	100
自己の理解	ポジティブ	13.2	49.0	37.8	100
	ネガティブ	21.3	50.0	28.7	100
外面的情緒性					
創造性	ポジティブ	23.8	46.8	29.4	100
	ネガティブ	28.8	47.4	23.8	100
チャレンジ精神	ポジティブ	17.5	39.4	43.2	100
	ネガティブ	28.4	41.4	30.2	100
競争心	ポジティブ	21.6	38.4	40.0	100
	ネガティブ	29.2	38.2	32.6	100
やる気	ポジティブ	13.4	39.3	47.3	100
	ネガティブ	25.8	43.7	30.5	100
リーダーシップ	ポジティブ	35.9	39.5	24.6	100
	ネガティブ	44.3	38.1	17.6	100

*　** 学生類型はいずれも χ^2 乗検定、$p<0.001$ で有意

についてあげると、チャレンジ精神・困難なことにあえて挑戦した（0.346）、リーダーシップ・自分の意見を論理的に主張した（0.312）、やる気・困難なことにあえて挑戦した（0.297）、競争心・困難なことにあえて挑戦した（0.252）、チャレンジ精神・自分の意見を論理的に主張した（0.243）となっている。このことから外面的情緒性が、主体的に学びや行動というインボルブメントやエンゲージメントに関わるための基盤となっていると推察できる。学力という認知面と情動部分が複雑に絡み合って、新入生の大学での生活に影響を及ぼしていると仮定すれば、入試選抜による学力の測定という視点を中心に高大接続を検討するだけでなく、学力形成の背後に存在する自己概念や自己認識を接続問題として捉えなおし、次に、大学教育が学生の自己概念や自己肯定感の確立にいかに関わっていくことが、ユニバーサル化した高等教育の新たな段階としての課題であることを示唆している。

　大学の側から接続問題を語る際に、高校で確実に学ぶ内容が充分に保証されていないという立場から、大学はリメディアル教育を提供すべきではないという見方がある。それでは実際に、専攻分野とリメディアル教育の受講状況および受講希望状況はいかなる現状にあるのだろうか。

　図11-3には専攻分野別による補習授業の受講状況の対応分析結果を提示している。対応分析は、クロス表のデータを基本に、カテゴリー間の関連を図上にプロットすることを通じて、その関連を視覚的に捉えるのに適した探索的な方法である。ここでは、専攻分野と補習授業の受講状況という2変数間の関連を見てみる。各軸の寄与率は、1軸と2軸の合計で98％近い数値を示しており、特異値が1に近いほど行と列の関連があるとみることができるが、この図の値は1軸で0.614、2軸で0.334となっており、関連は強いとみることができる。理工農生物系専攻学生が数学のリメディアル科目を履修している傾向が強く、医療系の学生が理科系等のリメディアル科目の履修度が高い傾向が見られる。家政系（栄養管理）の学生も若干理科系等のリメディアル科目を履修する傾向が見られる。数学と理科系統のリメディアル科目については、図上に受講している学生の専攻がクリアに示されている。一方、文書作成と英語のリメディアル科目の周辺に、芸術系、人文系、社会科学系、教育

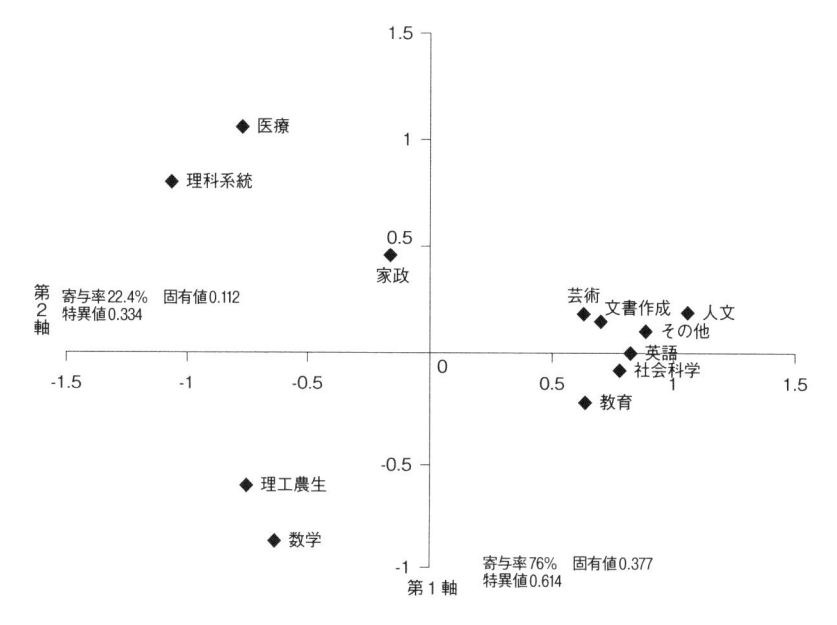

図11-3 対応分析結果 1軸 × 2軸 専攻分野別補習授業受講状況

系、その他が囲むように位置している。両科目を受講している学生はこうした専攻に集中している傾向があり、特に英語リメディアル科目を履修している学生は社会科学系に多く、文書作成科目を履修している学生は芸術系に集中している傾向が強いと解釈できる。

同様に現在理科系統、数学、文書作成、英語といったリメディアル科目を受講していないが、受講希望の多い学生が所属する専攻分野との対応分析を実施したところ、受講状況と類似したプロットが示され、英語と文書作成、数学、理科系統の受講希望者は、実際の受講者とほぼ同じ専攻分野に集中していることが確認された。

潜在クラス分析から分類した学生類型による補習授業の受講率を比較してみたところ、英語のリメディアル科目を受講している学生が、いずれの類型でも最も高い比率となった[8]。また、学生類型に着目してみれば、リメディアル4科目を受講する比率が最も高かったのは、高校指導従順型学生である。大学からリメディアル科目を受講するように指示されたというよりは、自発

的にリメディアル科目を履修登録したケースが多いと推察されることから[9]、時間割表に掲載されている科目についてそれほど熟考することなく登録するという姿勢は、高校時代に教師の指導に従順であったことの裏返しとも捉えられ、自主的判断の基礎が確立されていない可能性も考えられる。

次に、高校時代の行動や経験をベースに潜在クラス分析により分類した学生類型が、入試の方法とどのような関連があるかを対応分析から探索的に探ってみる。図11-4の1軸と2軸の寄与率の合計は97％という数値を示している。探求学習型Bの学生がAO入試に最も近い位置にプロットされており、推薦型入試には受験勉強型Bの学生が近く位置している。内部進学で入学してきた学生は、高校指導従順型、受験勉強型B、受験勉強型Aを三角で結んだ真中近くに位置している。一方、探求学習型Aと無目的型学生は2軸のプラスとマイナスに分かれてはいるが、一般入試とセンター試験併用型を挟んだ形で位置している。その他入試とセンター試験のみは他の学生類型からも遠く位置している。

入試と学力の観点から、最近では学力を測定しないままで大学に入学する

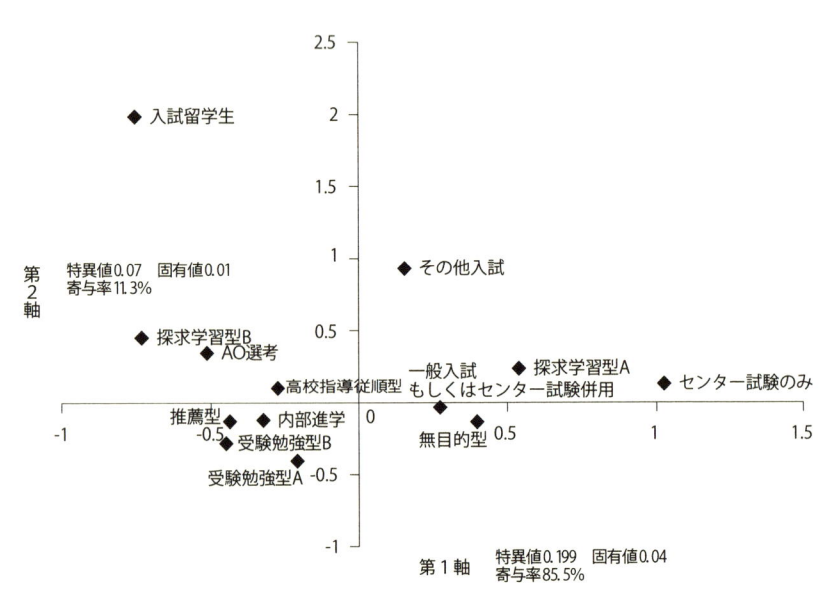

図11-4 対応分析結果 1軸 × 2軸 入試型と学生類型の関係

学生が増加しているという批判がされ、その矢面に立たされているのが AO 入試である。事実、国立大学のなかで AO 入試を取りやめる大学も少なくない。しかし、19,300 人以上の新入生が参加している JFS データを用いて、大学から見た接続という視点から探索的に探ってみたところ、大学教育を通じて育成すべき「自律的に課題を見つけて、問題解決の道を探る」という能力や技能と親和性が高い探求学習型 B の学生の多くが、AO 入試を経て入学してきていることがプロット上からうかがえる。AO 入試の運用において、改善するべき点が多いことは否めないが、丁寧に時間をかけて学生を選考するとすれば、大学教育に円滑に順応しやすい学生を選抜し、育成していくことも可能という示唆を与えている。同様に、明確な目標や目的をもって受験勉強に臨んだ学生が推薦型入試に多いことも示された。推薦型入試による学生は、大学で学ぶ分野や内容に理解があり、おそらく第 1 志望が多数派であるとすれば、こちらも大学入学後に専攻分野に円滑に順応していく可能性は高いのではないか。いいかえれば、両入試型を経た学生は、インボルブメントやエンゲージメントに前むきに関わりやすい傾向をもっていると推察される。

　専攻分野と学生類型をクロスで見たところ、全ての専攻分野において無目的型、探求学習型 A、高校指導従順型、受験勉強型 A の学生が多く在籍していることが判明した。これら 4 類型の合計平均は 78.9％（分野別では 73％〜80％の幅がある）になり、特に、いずれの専攻分野においても、無目的型と探求学習型 A が顕著に多い。

　JFS 2008 のデータを用いた実証分析を通じて、入学後間もない時期における大学生の学力を中心とする認知面と情緒面における高校時代との接続に関する全体像が捉えられた。ここで得られた結果についてあえてまとめれば、日本の大学教育は学びに自立的に取り組むことが前提であり、その基盤に立ち、問題の発見や解決へと結びつけていくことを大学教育として定義することで成り立ってきた。しかし、現状の学生のプロフィールからは、こうした前提が有効に機能することは決して容易ではないことが明らかとなった。次節では、大学生の変容と並行して進展してきた初年次教育を、高校と大学との接続という視点で考察してみる。

4. 初年次教育と高大接続の問題

　高校と大学の教育接続という視点でみると、初年次教育は高校から大学への円滑な移行を支援する教育として、大学で必要となるスキルの育成や姿勢の醸成を意図した内容で構成されている。日本における初年次教育は、2000年代に入って多くの大学に急速に導入され、急激に拡大してきた。2001年時点で84％近くの私立高等教育機関が、スタディ・スキル（一般的なレポート・論文の書き方や文献の探し方）の取得や専門教育への導入を主な目的とした初年次教育を導入していた[12]。2007年に全国の国公私立大学を対象に国立教育政策研究所がおこなった調査結果をみると、初年次教育の普及率は97％近くに上っており、総合大学、研究大学、単科大学などの種別を問わず、全国の大学への初年次教育普及が確実に進展していることが新たな知見として得られた（山田：2008b）ことは先述した。2001年時点で初年次教育の領域として認識されていたスタディ・スキル、ソーシャル・スキル、専門教育への導入、情報リテラシーに加え、学びへの導入、キャリア・デザインや自校教育等が初年次教育のカバーする領域として新たに認識されるようになるなど、領域の広がりも著しい。表11-3には、2001年調査、2002年米国4年制大学調査、2007年調査から初年次教育が重視する内容を比較して示している。表11-3からは、米国大学のほうが「大学への帰属意識」を除いた全ての内容への重視度得点が低いこと、2007年と2001年のデータを比較すると、日本の大学ではほぼすべての項目の重視度が上昇していることがわかる。「学生生活における時間管理や学習習慣の確立」「受講態度や礼儀・マナー」「チームワークを通じての協調性」の重視度が大幅に伸張しているが、従来、小・中という義務教育段階で育成されていたはずの項目が、大学での初年次教育の内容として重視されるようになってきていることが特徴的である。

　そこで、学力の測定という視点からではなく、教育方法やペダゴジーといった視点から日米における教育接続の状況を考察してみる。大学での学習を円滑に進めていく上で不可欠な、「レポートの書き方」「論理的思考力や問題発見・解決能力」「図書館の活用方法」「口頭での発表技法」等は、日米の大学が

表11-3　初年次教育で重視する内容

(5件法による平均値　5点が最高点)	2007年	2001年	2002年（米）
レポート・論文の書き方などの文章作法	4.69	4.62	4.15
コンピュータを用いた情報処理や通信の基礎技術	4.69	4.49	3.47
図書館の利用・文献探索の方法	4.57	4.36	4.22
学生生活における時間管理や学習習慣の確立	4.50	3.66	4.00
論理的思考力や問題発見・解決能力	4.47	4.40	4.05
学問や大学教育全般に対する動機づけ	4.45	4.40	4.19
プレゼンテーションやディスカッションなど口頭発表の技法	4.43	4.43	3.90
受講態度や礼儀・マナー	4.42	3.93	3.14
情報収集や資料整理の方法とノートの取り方	4.39	4.03	
(2001年、2002年は情報収集とノートの取り方に分割)		3.60	3.56
読解・文献講読の方法	4.29	4.22	3.87
将来の職業生活や進路選択に対する動機づけ・方向づけ	4.28	3.97	3.60
社会の構成員としての自覚・責任感・倫理観	4.28	3.93	4.16
学生の自信・自己肯定感	4.24	3.95	3.79
チームワークを通じての協調性	4.22	3.47	3.98
大学への帰属意識	3.86	3.47	4.35
フィールド・ワークや調査・実験の方法	3.78	3.77	3.23

重視している共通項目であるが、日本の大学の重視度が米国の大学よりも高い。単純にこの数値から日米を比較することはできないが、ある示唆を与えていることは確かなようである。筆者は所属する大学において初年次教育である「ファーストイヤーセミナー」を担当した3年間と、現在は持ち回り担当者として新入生に初年次教育の役割についてのインタビュー調査等を実施している。その内容を一部紹介すると、学生たちの多くは、「論文の書き方」「レジュメの作成方法」「図書館の活用方法」「グループでワークを作り上げていくこと」「プレゼンテーションの運び方」などを高校時代とは異なる経験であるとみなし、有意義であると評価している[11]。高校時代に小論文や口頭発表を経験しているが、その経験と初年次教育で受ける内容には共通点が少ないと指摘する学生も多い。この点についての解釈は第10章で述べた。また高校教育における学びの量という問題も大いに関係している。

　現在、多くの高校は学習指導要領に定められた内容を高校卒業までに、多様な生徒を対象に消化しなければならないという状況に腐心している結果、

口頭発表の機会を提供することは一部の中高一貫校や、大学付属の高校を除けば限られ、高校生が高校教育を通じて論理力涵養、問題発見や問題解決の機会を経験することは少ない。また、大学受験への対処として、高校で「知識注入型」の学習形態が多いことも暗黙の了解ともいえる。つまり、論理力、問題発見、解決力といった目標にむけての教育方法として効果的だとされるディスカッションや口頭発表の機会、あるいは探求型レポートなどを書く機会はスケジュールという点からみても、限られており、その結果、高等教育と中等教育との教育方法の接続性はあまり見られない。

　高校から大学への円滑な移行を支援する初年次教育は、「学力低下に備える」だけでなく「動機づけの欠如を補う」効果も期待されている。今までは初年次教育を大学で初めて新入生のためにおこなう教育として位置づけており、高大接続という視点でその役割を考察してきたことはほとんどない。そこで、なぜ米国では、初年次教育の内容を重視する度合いが日本よりは低いのかについて、高大接続という視点からアプローチしてみよう。

5. 米国における教育接続と日本の教育接続の新たな展開

　米国における高大接続には、SAT や ACT などの入学適性試験、高校卒業段階での学力を測定するアセスメントに加えて、高校に在籍しながら大学の前期教育段階の一般教育の一部科目を履修できる AP (Advanced Placement) という教育面の高大接続の制度が存在することは先述した。とりわけ高等教育への進学がユニバーサル化して以来、それまで初等教育段階から中等教育までを K12 として、その段階までの接続を重視してきたのに対し、高等教育までを含めて K16 として教育接続機能をより前面に押し出すようになってきている (Kirst & Venezia: 2004)。オレゴン州での PASS (Proficiency-based Admission Standards System) は、大学と高校が協力して、高校卒業までの到達すべき学力水準を設定することにより、大学での学習の備えになる仕組みであり、K16 の象徴的な事例でもある。

　K16 に象徴される教育接続とは、初等教育から大学まで、児童、生徒、学

生が身につけるべき教育の内容には一貫性があるという認識を基盤にしている。したがって、例えば、初等、中等、そして高等教育を通じて、「論理的思考の醸成」「問題発見」「解決力の育成」が共通の目標として掲げられているとすれば、そうした力やスキルを育成するのに適している「ディスカッション」や「プレゼンテーション」といった教育方法や形態は初等、中等教育を通じて導入され、児童や生徒が経験する。表11-3での米国の大学が初年次教育に重視する度合いが日本より低い要因のひとつとして、K16に反映されているような教育接続が、多様な制度や方法で実施されていることも挙げられよう。具体例としてAPの効果を示してみよう。

　プレストン (Preston: 2009) は、AP科目を履修した学生はAP科目を履修していない学生よりも、入学後のGPA平均が高い、自己肯定観が前むきである、試験への準備ができている、批判的思考、批判的読解力、文章作成力が高いといった調査結果を提示している。実際、全国的にも多くの大学が制度としてAP科目の単位取得を認可していることは、大学入試選抜の選考の際に積極的にAP科目を評価していることの証左でもある。

　それでは日本において教育接続を展開していくにはどのような方向性が考えられるだろうか。本章での論点を整理すると、学力の保証を入試選抜でチェックするという視点に加えて、中等教育との教育システムの接続というアプローチがある。その具体例としては、現在浮上している高大接続テスト(仮称)が挙げられるが、これは、米国の各州で実施されている卒業時の達成度テストやPASSなどとも発想が一致しているといえる。さらに、教育方法や教授法における教育接続をより機能させることが、K16という枠組みで初等、中等、高等教育を捉えることに他ならない。

　教育接続は、学力にのみ焦点を当てるだけでは決して機能するとはいえないことも、新入生の高校時代の学習行動の分析から明らかになった。学習に前向きに取り組み、大学での学びや生活に積極的に関与(インボルブメントやエンゲージメント)するには、自己認識を確立し、前むきな自己肯定観をもつこととの関係性が深い。日米の初年次教育調査結果からも、日本の大学のほうが米国の大学よりも「学問や大学教育全般に対する動機づけ」や「学生の

自信・自己肯定感」の重視度が高いことが示されていたが、米国では学生の発達研究の蓄積が情緒的・認知的な成果の関連性を明らかにしてきたカレッジ・インパクト研究の系譜にみられるように、今後は教育接続を発達志向的アプローチから検討することもひとつの方向性であろう。

米国の初年次教育への重視度が日本よりも低い要因として、様々な教育接続制度の存在が関係していると推察された。教育接続の制度として導入されているAPプログラムは、現在では少数のエリートのための教育というよりは、ユニバーサル化した高等教育という状況にいかに早期から高校生の動機づけを図り、自己肯定観を醸成することで、大学の学習への適応を円滑に促進するという目的のほうがより強くなっている。APプログラムが具体的に日本で導入されるには、多くの壁を乗り越える必要があり、時間もかかると思われるが、米国のK16という枠組みは、日本の中等教育と高等教育との接続という問題を振り返りながら改善していく上で、参考になる点も少なくない。K16という枠組みのなかで、大学での学習を通じて身につける目標やそのための教育方法等を高校と大学が共有することが、教育接続の第一歩となるのではないだろうか。

注
1 2008年に設立された初年次教育学会の学会設立の趣意書にも、初年次教育は高校から大学への重要な移行を支援する教育と明記されている。
2 2009年に関西国際大学で開催された初年次教育学会第2回大会、2010年に高千穂大学で開催された初年次教育学会第3回大会においても、「高校4年生」として初年次生を見る必要性が論点として取り上げられた。
3 学生の既得情報でもあるインプットは、学生の高校時代の成績や高校の種別、家庭背景、高校時代の経験等に相当する。環境は学生が教育課程のなかで経験することを意味する。成果は学生の成績や学習成果、学位取得や就職、進学に相当する。I-E-Oモデルはこのインプット、環境、成果の関係性を分析する理論的枠組みである。
4 木村による潜在クラス分析に使用した変数とその確率についての詳細は、木村拓也：2010、「高校での探求学習経験が初年次学生に与える影響—JFS 2008の結果から」International Society for Education（国際教育学会）編『クオリティ・エデュケーション』3巻、77〜94頁の表を参照いただきたい．
5 関与という概念について、アスティンはインボルブメントという用語で、クー

はエンゲージメントという用語で説明しているが、根本概念にはほとんど差はない。小方は学生の活動を対象とした場合、2つが指す内容に明確な差異はないと説明している。

6　3因子のうち第3因子は、認知関連項目から構成されているが、本節では情緒面に焦点を当てたいので、表では省略している。

7　「よくした」と「時々した」を合わせた比率を「した」としている。

8　英語のリメディアル教育の受講率の学生類型別は、無目的型(6%)、探求学習A型(8.3%)、高校指導従順型(9.8%)、受験勉強A型(7%)、探求学習B型(9%)、受験勉強B型(8.2%)である。

9　質問項目はプレースメントテスト結果によっての履修ではなく、「自発的にリメディアル科目を履修登録しているのですか」という聞き方に近い。

10　2001年に私立大学協会附置私学高等教育研究所の導入教育プロジェクトに関わる導入教育班が実施した、私立大学学部長を対象とした導入教育調査結果による。

11　2010年度同志社大学の「教育学基礎演習」での筆者の課題レポート「初年次教育の役割について」の提出学生19名のレポートを参考にしている。

第12章　米国の高等教育におけるアーティキュレーション
——カリフォルニア州のアーティキュレーション・システム

はじめに

　近年、単位互換を実施する日本の高等教育機関が増加し、短期大学や高等専門学校から4年制大学への編入も年々一般化しつつある。大学コンソーシアム京都[1]は、多くの2年制、4年制大学が参加し、相互の単位互換を可能にしている単位互換制度を展開している。今後さらに、学生人口が減少し、2年制短期大学と4年制大学、あるいは4年制大学間での編入がさらに活発化していくと予測されるなかで、より広範な地域間、複数大学間における単位互換制度の構築が必要になってくるのではないかと考えられる。

　その際、共通科目もしくは共通の教養教育カリキュラムの創造が、効果的な単位互換制度を構築していくうえで不可欠であると思われる。大学間の編入が活発に実施されている米国では、ミネソタ州やカリフォルニア州において州全体をカバーするような広範な単位互換制度と共通の一般教育カリキュラムが開発・実践されている。共通科目もしくは共通の教養教育カリキュラムの創造に際しては、単位認定に伴う教育成果の認定の平準化が、効果的な単位互換制度を構築していく上で不可欠であると思われる。本章で扱うカリフォルニア州の公立高等教育機関では、他州の高等教育機関で導入されている学外学位制度や単位累積加算制度、そして経験を単位化するポートフォリオ評価や試験による単位の認定等はそれほど普及していない。私立の高等教育機関における経験の単位化、試験による単位の認定等に関しては比較的自由に推進されていると推察できる一方、後ほど詳述するマスタープランによって公立高等教育機関の機能が定められているカリフォルニア州では、2年制の短期高等教育機関であるコミュニティ・カレッジ（CC、以下CCとする）

あるいは4年制公立高等教育機関内での学籍の移動をベースとする、アーティキュレーション (articulation) と呼ばれる単位互換制度[2]が一般的である。

本章では、第1にこうした公立高等教育機関の特質にふれながら、カリフォルニア州におけるコミュニティ・カレッジと4年制州立大学間におけるアーティキュレーションと呼称される編入・転学制度を概観する。次に、近年コミュニティ・カレッジから4年制州立大学への編入を促進するために開発されたIGETCと呼ばれる一般教育共通カリキュラムと学生の編入・転学支援システムとして開発されたコンピュータデータベース、ASSISTについて言及し、単位の認定に当たって、学生が習得するべき技能・知識の評価基準を高等教育機関がいかに構築しているかについて事例をもとに考察する。

1. カリフォルニア州の公立高等教育システム

カリフォルニア州の高等教育政策は、カリフォルニア中等後教育委員会 (California Postsecondary Education Commission) の管轄となっているが、カリフォルニア州の公立高等教育制度は1960年に制定されたカリフォルニア・マスタープランの基本原則を現在でも踏襲している。1989年にマスタープランは改定されているものの、基本原則に関してはほとんど変更がなく、州の公立高等教育制度の機能、ミッションはマスタープランによって明文化されている。州の高等教育機関はカリフォルニア大学 (University of California) 群 (以下UCとする) を頂点に、カリフォルニア州立大学 (California State University) 群 (以下CSUとする)、コミュニティ・カレッジ (CC) 群の3層構造から成り立ち、果たすべき機能は各々異なっている[3]。すなわち、UCシステムは研究大学として、CSUシステムは教育をより中心的役割とする教育大学として、そしてCC群は18歳以上の州民であれば誰でもがアクセスできるオープンドアーカレッジとして機能するという役割と使命が明文化されている。まず、カリフォルニア州の公立中等後教育機関 (以下公立高等教育機関) を概観してみたい。

1-1. カリフォルニアコミュニティ・カレッジ群

2009年度現在カリフォルニア州のコミュニティ・カレッジは72の管轄地

域郡に112校が存在しており、さらにキャンパスをもたないセンターも多く存在している。現在大学進学適齢期人口の増加に伴い、このキャンパスをもたないセンターの増加が著しいという傾向が見られる。

　管理運営の形態は、知事によって任命された16人からなる理事会（Board of Governors）がコミュニティ・カレッジの学校区で調整・管理をおこなうエージェンシーとして機能している。

　前述しているように、入学に際しては、高校卒業者もしくは18歳以上の市民に対してはオープンアドミッションを原則としている。1998年には150万人が履修登録した。コミュニティ・カレッジでは大学前期課程に相当する教育課程および職業に関連したプログラム、補習教育、市民教育、英語を母国語としない市民への語学教育等も提供している。学位授与に関しては、準学士号ならびに多岐にわたる職業関連分野での技術修了証を授与している。

1-2. カリフォルニア州立大学システム

　カリフォルニア州立大学は、23のキャンパスと6つのオフキャンパスセンターから成り立っている。カリフォルニア州立大学システムは、知事に任命された24人の理事によって統治されている。高校を直接卒業してきた新入生の入学に関しては、原則として高校時代の成績の上位33％までが、マスタープランによって入学を許可される。2009年度はおおよそ43万3,000人が履修登録した。カリフォルニア州立大学は、リベラルアーツとサイエンス系、あるいは応用系の学士課程ならびに修士課程を提供している。博士課程に関しては、カリフォルニア大学群および私立大学との提携によって設置も可能となっている。

1-3. カリフォルニア大学システム

　カリフォルニア大学システムは10校と医学分野のみをもつ1校および多数の特殊な研究施設から成り立つ研究大学である[4]。カリフォルニア大学は、州法によって公益財団（Public Trust）の資格を与えられ、26人の理事会メンバーによって統治されている。理事会メンバーのうち18人は知事によって

任命される。カリフォルニア州の高校卒業生の上位12.5％が原則としてカリフォルニア大学への入学資格があるとマスタープランによって定められている。2009年度には、おおよそ22万人が履修登録している。研究大学として、米国全土の研究をリードするばかりでなく、多くの専門職を養成するプロフェッショナルスクール、そして充実した学士課程を合わせもつ総合大学である。授与学位は学士号、修士号、プロフェッショナル修士号、博士号、プロフェッショナル博士号となっている。

　上記の公立高等教育機関以外に、カリフォルニア州には2010年のデータによると30万人以上が学ぶ117校の4年制・2年制の私立高等教育機関が存在している[5]。カリフォルニア州では、公立高等教育機関への入学選抜政策もマスタープランによって、高校時代の成績により決定されているのは前述したとおりである。しかし、一方でCC、CSU、UC相互間での学生の編入・転学機会をマスタープランが明文化し保証することにより、学生の学籍上での上昇移動も可能にしてきた。これがカリフォルニア州の公立高等教育機関におけるアーティキュレーションと呼ばれる編入・転学制度である。マスタープランは1960年以来継続的に改正にむけての努力がなされている。次節ではこのマスタープランによって明文化されている、州内公立高等教育機関内での編入・転学制度について概観してみることにしたい。

2. カリフォルニア州におけるアーティキュレーション
──編入・転学制度

2-1. マスタープランの改定とその背景

　カリフォルニア州の単位互換制度、より正確にいえばアーティキュレーションと呼ばれる編入・転学制度は1960年のマスタープランによってその骨格が制定され実施されてきたが、1988年のマスタープラン検討委員会の提案にもとづき1991年に改定がなされた。その主な法律上の改定点を以下に列挙してみる。

・コミュニティ・カレッジ (CC) からカリフォルニア大学 (UC)、州立カリフォ

ルニア大学 (CSU) へのアーティキュレーション過程の円滑化を目指しての共通一般教育科目の開発と実施
・公立高等教育システム間における連携の強化、およびアーティキュレーション・プログラムの開発と実施を管理する運営委員会の設立
・コミュティカレッジにおけるアーティキュレーション促進プログラム（編入・転学センター、特別カウンセリング、事務調整等）の常設等の義務化
・カリフォルニア大学、州立カリフォルニア大学におけるコミュニティ・カレッジからの転学・編入学生支援プログラムの精緻化
・コミュニティ・カレッジにおけるマイノリティ学生へのアーティキュレーション・プログラムへの支援体制の強化
・州立大学における学部学生比率、上級学年 (upper division) 対下級学年 (lower division) に関する数値目標の維持 (60％対40％)
・カリフォルニア大学、州立カリフォルニア大学、コミュニティ・カレッジにおける年次アーティキュレーション報告書の発行

　上記のような改正が実施された背景には、1960年のマスタープラン制定以来堅持されてきたコミュニティ・カレッジからカリフォルニア大学、州立カリフォルニア大学への編入率が当時低下してきていたという事実がある。1991年に改正された時点でもコミュニティ・カレッジから州立大学への編入率は低下していたが、1994～95年度以降をみれば、その傾向はより明らかである。例えば、1994～95年度以降では、コミュニティ・カレッジからカリフォルニア大学、州立カリフォルニア大学システムへの編入学生は3,500人、率にして6％の低下を示してきた。こうした低下現象に影響を及ぼした第1の要因としては、カリフォルニア大学、州立カリフォルニア大学システムにおける全体的により厳しく設定された入学政策が挙げられる。州立カリフォルニア大学システムは従来、1・2年生の下級学年に相当するコミュニティ・カレッジからの優れた編入生を比較的柔軟に受け入れてきたが、当時上級学年での編入にシフトしたこと、カリフォルニア大学システムでは1年生全体に対する入学基準が上昇した結果、より厳しくなった入学基準がコ

ミュニティ・カレッジからの編入希望学生にも適用されたことが具体例としてあげられる。原則が適用されなくなってきているといいかえられる。

さらに長期間継続した州の経済不況とそれに続く高等教育への予算の削減によって、アーティキュレーション担当部署での専門職員と予算の削減がみられたこと、州民としての資格のある学生に対する学費の値上げとグラントベースから学生ローンへの移行という奨学金政策の変更もコミュニティ・カレッジからの編入学生が減少する重要な要因となったとされている。

州政府は、こうした編入率低下が、マスタープラン制定以来堅持してきた公立高等教育への機会の保証という目標を阻害するという危機感を抱き、上記のような改正を1991年に実施したのであった。

さて、上記の改定項目のうち、画期的であったのは第1番目の共通一般教育科目の開発と実施に関する項目であると考えられる。この一般教育カリキュラムは IGETC（Intersegmental General Education Transfer Curriculum）と呼ばれる編入希望学生のための一般教育カリキュラムのことであり、IGETC はカリフォルニア大学あるいは州立カリフォルニア大学への編入を目指しているコミュニティ・カレッジ編入課程在籍学生の編入を円滑化するために、1991年のマスタープランの改正に伴って導入されたものである。次項では IGETC の意味について概観してみることにする。

2-2. IGETC の基本概念と実際

一般教育共通カリキュラムと言っても、公立高等教育機関内での共通一般教育カリキュラムが開発・導入されているというわけではなく、むしろ IGETC カリキュラムの基本は、IGETC として認定されている一般教育科目をコミュニティ・カレッジで履修した編入希望学生が4年制大学へ編入した際に、その IGETC 科目の単位互換が保証されるシステムと考えたほうが妥当である。IGETC 制度が導入される以前には、コミュニティ・カレッジから州立大学への編入学生が、編入後にコミュニティ・カレッジで履修した一般教育科目の単位が認定されないという事態がしばしば起こっていた。こうしたトラブルを避けるために導入されたのがこの IGETC である。

UC、CSUいずれのキャンパスにおいても各学科、専攻コースが必修としている下級学年における一般教育科目は異なっているため、編入コースが確定している編入希望学生は、本来はコースが要件としている一般教育科目をカウンセラーと相談の上履修する必要がある一方で、以下のような場合にはIGETCは有効な制度であると評価できよう。

IGETCに相当する一般教育科目は、UC、CSUおよびCCの大学評議会によって承認される。IGETCは各大学間でのアーティキュレーションというよりは、むしろ4年制高等教育機関全体でのアーティキュレーションに際しての一般教育科目の認定についての共通理解の確認として意義があると同時に、4年制大学への編入を希望していながら学科・専攻コースが未確定であるコミュニティ・カレッジ学生にとって利益となるシステムとして評価されている。すなわち、IGETCは編入する際に最低限必須であるとされている一般教育科目を定めている制度であるため、専攻コースが未決定の学生にとっても履修した一般教育科目の単位認定が保証されるシステムであるからである。しかし、必修科目等の要件が厳しく定められている物理学、工学、自然科学分野においてはIGETC科目の単位認定が認められない場合もあるため、この3分野への編入を希望する学生は、カウンセラーとの綿密な編入計画の打ち合わせが不可欠となっている。IGETC科目の例を**表12-1**に示す。

表12-1からわかるように、CCからUCもしくはCSUに編入するためには、11科目34（セメスター）単位を履修しなければならない。

IGETC科目は必ずしも同じコミュニティ・カレッジのキャンパスで履修する必要はなく、カリフォルニアにあるいずれのコミュニティ・カレッジで履修することが可能となっている。編入するまでに共通科目を履修し終えていない学生の場合には、編入後にカリフォルニア大学もしくは州立カリフォルニア大学が要求する一般教育科目を履修しなければならないことになっているが、その場合においても編入先の大学で履修する必要はなく、IGETC科目として認められている科目を提供しているいずれの公立大学のキャンパスで履修してもよいとされている。これらの点にこそ共通一般教育カリキュラムの特徴がある。

表12-1 IGETC 分野と必修単位

分野	必修科目	必修単位
1. 英語コミュニケーション 英作文一科目と批判的思考に関する科目＊ ＊州立カリフォルニア大学への編入希望学生はオーラルコミュニケーションも履修しなければならない。	2科目＊	6 (セメスター単位)[6] 8〜10 (クォーター単位)
2. 数学概念と数的理論づけ	1科目	3 (セメスター単位) 4〜5 (クォーター単位)
3. 芸術と人文 3科目は少なくとも芸術分野から1科目、人文分野から1科目履修すること	3科目	9 (セメスター単位) 12〜15 (クォーター単位)
4. 社会・行動科学分野 3科目は少なくとも2分野から履修するか、学際分野で関連性がなければならない。	3科目	9 (セメスター単位) 12〜15 (クォーター単位)
5. 物理科学および生物科学 物理科学より1科目、生物科学より1科目、そのうち1つは実験	2科目	7〜9 (セメスター単位) 9〜12 (クォーター単位)
英語以外の外国語＊ ＊高校課程を通じて2年間継続した外国語を履修していることがプロフィシエンシーと定義される。州立カリフォルニア大学への編入希望学生には要求されていない。	流暢であること	
	計11科目	34単位 (セメスター)

出典）http://www.universityofcalifornia.edu/admissions/transfer/requirements/additional-requirements/igetc/index.html

　もちろん、GPA（グレード・ポイントアベレージ）についても規程が定められており、C以下の成績であるとIGETC科目としては認められない。一方で、Advanced Placement (AP) の科目テストの成績はIGETC科目として単位を認定することもできる。この場合にはAPテストとIGETC科目の互換性に関して各コミュニティ・カレッジの基準に照らし合わせる必要性があるが、かなりのIGETC科目はAPテストを通じて修得単位とすることも可能である。学生にとっての至便性が重視されている。

　しかし、IGETC科目の単位を履修し終えたことが即編入学を認められたことにはならない。編入学を認められるには、IGETC科目だけでなく希望する専攻・学科が要求している下級学年の科目や、もちろんGPAに代表される成績の保持、そしてまた各大学のキャンパスにある編入学生用の枠との

関係など様々な要件をクリアしなければならない。しかし、IGETC が存在することによって、コミュニティ・カレッジに入学し、4年制の公立大学への編入を希望している学生にとって、編入学の計画を立てる上で指針となっていることは間違いがないだろう。ただし、実際の UC 各キャンパスへの編入希望学生と実際に編入が認められた学生数結果から判断する限り、その競争率は厳しく、編入は容易ではないことも事実である[7]。

2-3. アーティキュレーション・システムの実際

　IGETC はいわば CC と UC、CSU との間での一般教育に関する共通の必修科目のリストといえるカリキュラムである。一方で編入・転学を前提とした単位の認定、アーティキュレーションは CC と UC、CSU 等の4年制高等教育機関、UC、CSU 内、UC、CSU と私立の高等教育機関内、私立の高等教育機関内、さらには UC あるいは CSU の各キャンパス内での移動に関してという様々なケースが考えられる。このような多様な高等教育機関内での学生の移動を想定した上でのアーティキュレーションには以下のような合意書（アグリーメント）を取り交わすことが前提となっている。送り手機関 (sending institution) と受け手機関 (receiving institution) の間には、以下の4種類の合意書が交わされていなければならない。

　　1. Transferable Course Agreement（Courses Accepted for Baccalaureate Credit）(学士学位単位のために認可されている科目に関する合意書)
　　2. General Education—Breadth Agreement（一般教育―全体合意書）
　　3. Course to course Agreement（科目と科目の合意書）
　　4. Lower Division Major Preparation Agreement（下級学年での専攻準備合意書）

　1. の学士号取得に必要な単位に関する科目についての合意書 (Transferable Course Agreement 略して TCA) (単位互換可能科目合意書) は、学士レベルにおける科目の単位の互換に関する認定条項を定めたもので、受け手機関となる高等教育機関が必修科目に関する単位と選択科目に関する単位をどのように認定するかが規定されている。**表12-2**は CC と全 UC キャンパスの各領域における科目との単位互換に関する合意書の例である。この表では文化人類学を例

第12章 米国の高等教育におけるアーティキュレーション 219

表12-2 UCの単位互換可能科目合意書
UCOP 互換科目合意書（TCA）
94-95

\# 94-95年度用新科目もしくは変更点

科目	タイトル	IGETC 領域	セメスター 単位
— 会計事務 —			
会計学を参照			
— 会計学 —			
ACCT 1A	財務会計学		4
ACCT 1B	管理会計学		4
— 文化人類学 —			
ANTH 1	自然人類学	5G	3
ANTH 2	文化人類学	4A	3
\# ANTH 3	考古学と紀元前世界への招待	4A	3
ANTH 11	自然人類学ラボ	5H	1 (Lab)
ANTH 12	魔術－妖術、宗教		3
ANTH 13	重点をあてる諸文化	4A	3
ANTH 40	文化人類における実例、現代のイシュー		1-3 ea (INDP ST 参照)
— アパレルのデザインと販売促進戦略 —			
(132頁)			
APP DES M 20	織物		3
APP DES M 37	年代ものの服装		1 ea (TH ART 37 と同様)
ACCT 1B			
— 芸術 —			
\#+ ART 3	芸術：石器時代から中世へ	3A	3
\#* ART 3A	非西洋圏内における芸術史	3A	3
\#* ART 3AH	非西洋圏内における芸術史（オナーズ科目）		1（カタログに非掲載）
\#+ ART 3H	芸術：石器時代から中世へ（オナーズ科目）		1
\#o ART 4	芸術におけるルネッサンスの伝統	3A	3
\#o ART 4H	芸術におけるルネッサンスの伝統（オナーズ科目）		1（カタログに非掲載）
\#** ART5	現代芸術	3A	3

+ \#3と3Hを合併した場合：最大認可単位は1科目
* \#3Aと3AHを合併した場合：最大認可単位は1科目
o \#4と4Hを合併した場合：最大認可単位は1科目
** \#5と5Aを合併した場合：最大認可単位は1科目

本合意書がリストしている科目は全UCキャンパスの単位に互換可能である。1994-95年度のカタログ上の情報にもとづいており、次の改訂まで有効である。

出典） California Public and Independent Colleges and Universities. (1995). *Handbook of California Articulation Policies and Procedures*. p.50

としてみると、単位が互換される文化人類学の科目のみがリスト上に掲載されている。さらに科目はナンバーによって難易度がある程度見分けがつくように分類されている。セメスターユニットの欄には、単位が互換される際の認定単位数が表示されている。

2．の一般教育に関する合意書は、送り手機関においてあらかじめ履修しておくべき一般教育科目に関する合意書である。前述したIGETC科目はここに包含されている。

3．の科目と科目に関する合意書は、各送り手機関と受け手機関との間で交わされる文書である。**表12-3**に示しているように、各機関によって科目の名称が異なっている場合に、送り手機関の科目が受け手機関のどの科目に相当し、単位互換が認定されているかいないかが明記されている文書である。

表12-3 科目と科目のアーティキュレーション合意書のフォーマット例

キャンパス名
と
キャンパス名
日付

（キャンパス名）科目番号	CAN 上での認可科目	（キャンパス名）比較可能な科目番号	互換認可日付
文化人類学			
Anthro 1	Anth 2	Anthro 1	2-15-95
Anthro 1A	—	No Equivalency	2-15-95
Anthro 2	Anth 4	Anthro	2-15-95
Art			
Art 1A	Art 2	Art 3	8-16-95
Art 1B	Art 4	Art 4	8-16-95
Art 20B	Art 8	Art 11A or 12a	8-16-95
Art 20B	—	Art 11B or 12B	8-16-95
Biological Science			
Bio Sci 10	Biol 2	Bio. 1A	2-6-95
Bio Sci 11	Biol 4	Bio. 3	2-6-95
(Continued listing in alphabetical order)			

承認：(サイン)＿＿＿＿＿＿＿＿＿　　(サイン)＿＿＿＿＿＿＿＿＿
アーティキュレーション担当職員（役付）　日付　アーティキュレーション担当職員（役付）　日付
受け手側キャンパス　　　　　　　　　　　　送り手側キャンパス

出典）California Public and Independent Colleges and Universities．(1995)．*Handbook of California Articulation Policies and Procedures*．p.72

4.の下級学年の専攻準備に関する合意書は、送り手機関で履修している各専攻分野での準備科目が受け手機関でのどの専攻準備科目に相当するかが明記されている文書である。これも各機関の各学科あるいは専攻単位で取り交わされる文書である。次にこうした合意書の実質的な役割についてアーティキュレーション過程を通じて考察する。

2-4. カリフォルニア大学システムにおけるアーティキュレーション過程

　カリフォルニア大学システムにおけるアーティキュレーション過程を通じてまず作成される合意書はTCAである。TCAはOffice of the President（総長府）に直結した入学と学校に関する関係委員会 The Board of Admissions and Relations（略してBOARS）によって作成された学則に従って作成される。BOARSはカリフォルニア大学全体の学部入学規則に責任を負っているカリフォルニア大学の教員から構成されている評議会に属する委員会である。BOARSは学位取得に際してどの科目の単位が互換可能であるかを認定する。この認定過程を通じての基本原則は、第1に当該科目が各UCキャンパスの下級学年レベルで提供されている科目に、目標、レベル的に比較適応可能かどうか、第2にもし当該科目がいずれのUCキャンパスで提供されている科目にも適応されない場合、当該科目が大学学位取得をする際にその目的、全体像、そして内容がふさわしいものであるかどうかという点である。

　アーティキュレーションに関しては、全UCキャンパスで提供されている科目を対象に定期的に検討され改定されているため、総長府の目標は毎年TCAを改正することにある。TCAを改正する際の必要書類は、最近の科目が掲載されているCC側のカタログ（大学案内）および科目の概要[9]である。科目の概要には目的、詳細にわたる内容、当該科目を履修する際に前提となる必修科目名、評価方法、教科書名等の情報が明示されていなければならない。同時にCCにおけるカリキュラム委員会による当該科目認証書類の提出も求められる。

　CC側は単位互換に関する新しい情報、改正されたTCAのコピー、および単位互換の認定に関するガイドライン等の見直しに関する情報などを定期的

に受理する。UC側の見直しとTCAの書き換えについては総長府に所属しているアーティキュレーション職員（単位互換の認定業務・過程を専門とする）が担当するが、実際の科目内容の検討については関連科目を担当している教員が担っている。

UC側がCCで提供されている科目の単位互換認定を却下した場合において、CC側がその結果の再検討を要求する際には、通常CC側のアーティキュレーション職員は当該科目の前提となる必修科目名、科目の目的、科目内容、評価方法、リーディングリスト等の情報を提出する。その情報にもとづいて再度互換性があるかどうかの精査過程を担当するのが、通常は当該科目に精通した教員である。以上のような検討・再検討過程を経て作成されたTCAは各CC、各UCキャンパスの入学と学校関係担当部署に送られ、アーティキュレーションに際しての単位互換認定が滞りなく実施されるように情報の共有が進められているのである。

次に、CCがカリキュラムに加えた新科目を単位互換科目として認定するよう申請しているケースを考察してみよう。**資料2**[10]は現在単位互換科目として承認されている科目に関連する、新科目の認定に必要な申請書類一式である。

8ページの書式からなるこの申請書類の1ページ目には科目に関する必要な情報が簡潔に明示されている。2ページ目から4ページ目まではこの科目を履修する以前に履修すべき必修科目あるいは履修するために必要とされるスキル、そして科目の到達目標が内容、知識面および学生が獲得すべき技能という3領域に分類されて表示されている。5ページ目には教授方法、評価方法、そして使用される教科書名が示されており情報が簡潔にまとめられていることがわかる。6〜7ページは18週というセメスターの枠のなかでの教授過程の内容を詳述したカレンダー的シラバスと見受けられるが、このカレンダーからは当該科目の知識が体系的に学生が修得できるよう組み立てられていることが読みとれる。8ページは学内のカリキュラム委員会で当該科目が大学下級学年の科目として適当であると認証された評価書類となっている。

以上のような書類情報をベースにTCAは毎年改定されているのであるが、CC側が提出する科目関連情報書類が形式的にも内容的にも必要情報が精緻にまとめられていることが特徴である。必要な情報の提供側と受け手の側の間でミスコミュニケーションが起こらないようにフォーマットを整えることによって、こうした情報の共有が可能となっていると推察できよう。

　同時に、アーティキュレーションをスムーズに実行する上では、実質的に科目の検討に従事する教員と実際にアーティキュレーションの実務を取り仕切る専門職員との連携が重要であろう。教員の役割はアーティキュレーションの認可過程においても教学と質に関連する事項に限定されている。具体的には連携（単位互換）(articulation)科目の検討、連携（単位互換）(articulation)科目の認可、システム間における単位互換が可能なカリキュラムと質の水準維持にむけての基準の構築等である。

　編入・転学してきた学生が編入先の授業内容に学力的に適応できることがアーティキュレーションの最大課題であり、ただ単に編入・転学したという事実だけではアーティキュレーションが円滑に実施されているとはみなされない。教員の役割は、編入・転学学生の編入先での適応を視野に入れて科目のアーティキュレーションを吟味することにあると考えられる。

　一方、教員と連携して実際に業務を円滑に進める役割を担っているのがアーティキュレーション職員である。アーティキュレーションの実施においては、カリフォルニア州の公立高等教育機関ならびに私立高等教育機関との綿密な打ち合わせと連携、そして情報の伝達が不可欠であるため、アーティキュレーション職員には業務に関する卓越した知識、強力なアカデミックな背景とともに調整、交渉能力ならびに高度なコミュニュケーション技能が要求されている。具体的には、

- 一連の合意書を実質的につくり上げ、システムとして機能させること
- 教員ならびに教学部門へのコンサルタント業務をおこない、必要情報を提供すること
- 異なる高等教育機関との連携と調整、ならびにカリキュラムの変更に関する情報の更新

○教員への業務上その他のアドバイス
　　○単位互換、連携に関するデータの収集と情報の整理と統合
　　○教員との協力により、より精緻な連携システムの構築
　　○一般教育、カリキュラム、教学に関する学則等の委員会への参加

等が主なアーティキュレーション職員の業務内容である。いわば異なる高等教育機関間での実質的なアーティキュレーションに関わる業務は、全てアーティキュレーション職員が担っているといっても過言ではない。

　米国の高等教育機関では、科目名や授業内容がしばしば変更される。これらは教員が時代の情勢やニーズに合わせて内容を変更するということが、しばしばイノベーションとして前むきに捉えられているという背景に関連していると考えられる。担当教員が科目名の変更、あるいは授業内容の変更を希望した場合には、変更希望をキャンパス内で構成されているカリキュラム委員会に提出し、変更を諮る。変更希望が認められた場合、アーティキュレーション職員はその変更内容に従って情報の更新と高等教育機関内でのアーティキュレーションの調整業務を迅速におこなわなければならない。

　このようにアーティキュレーション職員の業務は複雑で、かなりの専門性を要するため、職員は教育に関する専門職学位を取得していることが望ましいとされている。例として、CCにおけるアーティキュレーション職員は、編入・転学を希望する学生へのカウンセラーが兼務している場合が多く、この場合には少なくとも学生サービスあるいは学生への教学カウンセリングの修士号以上を取得していることが求められている。また、カリフォルニア大学アーバイン校でのアーティキュレーション・ディレクターを例に挙げると、この人物はアーバイン校全体の学部アドミッションのディレクターを兼任し、全学のアドミッションとアーティキュレーション業務の全責任を負っているアドミニストレーターとしてのプロフェッショナルであり、教育学博士号を取得している。

2-5. アーティキュレーション支援システム

　アーティキュレーションは異なる高等教育機関間での連携が前提となるた

め、アーティキュレーション関係者は、カリフォルニア州の公立高等教育機関全体をカバーするようなデータベースの構築が不可欠であるとの認識を抱いていた。そうした要望に応えて構築された支援システムが、ASSISTと呼ばれるカリフォルニアにおける全公立高等教育機関のアーティキュレーションに関する情報を網羅するデータベースである。

　ASSIST（Articulation System Stimulating Interinstitutional Student Transfer）は、主に4年制大学への編入・転学を希望するCC学生が履修している科目が、どこの大学に互換可能かどうかを情報として入手し、さらに編入希望先の各大学の専攻が課している必修科目計画を効率的にプランニングすることを目的として、1985年にプロジェクトチームが発足した。年々そのデータベースへの情報量は豊富になり内容も改善されて現在に至っている。アーティキュレーションに関するASSIST情報の更新はアーティキュレーション職員が責任を負っており、日々更新されているため、学生は最新の情報をASSIST[11]から入手することが可能である。2001年時点では、107校のCC、CSU 22校、UC 8校で開講されている科目とそのアーティキュレーションに関する情報をASSISTは網羅している。その使い方には2通りの方法がある。第1は、CCで開講されている科目がいずれのカリフォルニア大学システム（以下UC）もしくは州立カリフォルニア大学システム（以下CSU）のキャンパスに単位が互換できるかどうかを確認した後に、単位互換可能科目に付帯している条件や、どの一般教育科目に相当するかを確認する方法である。

　第2の方法は、編入・転学を希望するUCもしくはCSUのキャンパスの専攻・学科の単位互換に関する情報をASSISTを通じて入手することである。ASSISTにはIGETCや後述するCANそして機関間のアーティキュレーション同意書に関する情報が収録されており、このオンラインを利用すれば編入・転学に関するカウンセリングを受けることなく、おおよそのことが理解できるように体系化されている。

　カリフォルニア州外や私立大学からの編入・転入学情報に関しては、州民の税金をベースにこのオンラインシステムを構築しているという理由により掲載されていない。カリフォルニア州では、CCと私学へ、あるいは州外か

らの編入・転入学は従来どおり個別大学に問い合わせるという形態での対応となっている。

ASSIST は、カリフォルニア州のレジスレーチャー[12]から直接資金を提供されており、2000〜01年の年間予算は148万5,292ドルである。運営組織は、図12-1に示しているように、CC、CSU、UC からの代表、および CPEC（California Postsecondary Education Commission）すなわちカリフォルニア中等後教育委員会からの代表で構成されている18人からなる ASSIST 理事会によって運営されている。カリフォルニアの公立高等教育機関におけるアーティキュレーション政策は、UC の Office of the President（総長府）が策定するため、ASSIST 理事会における UC 側の発言権が他の公立高等教育機関よりも強くなっている。

ASSIST のソフト上の開発、メンテナンス等の日常業務は ASSIST Coordination Site（コーディネーションサイト）がおこなっており、年間予算のほとんどはこの ASSIST Coordination Site の運営費として使用されている。ASSIST の構築に

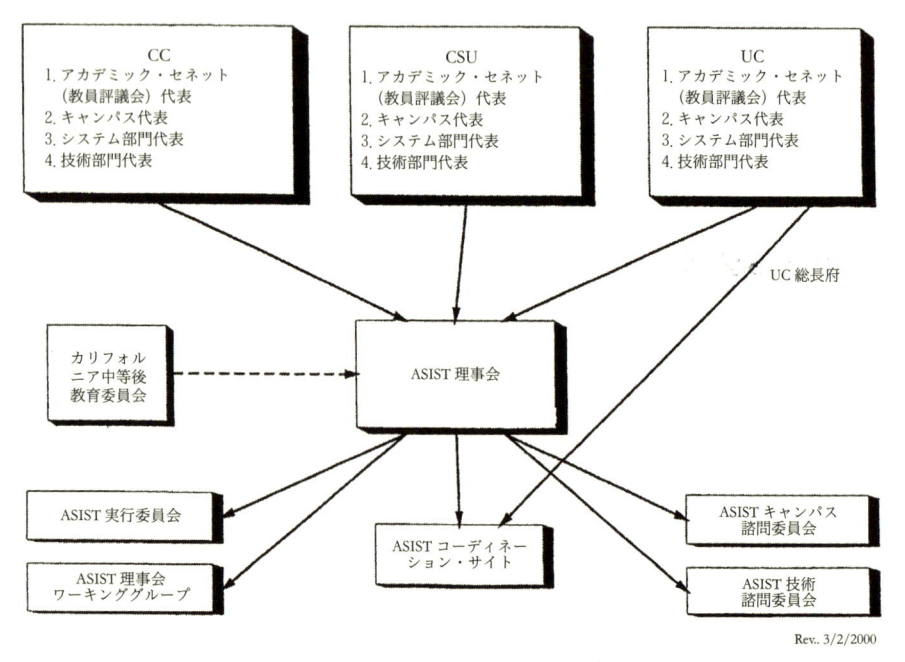

図12-1　ASSIST の運営組織図[11]

より学生、アーティキュレーション職員、および教員も最新情報の入手と効率的にアーティキュレーション計画の策定が可能になったと評価できよう。

　他のアーティキュレーション支援システムに CAN（The California Articulation Numbering system）[14]と呼ばれる科目番号を共通化するシステムがある。この共通番号のシステム化は、CC と CSU キャンパス間のみで実施されており、UC キャンパスは当該プロジェクトに参加していない。このシステムの基本原理は、ある CC が4校の CSU キャンパスと科目の互換に関する合意書を取り交わし、さらにその CSU キャンパスの1校が別の CC と同一科目の互換に関する合意書を取り交わしていた場合、関与しているキャンパスで同科目を CAN で始まる共通番号で表示するというものである。各キャンパスで使用されている科目名称も同時に表示されるので、学生は共通番号と各科目名称を参照することにより、どの CSU キャンパスとのアーティキュレーションが可能であるかが一目で認識できるようになっている。

　ASSIST および CAN の導入により、それ以前は困難であった遠方のキャンパス情報の入手が容易になり、その結果学生のアーティキュレーションの選択肢が広がったことも一つの効果である。

3. 転学・編入学システムの意義と課題

　以上見てきたように、カリフォルニア州の公立高等教育機関においてはアーティキュレーションと呼ばれる単位互換制度が施行されている。このアーティキュレーションは主に CC から4年制公立高等教育機関への編入の機会の拡大という目的のために実施されており、カリフォルニア州のマスタープランによってその骨格が定められ、4種類の合意書がアーティキュレーションを実施する高等教育機関間で取り交わされていることが前提となっている。4年制高等教育機関あるいは私立高等教育機関との間のアーティキュレーションもあるが、この場合は個別に対処する形式となっている。

　2000年までに UC 全体で年間1万1,000人の編入・転学学生を CC から上級学年に受け入れ、CSU 全体では4万5,000人を受け入れた。カリフォルニア中等後教育委員会が2005年には UC 全体で1万6,000人、CSU 全体では6

万人の編入・転学学生を受け入れると予測されたほど、このシステムを利用する学生数は顕著に増加している。

　UC、CSU の公立高等教育機関にかかる授業料と比較した場合の CC の授業料の安さが低収入家庭の家計負担軽減効果をもたらしていること、あるいは高校卒業時点で UC、CSU に入学できるだけの学力、高校での学修が 4 年制高等教育機関入学の要件を満たさなかった学生が CC でスタートし、上昇移動を実現する役割の一担を担い支援するのが、このアーティキュレーションのシステムとしての機能である。

　アーティキュレーションを促進するために様々な制度上の改善がおこなわれてきたのは、IGETC や ASSIST の開発に見られるとおりである。IGETC は、CC における一般教育を、いずれのキャンパスで履修しても単位として認定するという点において、単位累積加算のひとつの形態としても意義があるだけでなく、該当する一般教育内容の向上と標準化を図るという点でも価値があると考えられる。アーティキュレーションの過程を通じて新たに科目が認定されるための、科目の評価はかなり厳密に実施されている。このような評価に値するような、授業内容の設計、教授法の改善、学生が習得できるような技能の明示、そして科目の連続性などが厳密に評価されることから、当然 CC での教育力も向上するという利点があろう。我が国では単位累積加算制度あるいは単位互換制度を構築していく上で、常に懸念として挙げられるのが質の維持という問題がある。カリフォルニア州における公立高等教育機関の種別機能、もしくは学生の入学時点で要求される高校時代の成績等を鑑みても、CC が下位に位置することは否定できない。しかし、多くの UC 関係者、CSU 関係者との面談においても CC からの編入学生の修了率データを参照しても、編入学生に対するネガティブな評価はほとんどみられない。むしろ CC の教育力を肯定的に評価する声が目立っている。このような背景には、科目の水準を維持するための明確な目標設定と厳密な評価が実施され、水準に関するガイドラインが厳守されていることがあると考えられる。カリフォルニア州のアーティキュレーションをめぐってのこうしたガイドラインの策定と教育力の評価については、さらに注視していくべきであろう。一方で、

現状では科目に関する共通コード化が不完全であるという点、および専攻によっては必修科目の体系性という視点から単位互換を認めていない点、さらにはカリフォルニア州の単位互換制度は州民の税金を使用しているという認識から、州内の公立高等教育機関のみを対象として運営されており、州内に多くある私立大学機関はこのシステムには参加できない点から総合的に判断すると、大がかりなアーティキュレーション制度の構築には、まだ改善の余地が残されていることは明らかであるといえる。

注

1 公益財団法人として2010年に認定された大学コンソーシアム京都は、日本の京都府京都市周辺の複数の大学によって構成されている。加盟大学間での単位互換制度が広く実施され、高大接続事業や産業連携事業など幅広い活動をおこなっている。
2 本章ではカリフォルニア州高等教育機関で実施されているアーティキュレーションを単位移動・互換制度として扱うことにする。
3 California Postsecondary Education Commission, (2010) を参照。
4 2005年に開学した10番目のカリフォルニア大学マーセド校を含めている。
5 Post Secondary Education Commission http://www.cpec.ca.gov/studentData/s および http://www.cpec.ca.gov/CompleteReports/2010Reports/10-19.pdf を参照している。
6 セメスター単位とは1学期15週を基本とし、クォーター単位とは1学期10週を基本とする。
7 参考までに2003〜04年度のUCへの転入結果を示しておく（次頁）。表のように個別の大学の編入結果が示されている。近年の結果もみてみると、例えば、UCバークレー校への2010年度のコミュニティ・カレッジ等からの編入生の応募者は、12,571人で合格者は3,174人、合格率は24.9％、そのうちのコミュニティ・カレッジからの編入者の占める割合は86.9％であることが示されている。しかし、年々編入は厳しくなっていることがこの結果からも示されているようだ。
8 231頁の資料1は2000年にカリフォルニア州アーバインにあるThe ASSIST Coordination Site (ACS) を訪問した際に入手した資料である。
9 科目概要を提出する場合は、新たな追加科目あるいは重大な内容などの変更があった場合に限られている。
10 本資料は2000年にカリフォルニア州のCCを訪問した際に入手したものである。
11 ASSISTのサイトは www.assist.org を参照
12 カリフォルニア州の立法・行政府のことであるが、日本語での適語がないためレジスレーチャーとする。

13 図12-1は2000年にASSIST Coordination Site を訪問した際に入手した資料をもとに作成している。
14 CAN のサイトは www.cansystem.org を参照

参考資料

UCへの編入学生の合格率

キャンパス	志願者	合格者数	合格率
バークレー	10,437	2,814	27.0%
コミュニティ・カレッジ	7,484	2,392	32.0%
4年制大学／その他	2,953	422	14.3%
デービス	7,182	4,574	63.7%
コミュニティ・カレッジ	5,715	3,757	65.7%
4年制大学／その他	1,467	817	55.7%
アーバイン	8,683	5,197	59.9%
コミュニティ・カレッジ	6,687	3,948	59.0%
4年制大学／その他	1,996	1,249	62.6%
ロサンゼルス	13,484	5,184	38.4%
コミュニティ・カレッジ	9,663	4,169	43.1%
4年制大学／その他	3,821	1,015	26.6%
リバーサイド	5,778	3,886	67.3%
コミュニティ・カレッジ	4,540	3,150	69.4%
4年制大学／その他	1,238	736	59.5%
サンディエゴ	9,340	5,320	57.0%
コミュニティ・カレッジ	7,272	4,540	62.4%
4年制大学／その他	2,068	780	37.7
サンタバーバラ	8,599	5,418	63.0%
コミュニティ・カレッジ	7,017	4,554	64.9%
4年制大学／その他	1,582	864	54.6%
サンタクルズ	5,712	3,297	57.7%
コミュニティ・カレッジ	4,591	2,789	60.7%
4年制大学／その他	1,121	508	45.3%
重複していない志願者総数	29,474	19,491	66.1%
コミュニティ・カレッジ	22,054	15,624	70.8%
4年制大学／その他	7,420	3,867	52.1%

出典）http://www.universityofcalifornia.edu/admissions/undergrad_adm/paths_to_adm/transfer/tr_select_criteria.html（2008年まであった本サイトは現在は存在していない。）
現在は、http://www.universityofcalifornia.edu/admissions/campuses/berkeley/transfer-profile/index.html

資料1

Matrix of Articulation[8]

Type of Agreements	RECEIVING INSTITUTIONS		
	California State University	University of California	Independent Colleges and Universities
Transferable Course Agreements	Developed by Institutions in compliance with the CSU Executive Order 167. (Baccalaureate List)	Developed by the UC Office of the President for each community College. (Transferable Course Agreements)	Developed by some independent colleges and universities with community college.
General Education Breadth Agreements	Developed by Institutions in compliance with CSU Executive Orders 405 and 595.	Campus/College Specific Developed between institutions by each UC campus.	Developed by some independent colleges and universities with community college.
	IGETC Developed by Academic Senates of the UC, CSU, and CCC		
Course-to-Course Agreements	Developed between institutions through the CSU campus Articulation Officer.	Developed between institutions by each UC campus through the Articulation Officer.	Developed by some independent colleges and universities.
Major Preparation Agreements	Developed between institutions through the CSU campus Articulation Officer.	Developed between institutions by each UC campus through the Articulation Officer.	Developed by some independent colleges and universities.

資料2

LOS ANGELES COMMUNITY COLLEGE DISTRICT
Division of Educational Services
Office of Instructional Services

DISTRICT ACADEMIC SENATE COURSE OUTLINE OF RECORD

1. COLLEGE: *Pierce*

2. COURSE STATUS:

    A. ☐ New Course   ☒ Addition of Existing Course   ☐ Revision of Existing Course
    ☐ Distance Education Course

    B. Effective Semester/Year   *Spring 2000*   Revised/Updated (date)

3. DESIGNATION: ☒ Associate Degree Applicable   ☐ Non-Associate Degree Applicable

4. COURSE INFORMATION:

    A. Subject Code: *722*   TOP Code: *1509.00*   CAN Number

    B. Subject Title and Number   (not to exceed 40 spaces):   *Philosophy 5*

    C. Course Title   (not to exceed 40 spaces):   *Critical Thinking and Composition*

    D. Units *3*   hours/wk: lecture *3*;   hours/wk: laboratory *0*   Total hours/wk *3*

    E. Repetition(s): *0*

5. DESCRIPTION: As it will appear in the college catalog. (Not to exceed 60 words)

    This course is a development of critical thinking skills necessary for evaluation and formulation of argumentative essays, and practice in applying these skills. Critical writing is the focus of this course.

6. TRANSFER STATUS: (Articulation)

    - University of California Credit: ☒ Requested   ☐ Approved   Date:
    - California State University Credit: ☒ Requested   ☐ Approved   Date:

7. PREREQUISITE(S):   Approval Date

	Subject	Number	Course Title	Units
1.	*English*	*101*	*College Reading and Composition I*	*3*
2.				
3.				

8. COREQUISITE(S):   *none*   Approval Date

	Subject	Number	Course Title	Units
1.				
2.				
3.				

9. RECOMMENDED: *none*.   Approval Date

       Subject   Number   Course Title   Units
    1.
    2.
    3.

10. ENTRY SKILLS (Required for courses with prerequisites)

Content Knowledge – Upon entering this course the student will have an understanding of, or be able to apply, the following principles and concepts:

A. *Read at the college level and identify thesis and supporting points;*
B. *Distinguish between fact and fiction;*
C. *Identify premises, conclusions and inferences;*
D. *Demonstrate the ability to write in an objective mode;*
E. *Write at a level that is of interest to a college audience;*
F. *Write with clear control of unity, order, and coherence;*

Exit Skills of the prerequisite course:

A. *The students will be able to compose successful responses to assigned topics, both in-class in a controlled situation and out of class*
B. *Their written work shall state a clear thesis which is supported with factual evidence and appropriate illustrations and examples. The thesis should be appropriate for the essay or research paper assigned, nether too broad nor too narrow in scope, and the paper should be adequately developed.*
C. *The students shall demonstrate orally and in writing their abilities to think critically and to discuss dispassionately college level ideas drawn from the readings assigned*
D. *Demonstrate mastery of the skills necessary to complete a research paper of 1500-2500 words on a college level topic;*
E. *Be able to analyze and critically evaluate the rhetorical modes of the works encountered during the semester, analyze syntax, and conduct research, including the use of scholarly periodicals.*

11. COURSE OBJECTIVES

Content Knowledge – Upon completion of this course the student will have an understanding of, or be able to apply, the following principles and concepts:

A. *Reading - demonstrate ability to read college-level expository essays by identifying the thesis and the primary supporting points, by evaluating the quality of the details and argument offered;*
B. *Critical Thinking - ability to avoid his or her own thinking and writing and is able to detect in the writing of others the basic logical fallacies; distinguish among fact, judgement, opinion, and assumptions; identify premises, conclusions, and inferences in response o a given essay or proposition, will demonstrate the ability to discern, question, and evaluate the thesis itself and the proffered supporting facts or arguments;*
C. *Writing - the ability to write a competent 450-500 word essay in one hour; write 7000-8000 words over the course of the semester; frame especially comprehensive theses sentences; demonstrate the ability to write in an objective mode on topics at a level that is of interest to a college audience, that is, the ideas are above are above the level of platitudes, are not obvious to the college audience, and generally are academic topics; the ability to think and write in the standard rhetorical modes; reveal, according to the type and frequency of detail or example, a knowledge of what constitutes adequate support for various audiences; write with clear control of unity, order,*

CONTENT REVIEW VALIDATION MATRIX

Prerequisite Course Exit Skills
Course Title and Number: *English 101 - College Reading and Composition 1*

Target Course Entry Skills Course Title And Number: *Philosophy 5* Critical Thinking and Composition	Skill #1	Skill #2	Skill #3	Skill #4	Skill #5	Skill #6	Skill 7	Skill #8	Skill #9	Skill #10
Skill #1	☐	☐	☐	☐	☐	☐	☐	☐	☐	☐
Skill #2	☐	☐	☐	☐	☒	☐	☐	☐	☐	☐
Skill #3	☐	☐	☐	☐	☒	☐	☐	☐	☐	☐
Skill #4	☒	☒	☒	☒	☐	☐	☐	☐	☐	☐
Skill #5	☐	☒	☒	☒	☐	☐	☐	☐	☐	☐
Skill #6	☒	☐	☐	☒	☐	☐	☐	☐	☐	☐
Skill #7	☐	☐	☐	☐	☐	☐	☐	☐	☐	☐
Skill #8	☐	☐	☐	☐	☐	☐	☐	☐	☐	☐
Skill #9	☐	☐	☐	☐	☐	☐	☐	☐	☐	☐
Skill #10	☐	☐	☐	☐	☐	☐	☐	☐	☐	☐

12. SCANS Competencies (Recommended for all courses; required for all Vocational Education courses) Indicates the SCANS competencies developed in this course:

Resources (identifies, organizes, plans and allocates resources)
A. ☐ Time   B. ☐ Money   C. ☐ Material and Facilities
D. ☐ Human Resources

Information (acquires and uses informatio
A. ☒ Acquires/evaluates   B. ☒ Organizes/Maintains
C. ☒ Interprets/communicates   D. ☐ Uses computers

Technology (works with a variety of technologies)
A. ☐ Selects   B. ☐ Applies to tasks
C. ☐ Maintains and troubleshoots equipment

Thinking Skills
A. ☒ Creative Thinking   B. ☐ Decision Making
C. ☐ Problem Solving   D. ☒ Symbolic Thinking
E. ☒ Application of learning techniques   F. ☒ Reasoning

Interpersonal (works with others)
A. ☐ Serves as team member   B. ☐ Teaches others
C. ☐ Serves clients/customers   D. ☐ Exercises leadership
E. ☐ Negotiates   F. ☐ Works with diversity

Systems (understands complex inter-relationships)
A. ☐ Understands systems   B. ☐ Monitors/corrects systems
C. ☐ Improves/designs systems

Fundamentals
A. ☒ Reading   B. ☒ Writing   C. ☐ Mathematics
D. ☒ Listening   E. ☐ Speaking

Personal Qualities
A. ☒ Responsibility   B. ☒ Self Esteem   C. ☒ Sociability
D. ☒ Self Management   E. ☒ Integrity

13. ASSIGNMENTS THAT DEVELOP CRITICAL THINKING
Check the Student activities involved in each of the Critical Thinking Forms

STUDENT ACTIVITIES	writing a research paper	Solving computational problems	conducting an experiment/survey	preparing/presenting a talk or dramatic part	participating in a field trip	other (specify)	other (specify)
Critical Thinking Forms							
Analyzing	☒	☐	☐	☐	☐	☐	☐
Deducing valid conclusions	☒	☐	☐	☐	☐	☐	☐
Identifying reliable conclusions	☒	☐	☐	☐	☐	☐	☐
Identifying, anticipating or posing problems	☒	☐	☐	☐	☐	☐	☐
Synthesizing	☒	☐	☐	☐	☐	☐	☐
Comparing and contrasting	☒	☐	☐	☐	☐	☐	☐
Justifying	☒	☐	☐	☐	☐	☐	☐
Applying principles	☒	☐	☐	☐	☐	☐	☐
Solving problems	☒	☐	☐	☐	☐	☐	☐
Other(describe):	☐	☐	☐	☐	☐	☐	☐
Comments:							

14. INSTRUCTIONAL MODES

Indicate the instructional modes that may be used in meeting the objective of this course.

- ☒ Lecture
- ☐ Lecture/Laboratory
- ☐ Demonstration
- ☐ one-on-one Conference
- ☐ Work Experience
- ☐ Audio Visual
- ☐ Field Experience
- ☐ Small Group Experience
- ☐ Collaboration

- ☒ Lecture/Discussion
- ☐ Laboratory
- ☐ Seminar
- ☐ Oral Drills
- ☐ Computer Interactive Assignment
- ☐ Guest Speakers
- ☐ Independent/Directed Studies
- ☐ Dialog
- ☐ Other (specify):

15. EVALUATION METHODS

Indicate the methods that may be used to determine the student's final grade which are consistent with the course objectives, content and scope of the course. *(Note: Title 5, section 55002 (a)(2)(A) requires that evaluation must be "at least in part, by means of essays, or, in courses where the curriculum committee deems them to be appropriate, by problem-solving exercises or skills demonstrations by students.")*

- ☐ Standardized Tests
- ☐ Observation Record of Student Performance
- ☒ Essays/Essay Tests
- ☐ Quizzes, Unit Tests, Midterms
- ☐ Laboratory Reports
- ☒ Term Papers, Projects, Reports
- ☐ Problem-Solving Exercises

- ☐ Criterion Reference Tests
- ☐ Homework
- ☒ Written Compositions
- ☐ Oral Presentations
- ☐ Class Participation
- ☐ Skills Demonstration
- ☒ Final Exam

16. TEXTBOOK(S):

List representative* publications, non-print media, software, recommended readings including those materials to be put in the Library/LRC. *Refer to syllabus for current textbook and materials. (Use additional pages if necessary)

Authors	Titles	Publishers	Edition/Dates
Howard Kahane	Logic and Contemporary Rhetoric	Wadsworth	6th
Clark McKowen	Thinking about Thinking	Kaufman, Inc	1986
Zachery Seech	Writing Philosophy Papers	Wadsworth	1997

Non-print media, software and recommended readings:

none

17. SUPPLIES:

List materials and supplies that students may be required to purchase or use for this course:

notebook for dialectic journal

18. COURSE CONTENT:

In order to assist with the application of this course by faculty and/or with articulation activities with other institutions, please list major areas of course content using an 18-week semester format.

Total Time: 18 weeks

Time Allocated	Topics or Activities (Please be detailed and descriptive. Use additional pages if necessary)
week 1	Overview of critical thinking and reasoning a. What is an argument? b. Where and how do you find an argument? c. What is the difference between an argument and an explanation? d. Why are arguments important?
week 2-4	Writing sound arguments, persuasive essays, causal analyses, comparison/contrast, explication, evaluation, and interpretations The anatomy of arguments a. Standardizing an argument b. Colloquial writing and starnardized form c. Strategies for standardizing argument d. Details about premises e. Details about conclusions f. Reasoning from premises to conclusions g. Exposing arguments, evaluating, and writing arguments;
week 5	Deductive validity and soundness a. What is a valid argument? b. What is a sound argument? c. Writing valid and sound arguments
week 6-9	Using informal writing strategies (reader response journals, free-writing, imaginative dialogue) to deepen and clarify personal reactions to materials read and evaluated. Logic and language a. Definition b. Meaning c. Connotation d. Denotation e. Ambiguity f. Vagueness g. Complete sentences h. Agreement between parts of a sentence i. Misplaced sentences j. Parallelism
week 10-12	Using informal writing strategies as well as brainstorming techniques to develop and refine thinking for incorporation into extended analytic and argumentative essays Criteria for cogent reasoning and informal fallacies a. Deductive relations b. Four categorical forms c. Natural language and categorical form d. Venn diagrams e. Rules of inference f. Square of opposition g. The categorical syllogism h. Applying categorical logic MIDTERM: write a competent 450-500 word essay in one hour
week 13-14	Synthesizing ideas, facts, data from multiple reading sources in conventional academic research formats Induction a. Empirical generalization b. Causal claims c. Inductive argument

	d. Statistical reasoning e. Correlations and causation f. Common fallacies in inductive arguments
week 15-16	Evaluating sources of information a. Reading for understanding b. Reading for appraisal c. Developing an outline for your paper

week 17-18	Peer editing and reconstruction of final paper
	Creating arguments and theories
	a. Systemic thought
	b. Thesis
	c. Research
	   1. Citing books
	   2. Citing articles
	   3. Research and subsequent references to books and articles
	FINAL EXAM
	
	Critical Thinking and Composition
	Writing component: instruction focused on critical thinking and writing includes: stressing the connection between thinking, reading, and writing, and the use of each as reinforcement for the other; attending to the diversity in subject matter, cultural perspective and period, structure and theme; distinguishing between fact and inference; developing logical inferences; recognizing logical fallacies; recognizing denotative and connotative language; evaluating diction; exploring the difference between rhetorical uses of literacy elements and elements of critical writing; responding to aesthetics and style; constructing sound arguments; avoiding logical fallacies; supplying sufficient support for claims; using outside sources; refuting objections; writing with style and grace;
	Rewriting component: Rewrite exerceises will promote writing excellence and will focus on word choice, clarity, economy, structure, likenesses and differences, relativity, and philosophical contexts.

LOS ANGELES COMMUNITY COLLEGE DISTRICT
COURSE STANDARDS AND CRITERIA

Subject: *Philosophy*　　　Number: *5*　　　Course Title: *Critical Thinking and Composition*

Using the Official Course Outline, please determine whether or not the above listed credit course meets the following standards and criteria required in Title V, Part VI of the California Administration Code, and which has been designated as appropriate to the Associate Degree. Place a (x) in the appropriate box.

CRITERIA AND STANDARDS	RATING CRITERION	
Section 55002	Met	Not Met
Is recommended by the responsible college officials, and the academic senate or other appropriate faculty body as meeting the requirements of this subsection and has been approved by the local governing board as a course meeting the needs of the students for admission.	☒	☐
Is taught by a credentialed instructor in the discipline.	☒	☐
Is offered as described in an outline in official college files. That the outline shall specify the unit value, scope, objectives, content in terms of a specific body of knowledge, appropriate reading and writing assignments, outside of class assignments, instructional methodology and methods of evaluation for determining whether the stated objectives have been met by students.	☒	☐
Is taught in accordance with a set of instructional objectives common to all students.	☒	☐
Provides for measurement of students performance in terms of the stated course objectives and culminates in a formal recorded grade based upon uniform standards in accordance with Section 55578 of Title 5, which is permanently recorded as an evaluation of student performance; bases grades on demonstrated proficiency in subject matter determined by multiple measurement for evaluation; and has examinations, including essays and/or, where appropriate, uses appropriate symbol systems and/or skills demonstrations by students.	☒	☐
Grants units of credit based upon a specified relationship between the number of lecture and/or laboratory hours or performance criteria specified in the course outline; and requires a minimum of three hours of work per week including class time for each unit of credit, prorated for short-term, lab and activity course.	☒	☐
Treats subject matter with a scope and intensity which requires students to study independently outside of class time.	☒	☐
Requires, when appropriate, entrance skills and consequent prerequisites for the course before students are enrolled.	☒	☐
Requires the ability to think critically and to understand and apply concepts in order to participate in the course.	☒	☐
Requires learning skills and a vocabulary appropriate for a college course.	☒	☐
Requires the use of college level educational materials.	☒	☐

参考文献

邦文文献

天野郁夫, (2006).「Ⅴ学力・選抜・教養教育」『大学改革の社会学』玉川大学出版部, 181-236頁.

荒井克弘, 羽田貴史, (1996).「大学におけるリメディアル教育」『高等教育研究叢書』42, 広島大学大学教育研究センター, 1-7頁.

荒井克弘, 橋本昭彦, (2005).『高校と大学の接続―入試選抜から教育接続へ―』玉川大学出版部, 349頁.

有本章編, (2003).『大学のカリキュラム改革』玉川大学出版部, 339頁.

ベネッセ, 教育研究開発センター編, (2009).『大学生の学習・生活実態調査報告書』研究所報 Vol.51, 160頁.

中央教育審議会, (2005).『わが国の高等教育の将来像（答申）』189頁.

中央教育審議会大学分科会 制度・教育部会 学士課程教育の在り方に関する小委員会, (2007).『学士課程教育の再構築に向けて』(審議経過報告).

中央教育審議会大学分科会 制度・教育部会, (2008).『学士課程教育の再構築に向けて（審議のまとめ）』257頁.

中央教育審議会, (2008).『学士課程教育の構築に向けて（答申）』257頁.

中央教育審議会大学分科会, (2009a).『中長期的な大学教育の在り方に関する第一次報告, 大学教育の構造転換に向けて―)』91頁.

中央教育審議会大学分科会, (2009b).『中長期的な大学教育の在り方に関する第二次報告』126頁.

中央教育審議会大学分科会, (2010a).『中長期的な大学教育の在り方に関する第三次報告』136頁.

中央教育審議会大学分科会, (2010b).『中長期的な大学教育の在り方に関する第四次報告』169頁.

同志社大学高等教育・学生研究センター編, (2010).『一年生調査2009年調査報告書』同志社大学高等教育・学生研究センター, 126頁.

同志社大学高等教育・学生研究センター編, (2011).『一年生調査2010年調査報告書』同志社大学高等教育・学生研究センター, 130頁.

江原武一, (1994).『大学のアメリカ・モデル―アメリカの経験と日本』玉川大学出版部, 268頁.

江原武一, (1999a).「アメリカの経験―ユニバーサル化への道」『高等教育研究』第2集, 85-104頁.

江原武一, (1999b).「管理運営組織の改革―日米比較」有本章編「ポスト大衆化段階の

大学組織改革の国際比較研究」『高等教育研究叢書』54, 広島大学大学教育研究センター, 30-44頁.
江原武一, (2006).「高等教育におけるグローバル化と市場化―アメリカを中心として」『比較教育学研究』第32号, 111-124頁.
江原武一, (2010).『転換期日本の大学改革―アメリカとの比較―』東信堂, 306頁.
古田和久, (2007).「教育費支出の動機構造の解明にむけて―教育意識の決定木分析―」『教育社会学研究』第80集, 東洋館出版社, 207-224頁.
橋本鉱市編, (2011).『リーディングス日本の高等教育3 大学生―キャンパスの生態史』玉川大学出版部, 376頁.
濱名篤編, (2004).『ユニバーサル高等教育における導入教育と学習支援に関する研究』平成13年度～平成15年度科学研究費補助金 基盤研究(C)(2) 研究成果報告書, 211頁.
濱名篤, 川島太津夫 (編), (2006).『初年次教育―歴史・理論・実践と世界の動向』丸善, 267頁.
濱名篤, (2007).「日本の学士課程教育における初年次教育の位置付けと効果, 初年次養育・導入教育・リメディアル教育・キャリア教育」『大学教育学会誌』第29巻, 第1号, 36-41頁.
浜島幸司, (2005).「大学生は『生徒』である, それが, 何か？」『上智大学社会学論集』第29号, 191-208頁.
広島大学高等教育研究開発センター編, (2003).『高等教育の質的保証に関する国際比較研究』COE研究シリーズ16, 231頁.
広島大学高等教育研究開発センター編, (2006).『学生からみた大学高等教育の質―授業評価からプログラム評価へ―』, COE研究シリーズ18, 118頁.
IDE大学協会, (2011).「大学評価とIR」『現代の高等教育』528号, 80頁.
市川昭午, (2010).『教育政策研究―50年体験的研究入門』日本図書センター, 512頁.
金子元久, (2000).「国立大学の法人化―終わるものと始まるもの―」『IDE 現代の高等教育』423号, 5-13頁.
金子元久, (2005).「国立大学法人化の射程」江原武一, 杉本均編『大学の管理運営改革：日本の行方と諸外国の動向』東信堂, 62-63頁.
金子元久, (2007).『大学の教育力―何を教え, 学ぶか』ちくま新書, 筑摩書房, 206頁.
関西国際大学, 日本高等教育学会, (2009). 平成20年度文部科学省〈先導的大学改革推進委託〉調査報告書『学生の大学卒業程度の学力を認定する仕組みに関する調査研究』259頁.
川口俊明, (2009).「マルチレベルモデルを用いた「学校の効果」の分析―「効果的な学校」に社会的不平等の救済はできるのか―」『教育社会学研究』第84集, 165-182頁.
川島啓二, (2008a).「初年次教育の諸領域とその広がり」『初年次教育学会誌』第1巻, 第1号, 26-32頁.
川島啓二編, (2008b).『大学における教育改善等のためのセンター組織の役割と機能

に関する調査研究』平成17-19年度政策研究課題リサーチ経費研究成果報告書，180頁．

川嶋太津夫，(2003)．「アメリカの学士課程カリキュラム改革の動向」有本章編『大学のカリキュラム改革』玉川大学出版部，218-235頁．

川嶋太津夫，(2008)．「学士課程教育の構築に向けて—その論点と課題」『大学教育学会誌』第30巻，第1号，25-28頁．

川嶋太津夫，(2009)．「アウトカム重視の高等教育改革の国際的動向—「『学士力』提案の意義と背景」『比較教育学研究』第38号，114-131頁．

木村拓也・西郡大・山田礼子，(2009)．「高大接続情報を踏まえた「大学教育効果」の測定—潜在クラス分析を用いた追跡調査モデルの提案—」『高等教育研究』第12集，玉川大学出版部，189-214頁．

木村拓也，(2010)．「高校での探求学習経験が初年次学生に与える影響—JFS 2008 の結果から」International Society for Education (国際教育学会) 編『クオリティ・エデュケーション』3巻，77-94頁．

絹川正吉，(2005)．「リベラルアーツ教育と学士学位プログラム」『高等教育研究』第8集，7-27頁．

絹川正吉，(2011)．「特色GP採択事例の特性」『特色GPのすべて—大学教育改革の起動』絹川正吉，小笠原正明編 JUAA選書，第14巻，シアーズ教育社，122-128頁．

串本剛，(2006)．「大学教育におけるプログラム評価の現状と課題—教育効果を根拠とした形成的評価の確立を目指して」『大学論集』第37集，広島大学高等教育研究開発センター，263-276頁．

国立教育政策研究所，(2006)．『大学における教育改善と組織体制』148頁．

小日向允，(2003)．『私立大学のクライシス・マネジメント—経営・組織管理の始点から』論創社，112-113頁．

小湊卓夫，中井俊樹 (2007)．「国立大学法人におけるインスティチューショナル・リサーチ組織の特質と課題」『大学評価・学位研究』第5号，17-34頁．

権瞳，(2002)．「アメリカ合衆国の大学における学習スキルテストの効用と学習支援」『日本の大学におけるスタディスキル・テストの開発に関する研究』，平成12~13年度科学研究費補助金　基盤研究(C)(2) 研究成果報告書，研究代表者　佐藤広志，16-30頁．

黒河内利臣，(2009)．「大学入学前の経験と大学入学後の学業意識の連続性—入試形態別にみる大学生の学業意識—」『キャンパスライフと大学の教育力—14大学・学生調査の分析—』武内清編　平成19～21年度科学研究費補助金基盤研究(B)研究成果中間報告書，69-81頁．

Kreft, I. & Leeuw, J, D. (1998). Introduing Multilevel Modeling, Sage (小野寺孝義訳 (2006)，『基礎から学ぶマルチレベルモデル—入り組んだ文脈から新たな理論を創出するための統計手法—』ナカニシヤ出版)．

M. アップクラフト，J. ガードナー & B. ベアフット・山田礼子監訳，(2007)．『初年次教育ハンドブック—学生を「成功」に導くために—』丸善，307頁．

松繁寿和編，(2004)．『大学教育効果の実証分析―ある国立大学卒業生たちのその後』日本評論社，197頁．

丸山文裕，(1980)．「大学生の職業アスピレーションの形成過程：チャーター理論による大学の効果分析」『名古屋大学教育学部紀要 教育学科』第27巻，239-249頁．

丸山文裕，(1981)．「大学生の就職企業選択に関する一考察」『教育社会学研究』第36集，東洋館出版社，101-111頁．

溝上慎一(編)，(2001)．『大学生の自己と生き方―大学生固有の意味世界に迫る大学生心理学―』ナカニシヤ出版，239頁．

溝上慎一，(2004)．『現代大学生論―ユニバーシティ・ブルーの風に揺れる』日本放送出版協会，251頁．

村澤昌崇，(2005)．「高等教育研究における計量分析手法の応用（その1）」『大学論集』第37集，309-327頁．

中村高康編，(2011)．『リーディングス日本の高等教育1 大学への進学―選抜と接続』玉川大学出版部，352頁．

日本学術会議，(2010)．『回答 大学教育の分野別質保証の在り方について』79頁．

日本学術会議，日本の展望委員会，知の創造委員会，(2010)．『提言 21世紀の教養と教養教育』26頁．

日本高等教育学会編，(2008)．『大学生論』，『高等教育研究』第11集，玉川大学出版部，242頁．

日本私立大学協会附置私学高等教育研究所，(2005)．私学高等教育研究叢書『研究プロジェクト報告書―私立大学における一年次教育の実際』私学高等教育研究所，167頁．

日本私立大学協会附置私学高等教育研究所，(2011)．私学高等教育研究叢書『研究プロジェクト報告書―高等教育におけるIR（Institutional Research）の役割』72頁．

日本私立大学連盟編，(1984)．『私立大学きのう きょう あした』日本私立大学連盟，129頁．

日本テスト学会編，(2010)．『見直そう，テストを支える基本の技術と教育』金子書房，83頁．

日本テスト学会編，(2007)．『テストスタンダード―日本のテストの将来に向けて―』金子書房，231頁．

N. レマン・久野温穏訳，(2001)．『ビッグ・テスト―アメリカの大学入試制度』早川書房，436頁．

丹治めぐみ訳，(2000)．『現代アメリカ大学生群像―希望と不安の世代―』玉川大学出版部，246頁．

小川佳万・小野寺香編，(2009)．「アメリカのアドバンスト・プレイスメント・プログラム―高大接続の現状と課題―」『高等教育研究叢書』102，広島大学高等教育研究開発センター，95頁．

小方直幸，(2001)．「コンピテンシーは大学教育を変えるか」『大学・知識・市場高等教育研究』第4集，玉川大学出版部，71-91頁．

小方直幸，(2008)．「学生のエンゲージメントと大学教育のアウトカム」『高等教育研究』第11集，玉川大学出版部，45-64頁．
小方直幸編，(2011)．『リーディングス日本の高等教育4 大学から社会へ―人材育成と知の還元』玉川大学出版部，367頁．
大塚雄作，(2007)．「大学教育評価における評価情報の信頼性と妥当性の検討」『工学教育』第55巻，第4号，日本工学教育協会，4-20頁．
佐々木隆生，(2010)．「日本型高大接続の転換点」第8回 高大連携教育フォーラム『レジュメ・資料集』京都高大連携研究協議会，12-17頁．
佐藤広志(研究代表者)，(2002)．『日本の大学におけるスタディ・スキル・テストの開発に関する研究』，平成12年度～平成13年度科学研究費補助金 基盤研究(C)(2)研究成果報告書．
杉谷祐美子，(2007)．「大学内における教育効果の学生間比較」『転換期の高等教育における学生の教育評価の開発に関する国際比較研究』山田礼子編，平成16～18年度科学研究費補助金基盤研究(B) 研究成果報告書，49-72頁．
杉谷祐美子，(2009a)．「入学後の経験と教育効果の学生間比較」『大学教育を科学する：学生の教育評価の国際比較』山田礼子編，東信堂，63-83頁．
杉谷祐美子，(2009b)．「「学士課程教育」というコンセプトはどのようにして生まれてきたのか―歴史から現状へ―」『大学教育学会誌』第32巻第1号，38-44頁．
杉谷祐美子編，(2011)．『リーディングス日本の高等教育2 大学の学び―教育内容と方法』玉川大学出版部，376頁．
舘昭，(1995)．「アンダーグラデュエート教育は『学部教育』か『学士教育』か」『大学教育学会誌』第17巻，第1号，8-11頁．
舘昭，(1997a)．『大学改革―日本とアメリカ―』玉川大学出版部，214頁．
舘昭，(1997b)．「設置基準「大綱化」以降の大学教育改革―学部教育から学士課程教育へ」『大学教育学会誌』第19巻，第2号，37-40頁．
舘昭，(2006)．『原点に立ち返っての大学改革』東信堂，71頁．
舘昭，(2007)．『改めて「大学制度とは何か」を問う』東信堂，126頁．
舘昭，(2008)．「アメリカにおける初年次学生総合支援アプローチ―その登場，展開，特徴―」『初年次教育学会誌』第1巻，第1号，49-56頁．
武内清，(1999)．「学生文化の規定要因に関する実証的研究―15大学・4短大調査から―」『大学論集』第29集，広島大学大学教育研究センター，119-138頁．
武内清，(編)(2003)．『キャンパスライフの今』玉川大学出版部，272頁．
武内清，(編)(2005a)．『大学とキャンパスライフ』上智大学出版，334頁．
武内清編，(2005b)．『学生のキャンパスライフの実証的研究―21大学・学生調査の分析』平成16～18年度科学研究費補助金基盤研究(B) 研究成果報告書．
武内清，(2008)．「学生文化の実態と大学教育」日本高等教育学会編『高等教育研究』第11集，玉川大学出版部，7-23頁．
武内清編，(2009)．『大学の「教育力」育成に関する実証的研究―学生のキャンパスライフからの考察―』，平成19～21年度科学研究費補助金基盤研究(B) 研究成果

中間報告書, 236頁.
武内清編, (2010).『大学の「教育力」育成に関する実証的研究―学生のキャンパスライフからの考察―』, 平成19～21年度科学研究費補助金基盤研究(B) 研究成果中間報告書, 154頁.
谷川裕稔, (1999).「アメリカ・コミュニティ・カレッジの補習教育―概念的基本的枠組『アメリカ教育学会紀要』第10号, 57-64頁.
塚原修一編, (2008).『高等教育市場の国際化』玉川大学出版部, 262頁.
塚原修一編, (2009).『リーディングス 日本の教育と社会12 高等教育』日本図書センター, 466頁.
東京大学大学院教育学研究科 大学経営・政策研究センター編, (2007).『高校生の進路追跡調査 第一次報告書』166頁.
東京大学大学院教育学研究科 大学経営・政策研究センター編, (2008).『全国大学生調査 第一次報告書』, 163頁.
東京大学社会科学研究所編, (2010).『パネル調査プロジェクト研究成果報告会2010』資料.
豊田秀樹, (2001).『均衡を掘り当てる統計学―データマイニング入門』講談社ブルーバックス, 講談社, 216頁.
Trow, M. (1982). "Confronting the Challenge of Underprepared Students", 喜多村和之編訳『高度情報社会の大学』玉川大学出版部, 2000年に掲載.
潮木守一, (1993).『キャンパスの生態誌―大学とは何だろう―』中公新書, 中公公論社, 198頁.
谷田川ルミ, (2009).「大学生の「向授業」を規定する要因」『キャンパスライフと大学の教育力―14大学・学生調査の分析―』武内清編 平成19～21年度科学研究費補助金基盤研究(B) 研究成果中間報告書, 47-56頁.
山崎博敏, (2001).「アメリカの州立大学における教育評価―大学・州・全国レベルでの機構―」『大学論集』第32集, 131-145頁.
山崎博敏, (2002).「アメリカ高等教育におけるパフォーマンス・インディケーター」日本教育社会学会第54回大会 (広島大学) 発表資料.
山崎博敏 (研究代表者), (2004).『大学における教育研究活動のパフォーマンス・インジケータの開発』, 平成13年度～平成15年度科学研究費補助金 基盤研究(C)(2) 研究成果報告書.
山田礼子, (2004a).「わが国の導入教育の展開と同志社大学での実践」溝上慎一編『学生の学びを支援する大学教育』東信堂, 246-272頁.
山田礼子, (2004b).「アメリカの一年次教育の構造」『大学と教育』No.37, 4-28頁.
Swing, R. (2004). The Scope, Development, and Context of Institutional research in American Higher Education, 山田礼子訳「米国の高等教育におけるIRの射程, 発展, 文脈」舘昭研究代表者『日, 米, 欧における国際的通用力を持つ大学評価システムの形成状況と日本の課題の研究』平成14年度～平成15年度科学研究費補助金 基盤研究(A)(2) 研究成果報告書, 163-182頁.

山田礼子, (2005a). 『一年次 (導入) 教育の日米比較』東信堂, 250頁.
山田礼子, (2005b). 「アメリカの大学における管理運営モデルの変遷」江原武一, 杉本均編『大学の管理運営改革―日本の行方と諸外国の動向―』東信堂, 113-137頁.
山田礼子編, (2007). 『転換期の高等教育における学生の教育評価の開発に関する国際比較研究』平成16年度〜18年度科学研究費補助金基盤研究(B) 研究成果報告書, 216頁.
山田礼子, (2008a). 「学生の情緒的側面の充実と教育成果―CSSとJCSS結果分析から―」『大学論集』第40集, 181-198頁.
山田礼子, (2008b). 「初年次教育の組織的展開」『初年次教育』第1巻, 第1号, 65-72頁.
山田礼子, (2008c). 『アメリカの学生獲得戦略』玉川大学出版部, 190頁.
山田礼子編, (2009a). 『大学教育を科学する:学生の教育効果の国際比較』東信堂, 303頁.
山田礼子・木村拓也・古田和久・吉田文・杉谷祐美子, (2009). 「JCIRPに見る大学生の諸相―プロジェクト型大学生調査の目的・方法・課題―」『日本教育社会学会第61回大会要旨集』早稲田大学, 285-290頁.
山田礼子, (2009b). 「日本の初年次教育の展開―その現状と課題―」『初年次教育学会誌』第2巻, 第1号, 3-16頁.
山田礼子編, (2010a). 『学生の認知的・情緒的成長を支える高等教育の国際比較研究』平成19〜21年度科学研究費補助金基盤研究(B) 研究成果報告書, 189頁.
山田礼子, (2010b). 「初年次教育の現状と展望」『大学教育 研究と改革の30年―大学教育学会の視点から―』, 大学教育学会30周年記念誌編集委員会編, 東信堂, 29-48頁.
山田浩之・葛木浩一編, (2007). 『現代大学生の学習行動』高等教育研究叢書90, 広島大学高等教育研究開発センター, 95頁.
矢野眞和・吉本圭一編, (2004). 『高等教育コンピテンシー形成に関する日欧比較研究』平成14・15年科学研究費補助金報告書.
吉本圭一, (2007). 「卒業生を通した『教育成果』の点検・評価方法の研究」『大学評価・学位研究』第5号, 75-107頁.
吉田文, (2005). 「アメリカの学士課程カリキュラムの構造と機能―日本との比較分析の視点から」『高等教育研究』第8集, 75-93頁.
吉田文, (2008). 「大学生研究の位相」『高等教育研究』第11集, 127-142頁.
米澤彰純編, (2011). 『リーディングス日本の高等教育5 大学のマネジメント―市場と組織』玉川大学出版部, 356頁.

英文文献

Anaya, G. (1999). "College Impact on Student Learning: Comparing the Use of Self-Reported Gains, Standardized Test Scores, and College Grades", *Research in Higher Educcation*, 40 (5), 499-526.

Astin, A.W. (1977). *Four Critical Years,* San Francisco, Calif.: Jossey-Bass.

Astin, A, W. (1993a). *What Matters in College? : Four Critical Years Revisited.* San Francisco, Calif: Jossey-Bass.

Astin, A, W. (1993b). *Assessment for Excellence: The Philosophy and Practice of Assessment and Evaluation in Higher Education,* Phoenix, Arizona: ORYX Press.

Astin, H. S. & Antonio, A. L. (2004). "The Impact of College on Character Development," *New Directions for Institutional Research,* 122: 55-64.

Atkinson, R. C. & Geiser, S. (2009). *Reflections on A Century of College Admissions Tests,* Research & Occasional Paper Series, Center for Studies in Higher Education, University of California, Berkeley.

Augustine, C.H. (2001). *Factors Influencing the Use of Institutional Research Studies from the Researchers' Perspective,* Ph.D. Dissertation, The University of Michigan. (UMI Dissertation Services).

Baker, E. L., & O'Neil, H. F. Jr. (2008). "Performance Assessment and Equity; A View from the USA", in *Student Assessment and Testing,* ed. by Harlen, W. Vol.4, London: Sage Publications, 56-72.

Banta, T.W. (ed.). (1988). "Implementing Outcomes Assessment: Promises and Perils", *New Directions for Institutional Research*, 59, San Francisco: Jossey-Bass.

Banta, T.W. (1991). "Linking Outcomes Assessment and the Freshman Experience", *Journal of The Freshman Year Experience,* 3 (1), 93-108.

Banta, T.W. & Palomba, C. A. (1999). *Assessment Essentials,* San Francisco, Calif: Jossey-Bass. A Wiley Compay.

Banta, T, W. & Associates. (2002). *Building a Scholarship of Assessment,* San Francisco, Calif: Jossey-Bass. A Wiley Company.

Banta, T, W. (ed.). (2004). *Hallmarks of Effective Outcomes Assessment,* San Francisco, Calif: Jossey-Bass. A Wiley Company.

Banta, T.W. (ed.). (2007). *Assessing Student Achievement in General Education,* San Francisco, Calif: Jossey-Bass. A Willey Company.

Barefoot, B.O. & Fidler, P.P. (1995). *The 1994 National Survey of Freshman Seminar Programs: Continuing Innovations in the Collegiate Curriculum.* Columbia, South Carolina:National Resource Center for the First-Year Experience & Students in Transition, University of South Carolina.

Barefoot, B.O., Warnock, C.L., Dickinson, M.P. Richardson, S.E. & Roberts, M.R. (1998). *Exploring the Evidence Volume II: Reporting Outcomes of First-Year Seminars,* Monograph series No.25. Columbia, South Carolina: National Resource Center for the first-Year Experience & Students in Transition, University of South Carolina.

Bauer, K.W. (2004). "Conducting Longitudinal Studies", *New Directions for Institutional Research,* 121, 75-90.

Bloxham, S. & Boyd, P. (2007). *Developing Effective Assessment in Higher Education: A Practical Guide.* Berkshire, England: Open University, Press.

Bloxham, S. & Boyd, P. (2007). *Developing Effective Assessment in Higher Education: A Practical Guide*, London, U.K.: Open University, Press.

Blum, A., Goldstein, H. & Guerin-Pace, F. (2008). "International Adult Literacy Survey: An Analysis of International Comparisons of Adult Literacy", in *Student Assessment and Testing*, ed. by Harlen, W. Vol.3, London: Sage Publications, 161-183.

Boyle, J., Fisher, S. (2007). *Educational Testing: A Competence-Based Approach*, Malden, M.A., USA: BPS Blackwell.

Borden, V,M. & Young, J,M. (2007). "Measurement Validity and Accountability for Student Learning", *New Directions for Institutional Research Assessment Supplement* 2007, 19-37.

Brady, P. & Allingham, P. (2007). "Help of Hindrance? The Role of Secondary Schools in a Successful Transition to University", *Journal of The First-Year Experience & Students in Transition,* 19 (2): 47-67.

Brennan, R. L. (ed.) (2006). *Educational Measurement, Fourth Edition,* Westport, CT, USA: American Council on Education.

Brew, A. & Ginn, P. (2008). "The Relationship between Engagement in the Scholarship of Teaching and Learning and Students' Course Experiences", *Assessment & Evaluation in Higher Education* 33 (5), 535-545.

Brittingham, B., O'Brien,P. M.& Alig, J.L. (2008). "Accreditation and Institutional Research: The Traditional Role and New Dimensions American Regional Accreditation1 Serves Two Basic Functions", *New Directions for Higher Education* 141, 69-76.

Brown, B. (2004). *Quality Assurance in Higher Education: The UK Experience since 1992.* London, U.K.: Routledge Falmer.

Brown, J.A, (2008). "Institutional Research and External Reporting: The Major Data Seekers", *New Directions for Higher Education* 141, 87-96.

Brown, M. (2008). "Problems of Interpreting International Comparative Data ", in *Student Assessment and Testing*, ed. by Harlen, W. Vol.3, London: Sage Publications, 184-205.

California Postsecondary Education Commission. (1998). *A Master Plan for Higher Education in California, 1960-1975. Commission Report 98-1.* Sacrament: CPEC

California Postsecondary Education Commission. (2000). *The Condition of Higher Education in California, 2000: A Report on Higher Education in California for the Year 2000.* http://www.cpec.ca.gov

California Postsecondary Education Commission. *Progress Report on the Community College Transfer Function.* http://www.cpec.ca.gov/CompleteReports/ CCCTransfer 96-4/ Appendix A. asp

California Postsecondary Education Commission. *Factsheet. New Community College Transfer Students at California Public Universities.* http://www.cpec.ca.gov/ FactSheets/ FactSheet 2000

California Public and Independent Colleges and Universities. (1995). *Handbook of California Articulation Policies and Procedures.* Sacramento: California Public and Independent Colleges and Universities.

CAN System Office. (1995). *A Guide for CAN*. Fresno: CAN System Office.
CAN System Office. (1996). *California Articulation Number System: Catalog of Courses*. Fresno: CAN System Office.
Chen, H.Y. (1992). *Institutional Research Functions and Activities in Four-year Institutions in the United States: Perceived by Institutional Research Directors*, Ohio: Ph.D. Dissertation, Ohio University, (UMI Dissertation Services).
Chen, P, D., Gonyea, R, M., Sarraf, S, A., Brckalorenz, A., Korkmaz, A., Lambert A, D., Shoup, R. & Williams, J M. (2009). "Analyzing and Interpreting NSSE Data", *New Directions for Institutional Research, Survey Research Emerging Issues,* 141, 35-54.
Chickering, A.W. (1969). *Education and Identity,* San Francisco: Jossey-Bass.
Chickering, A. W. & Gamson, Z. R. (1987). "Seven Principles for Good Practice in Undergraduate Education", *AAHE Bulletin*, 39 (7): 3-7.
Crag, K. L. (1994). *Student Retention and Academic Performance: Relationship to a Freshman Seminar/Student Success Course*, Mississippi: Ph.D. Dissertation, University of Southern Mississippi, (UMI Dissertation Services).
College Board AP Central website. (2011). http://apcentral.collegeboard.com. 1-20.
Cress, C, M. (1999). *The Impact of Campus Climate on Students ' Cognitive and Affective Development*, Ph.D. Dissertation, University of California, Los Angeles, (UMI Dissertation Services).
Currie, J. (1998), *Universites and Globalization: Critical Perspectives*, London, U.K.: Sage Publication.
Dearn, J. M. (2006). "Enhancing the Quality of Teaching: An Australian Perspective", *New Directions for Higher Education* 133, 33-41.
Dey, E. L. (1991). *Perceptions of the College Environment: An Analysis of Organizational, Interpersonal, and Behavioral Influences*, Ph.D. Dissertation , University of California, Los Angeles. (UMI Dissertation Services)
Douglass, J. A.(2000). *The California Idea and American Higher Education: 1850 to the 1960 Master Plan*. California: Stanford University Press.
Donald, J. G. (2006). "Enhancing the Quality of Teaching in Canada", *New Directions for Higher Education* 133, 23-31.
Driscoll, A. & Wood, S. (2007). *Developing Outcomes-Based Assessment for Learner-Centered Education: A Faculty Introduction*, Sterling, Virginia, USA: Stylus Publishing, Inc.
Dudley, J. (1998), "Globalization and Education Policy in Australia", in *Universities and Globalozation: Critical Perspectives,* (eds.). J. Currie & J. Newson, Sage Publications.
Dunn, L., Morgan, C., O'Reilly, M. & Parry, S. (2004). *The Student Assessment Handbook: New Directions in Traditional & Online Assessment,* New York: RoutledgeFalmer.
Ehara, T. (1998), "Research and Teaching: The Dilemma from an International Comparative Perspective", 広島大学高等教育開発センター『大学論集』第28集, 133-154.
Evans, N. J., Forney, D. S. & Guido-DiBrito, F. (1998). *Student Development in College:Theory, Research and Practice,* San Francisco, Calif: Jossey-Bass Publishers.
Ewell, P, T. (2007). "Assessment and Accountability in America Today:Background and Context"

New Directions for Institutional Research Assessment Supplement 2007, 7-17.

Fincher, C. (1985). "The Art and Science of Institutional Research", In Corcoran, M. and Peterson M.W. (eds.). *Institutional Research in Transition.: New Directions for Institutional Research,* San Francisco: Jossey-Bass, 16-37.

Gardner, J. N., Barefoot, B.O. & Swing, R.L. (2001). *Guidelines for Evaluating the First-Year Experience at Four-Year Colleges* (2nd Edition), Columbia, South Carolina: National Resource Center for the first-year Experience & Students in Transition, University of South Carolina.

Gardner, J. N. & Jweler, A., J. (2003). *Your College Experience: Strategies for Success 5th Edition.* Belmont, Calif.: Wadsworth/Thomson Learning.

Gonyea, R. M. (2005). "Self-Reported Data in Institutional Research: Review and Recommendations", *New Directions for Institutional Research, Survey Research Emerging Issues,* 127, 73-89.

Gordon, V. N.(1989). "Origins and Purposes of the Freshman Seminar", in *The Freshman Year Experience* (eds.) Upcraft, L.M. Gardner J.L. & als, San Francisco, Calif: Jossey-Bass Publishers.

Gordon, V. N.(2003). "Undecided First-Year Students: A 25-year Longitudinal Study", *Journal of The First-Year Experience & Students in Transition,* 15 (1), 19-38.

Gould L. N. (1983). *Institutional Research: A Distinct Function or A Subsumed Function of Higher Education Management?,* Ph.D. Dissertation, University of Massachusetts. (UMI Dissertation Services).

Grandy, J. (1987). "Ten-year Trends in SAT Scores and Other Characteristics of High School Seniors Taking the SAT and Planning to Mathematics, Science, or Engineering", Princeton, N.J.: Educational Testing Service Conference paper.

Hansen, M. J. & Borden, V. H. (2006). "Using Action Research to Support Academic Program Improvement", *New Directions for Higher Education* 130, 47-62.

Hays, L. H. (1999). *Elementary Principlas' Goal Orientation in Using Student Assessment Information: An Organizational Perspective,* Ph.D. Dissertation, Teachers College, Columbia University, (UMI Dissertation Services).

Hernon, P. & Dugan, R. E. (eds.). (2004). *Outcomes Assessment in Higher Education; Views and Perspectives,* Westport, C.T. USA: Libraries Unlimited.

Hernon, P., Dugan, R. E. & Schwartz, C. (eds.). (2006). Revisiting *Outcomes Assessment in Higher Education*, Westport, C.T. USA: Libraries Unlimited.

Heath, D.H. (1968). *Growing up in College,* San Francisco: Jossey-Bass.

Henry, M. Lingard, B. Rizvi, F. & Taylor, S. (eds.). (2001). *The OECD, Globalization and Education Policy*, Paris, France: IAU Press.

Higbee, J. L. & Dwinell, P. L. (1998). *Developmental Education: Preparing Successful College Students,* Monograph series No.24. Columbia, South Carolina: National Resource Center for the first-year Experience & Students in Transition, University of South Carolina.

Howard, R.D, (ed). (2001). *Institutional Research: Decision Support in Higher Education.* http://www.appstate.edu/www_docs/depart/irp/cds/cdsindex.html.

Impara, J, C. & Plake, B, S. (eds). (1998). *The Thirteenth Mental Measurements Yearbook,* Lincoln, Nebraska: The Buros Institute of Mental Measurements, the University of Nebraska-Lincoln.

Joughin, G. (ed.). (2009). *Assessment, Learning and Judgment in Higher Education,* London, U.K.: Springer.

Kelleher, M., Pouchak, L. & Lulay, M. (2008). "The Role of Advanced Placement Credit in Honors Education", *Journal of the National Collegiate HonorsCouncil Online Archive,* Spring/Summer 2008: 61-80.

Keenan, K. & Gabovitch, R. (1995). "Evaluation the Impact of a Freshman Seminar Program on Student Development and Retention", Paper presented at North East Association for Institutional Research 22nd Annual Conference. Burlington, Vermont.

Kieran, J. (2005), "International Education: The Concept and its Relationship to Intercultural Education", *Journal of Research in International Education,* Vol. 4, No. 3, 313-332.

Kirst, M, W. & Venezia, A. (eds). (2004). *From High School to College: Improving Opportunities for Success in Postsecondary Education,* SanFrancisco, Calif: Jossey-Bass, A Wiley Imprint.

Knight, W. E. (ed.) (2003). *The Primer for Institutional Research,* Tallahassee, FL: Association for Institutional Research.

Krause K. L. & a Coates, H. (2008). "Students' Engagement in First-year University", *Assessment & Evaluation in Higher Education* 33 (5), 493-505.

Kreber, C. (2006). "Comparing Approaches Taken in Different Countries", *New Directions for Higher Education* 133, 101-111.

Kuh, G. D., (2001). *The National Survey of Student Engagement?Conceptual Framework and Overview of Psychometric Properties,* National Survey of Student Engagement, Indiana: 1-26.

Kuh, G D. & Umback, P. D., (2004). "College and Character: Insights from the National Survey of Student Engagement," *New Directions for Institutional Research,* 122: 37-54.

Kuh, G. D., Kinzie, J., Schuh, J. H. & Whitt, E. J. (2005). *Assessing Conditions to Enhance Educational Effectiveness: The Inventory for Student Engagement and Success,* SanFrancisco, Calif: Jossey-Bass, A Wiley Imprint.

Kuh, G. D., Kinzie, J., Schuh, J. H., Whitt, E.J., et al. (2005). *Student Success in College; Creating Conditions that Matter,* San Francisco, Calif: Jossey-Bass A Wiley Imprint.

Kreber, C. (2006). "Setting the Context: The Climate of University Teaching and Learning", *New Directions for Higher Education* 133, 5-11.

Levine, A. & Cuerton, J. (1998). *When Hope and Fear Collide: A Portrait of Today's College Student,* San Francisco, C.A: Jossey-Bass.

Levine-Donnerstein, D. (1988). *The Utilization of Institutional Research in Policy Making Processes at State Universities and Land-Grant Colleges, Wisconsin: Ph.D. Dissertation,* The University of Wisconsin, Madison. (UMI Dissertation Services).

Lubinescu, E. S., Ratcliff, J. L., Gaffney, M. A. (2001). "Two Continuums Collide: Accreditation and Assessment", *New Directions for Higher Education,* 113, 5-22.

Lovik, E.G. & Volkwein, J.F. (2010). "The Effects of Institutional Characteristics and Student Engagement on College Student Spiritual Development", presented at AIR Forum 2010, Chicago, Ill.

Maassen, P. (1985), "The Practice of Institutional Research in Western Europe", The Association for Institutional Research, *7th European Air Forum Proceedings*, 83-89.

Metcalfe, A. & Game, A. (2008). "Significance and Dialogue in Learning and Teaching", *Educational Theory,* 58 (3), 343-356.

McCormik, A, C. (2009). "Toward a Nuanced View of Institutional Quality", *NSSE Promoting Engagement for all Students: The Imperative to Look Within 2008 Results*, 6-8.

McLaughlin, G. W. & Howard, R. D. (2004). *People, Processes and Managing Data.* (Second Edition), Tallahassee, FL: Association for Institutional Research.

Meyer, J, W. (1977). "The Effects of Education as an Institution", *American Journal of Sociology,* 83 (1), 55-77.

Middaugh, M. F. (2010). *Planning and Assessment in Higher Education: Demonstrating Institutional Effectiveness,* San Francisco, Calif. USA: Jossey-Bass A Wiley Imprint.

Myers, L. E. (1999). "Developmental Reading Educators and Student Affairs Professionals: Partners Promoting College Student Growth", National Association of Developmental Education Conference paper.

Office of Admission and Relations with Schools, University of California, Irvine. (2000). *Articulation Guide.* Irvine: UC, Irvine.

Office of the President, University of California. (2000). *Community College Transfer.* Oakland: University of California.

Palomba, C, A. & Banta, T, W. (1999). *Assessment Essentials: Planning, Implementing, and Improving Assessment in Higher Education.* San Francisco, Calif: Jossy-Bass. A Wiley Imprint.

Pascarella, E, T. & Terenzini, P, T. (2005). *How College Affects Students,* San Francisco, Calif: Jossey-Bass.

Peterson, M. W. & Corcoran, M. (1985). "Proliferation or Professional Integration: Transition and Transformation", *New Directions for Institutional Research,* 11(2), 5-15.

Popham, W. J. (1997). "What's Wrong- and What's Right-with Rubrics", *Educational Leadership October,* 72-75.

Porter, S. R., Whitcomb, M. E. & Weitzer, W. H. (2004). "Multiple Surveys of Students and Survey Fatigue", *New Directions for Institutional Research,* 121, 63-74.

Preston, S.M. (2009), *The Completion of Advanced Placement Courses as An Indicator of Academic Success in First-Year College Students*, Dissertation Presented to Liberty University.

Raudenbush, S. W. & Bryk, A. S. (2002). *Linear Models:Applications and Data Analysis Methods,* 2nd Edition, London: Sage Publications, Inc.

Rigdon, J.R. (1983). *Institutional Research and Organizational Effectiveness,* Illinois: Southern Illinois University. (UMI Dissertation Services).

Rhodes, T, L. (2007). "VALUE: Valid Assessment of Learning in Undergraduate Education", *New*

Directions for Institutional Research Assessment Supplement 2007, 59-70.

Rice, E.R. (2006)."Enhancing the Quality of Teaching and Learning: The U.S. Experience", *New Directions for Higher Education,* 133, 13-22.

Robertson, R. (1992), *Globalization,* London, U. K.: Sage Publications.

Rowe, D. (2008). "US Partnership for Education for Sustainable Development", *International Journal of Sustainability in Higher Education,* 9 (3), 339-351.

Sadler, Philip M. & Tai, Robert H. (2007). "Advanced Placement Exam Scores as a Predictor of Performance in Introductory College Biology, Chemistry and Physics Courses", *Science Educator,* 16 (1): 1-19.

Sadler, Philip M. & Tai, Robert H. (2007). "Weighting for Recognition: Accounting for Advanced Placement and Honors Courses When Calculating High School Grade Point Average", *NASSP Bulletin,* 91 (1): 5-32.

Saupe, J, L. (1990) *The Functions of Institutional Research* 2nd ed Tallahassee,FL:Association for Institutional Research.

Sax, L. J. (2004). "Citizenship Development and the American College Student", *New Directions for Institutional Research,* 122. 65-80.

Schlosser, L. Z. & Sedlacek, W. E. (2001). "The Relationship Between Undergraduate Students' Perceived Past Academic Success and Perceived Academic Self-concept", *Journal of The First- Year Experience & Students in Transition,* 13, (2), 76-94.

Schnell, C. A., Louis K. S. & Doetkott, C. (2003). "The First-Year Seminar as a Means of Improving College Graduation Rates", *Journal of The First- Year Experience & Students in Transition,* 15 (1), 53-76.

Segers, M., Eduardo, D. & Cascallar, A. (eds.) (2003). *Optimizing New Modes of Assessment: In Search of Qualities and Standards,* Norwell, M.A. USA: Kluwer Academic Publishers.

Seymour, D., Kelley, J. M. & Jasinski, J. (2004). "Linking Planning, Quality Improvement, and Institutional Research", *New Directions for Institutional Research,* 123. 49 -58

Sharp, B. (2003). *Noel-Levitz' College Student Inventory (CSI) as a Retention Tool.* At Summer Institute on First-Year Assessment, Asheville, NC. http://www.appstate.edu/www_docs/depart/irp/reports/presentations/SUMMERINSTITUTE2003.PDF.

Shavelson, R, J. (2010). *Measuring College Learning Responsibly: Accountability in a New Era.* San Francisco, Calif: Stanford University Press.

Shavelson, R. J., Baxter, G. P., & Gao, X. (2008). "Sampling Variability of Performance Assessments", in *Student Assessment and Testing,* ed. by Harlen, W. Vol.3, London: Sage Publications, 3-19.

Shephard, K. (2008). "Higher education for Sustainability: Seeking Affective Learning Outcomes", *International Journal of Sustainability in Higher Education* 9 (1), 87-98.

Shepard, L. A (2008). "Evaluating Test Validity Lorrie A", in *Student Assessment and Testing,* ed. by Harlen, W. Vol.3, London: Sage Publications, 20-61.

Shulenburger, D (2006). "Improving Student Learning in Higher Education through Better

Accountability and Assessment", A Discussion Paper for The National Association of State Universities and Land-Grant Colleges (NASULGC).

Slaughter, S. (1993), "Introduction to Special Issue on Retrenchment", *Journal of Higher Education* 64, No. 3, 247.

Smith, B. M. (2006). "Quest for Quality: The UK Experience", *New Directions for Higher Education* 133, 43-52.

South Carolina Commission on Higher Education. (2002). *A Closer Look at Public Higher Education in South Carolina: Institutional Effectiveness, Accountability, and Performance.* Columbia, SC: South Carolina Commission on Higher Education.

Strange, C. C. (2004). "Measuring Up: Defining and Assessing Outcomes of Character in College", *New Directions for Institutional Research*, No.122. 25-36.

Suhr, C.J.M., Jansen, E.P.W.A. & Harskamp. E.G. (2007). "Impact of Degree Program Satisfaction on the Persistence of College Students", *Higher Education,* 54, 207-226.

Swing R. L. & Upcraft, M. L. (2005). "Choosing and Using Assessment Instruments", in Upcraft, M. L., Gardner, J. N., Barefoot, B.O. & Associates. (eds.). Challenging & Supporting The first-Year Students: A Handbook for Improving The First Year of College. San Francisco, Calif.: Jossey-Bass A Wiley Co. 501-514.

Steedle, J. (2009). *White Paper: Advancing Institutional Value-Added Score Estimation,* New York, NY: Collegiate Learning Assessment, Council for Aid to Education.

Swing, R. (2006). "Constructing a Philosophy for Achieving Institutional Excellence in the First College Year", *Journal of the Liberal and General Education Society of Japan*, 28 (1), 84-91.

Taras, M. (2008). "Summative and Formative Assessment: Perceptions and Realities", *Active Learning in Higher Education* 9 (2), 172-192.

Tennant, M., Mcmullen, C. & Kaczynski, D. (2010). *Teaching, Learning and Research in Higher Education: A Critical Approach*, New York: Routledge.

Terrell, P.S. (1988). *Utilization and Effectiveness of the cooperative Institutional Research ProgramFreshman Survey and its Impact on Participating Institutions.* Lexington, Kentucky: Ph.D. Dissertation, The University of Kentucky, (UMI Dissertation Services).

Testerman, J.D. (1972). *The Role of Institutional research in Higher Education*, Texas: Ph.D. Dissertation, The University of Texas at Austin, (UMI Dissertation Services).

Trow, M. (1964), "Problems in the Transition from Elite to Mass Higher Education", *Policy for Higher Education*, OECD, 51-101.

Trujillo, A. & Diaz,E. (1999). "Be a Name, Not a Number: The Role of Cultural and Social Capital in the Transfer Process", in *Community Colleges as Cultural Texts: Qualitative Explorations of Organizational and Student Culture,* eds by Shaw, K.M., Valadex,J.R.,Rhoads, R.A. New York: State University New York Press.

Tymms, P., Merrell, C. & Jones, P. (2008). "Using Baseline Assessment Data to Make International Comparisons", in *Student Assessment and Testing*, ed. by Harlen, W. Vol.4, London: Sage Publications, 24-44.

University of California. (2000). *Answers for Transfers. 2001/2002*. Oakland: University of California.

Upcraft, L.M., Gardner, J. L. & als. (eds.) (1989). *The Freshman Year Experience*, San Francisco, Calif: Jossey-Bass Publishers.

Upcraft, L.M., Mullendore, R. H., Barefoot, B. O. & Fidler, D. S. (1993). *Designing Successful Transitions: A guide for Orienting Students to College*, Monograph series No.13. Columbia, South Carolina: National Resource Center for the first-Year Experience & Students in Transition, University of South Carolina.

Upcrat, L. M. & Schuh, J. H. (1996). *Assessment in Student Affairs: a Guide for Practitioners*, San Francisco, Calif: Jossey-Bass. A Wiley Compay.

Upcraft, L. M., Gardner, J. N., Barefoot, B.O. et al. (eds.) (2005). *Challenging & Supporting the First-Year Student: A Handbook for Improving the First Year of College*. San Francisco Calif.: Jossey, Bass. A Wiley Imprint.

U.S. Departmennt of Education, (2006). *A Test of Leadership: Charting the Future of American Higher Education*, Report of the Commission Appointed by Secretary of Education Margaret Spellings, Washington, D.C.: U.S. Department of Education, 1-62. http://www2.ed.gov/about/bdscomm/list/hiedfuture/reports/pre-pub-report.pdf 最終アクセス日 9/14/2011

Van, Vught, F. & Westerheidjen, D. (1994). "Towards a General Model of Quality Assessment in Higher Education", *Higher Education* 28, 355-371.

Vermeulen, L. & Schmidt, H.G (2008). "Learning Environment, Learning Process, Academic Outcomes and Career Success of University Graduates", *Studies in Higher Education* 33 (4), 431-451.

Volkwein, J.F. (1990). "The Diversity of Institutional Research Structures and Tasks". *New Directions for Institutional Research*, 66, 7-6.

Volkwein, J, F.& Yin,A, C. (2010). "Measurement Issues in Assessment", *New Directions for Institutional Research Assessment Supplement 2009*, 141-154.

Volkwein, J.F. & Yin, A, C. (2010). "Assessing General Education Outcomes", *New Directions for Institutional Research Assessment Supplement 2009*, 79-100.

Walton, A. L. (2005). *Institutional Research and Administrative Decision-Making in Higher Education: Characteristics Influencing Data Use*, Ph.D. Dissertation, University of Denver. (UMI Dissertation Services)

William, D. & Black, P. (2008). "Meanings and Consequences: A Basis for Distinguishing Formative and Summative Functions of Assessment?", in *Student Assessment and Testing*, ed. by Harlen, W. Vol.2, London:Sage Publications, 89-104.

Williams, S.S. (1996). *The Development of a Student Satisfaction Survey for Higher Education Administrative Services*, Michigan: Ph.D. Dissertation. Wayne State University. (UMI Dissertation Services).

Woodward, F. (1982). *The Effects of a Freshman Seminar Program on Retention and Program Goals*, New York: Ph.D. Dissertation, State University of New York., (UMI Dissertation Services)

Yamada, R. (2001). "University Reform in the Post-massification Era in Japan: Analysis of

Government Education Policy for the 21st Century", *Higher Education Policy* 14, pp. 277-291.

Yamada, R. (2005). "Accountability and Assessment: New Era of Japanese Higher Education", Chapter 9 in Nata, R. (ed.), *New Directions in Higher Education*, New York: Nova Science Publishers, Inc.

Yamada, R. (2008). "Accountability and Assessment" in *Japan: Economic, Political and Social Issues*, (eds.),Shimizu, K., & Ishii, S., Chapter 2, Nova Science publishers, 25-44.

Yamada R. (2008). "Learning Outcomes of College Students in Japan: comparative Analysis of between and within University", *Higher Education Forum,* 5, 125-140.

Yamada R. (2008). "A Comparative Study of Japanese and US First-year Seminars: Examining Differences and Commonalities", *Research in Higher Education,* 39, 287-305.

Yamada R. Sugitani, Y. & Ehara, A. (2011). "A Student Survey System for Learning Improvement in Japan: How it's Developed and What Issues are Focused", presented at AIR Forum 2011, Toronto, Canada.

URL

http://www.ets.org/portal/site/ets/menuitem.1488512ecfd5b8849a77b13bc3921509/?vgnextoid=ff3aaf5e44df4010VgnVCM10000022f95190RCRD&vgnextchannel=f98546f1674f4010VgnVCM10000022f95190RCRD　10/27/10

http://www.act.org/asset/　10/27/10

http://www.act.org/compass/index.html　10/27/10

http://www.collegeboard.com/student/testing/accuplacer/index.html　10/27/10

http://cpts.accuplacer.com/docs/StudentGuide.html　10/27/10

http://arc.missouri.edu/collegebase/　10/27/10

http://www.nsse.iub.edu/　10/27/10

http://www.fas.harvard.edu/~secfas/General_Education_Final_Report.pdf　2/13/10.

Attributes of the Melbourne graduate http://www.unimelb.edu.au/about/attributes.html 2/13/10

http://www.higheredinfo.org/dbrowser/index.php?level=nation&mode=map&state=0&submeasure=27　12/30/08

http://www.act.org/research/policymakers/pdf/retain_2007.pdf　12/30/08

http://www.2.ed.gov/about/bdscomm/list/hiedfuture/reports/pre-pub-report.pdf　9/14/11

http://www.cpec.ca.gov/CompleteReports/2010Reports/10-19pdf　10/19/11

http://www.cpec.ca.gov/studentData/s　10/19/11

初出一覧

序章　書きおろし

1章　The Basis Vol. 1.(2011)　武蔵野大学教養教育リサーチセンター紀要「グローバル化時代における世界の高等教育政策の共通点と質の保証の動向」7-18　加筆・修正

2章　教育・学習過程の検証と大学教育改革　高等教育ライブラリ1（2011）東北大学高等教育開発推進センター編「学習成果測定方法の考察―JCIRPの開発意図と期待される役割―」19-46　加筆・修正

3章　Journal of Quality Education　クオリティ・エデュケーション（2010）国際教育学会機関誌「大学教育の成果測定―学生調査の可能性と課題」15-32　加筆・修正

4章　大学論集　第40集（2008）　広島大学高等教育研究開発センター「学生の情緒的側面の充実と教育成果―CSSとJCSS結果分析から―」181-198　加筆・修正

5章　大学論集　第42集（2010）　広島大学高等教育研究開発センター「大規模継続学生調査の可能性と課題」245-263　加筆・修正

6章　大学評価研究　第10号（2011）　大学基準協会「米国におけるIR概念と活動から見る日本型教学IRの可能性」9-19　加筆・修正

7章　大学教育学会誌　第29巻　第1号（2007）　大学教育学会「初年次教育のための組織体制づくり」42-47　加筆・修正

8章　Journal of Quality Education　クオリティ・エデュケーション（2009）国際教育学会機関誌「大学における初年次教育の展開―アメリカと日本」157-174　加筆・修正

9章　大学教育学会誌　第32巻　第1号（2010）　大学教育学会「『学士課程教育』はどのような課題を提起しているのか―現状から課題へ―」

　　　　45-53　加筆・修正
10章　初年次教育学会誌（2009）　初年次教育学会「日本の初年次教育の展開―その現状と課題―」3-23　加筆・修正
11章　高等教育研究　第14集（2011）　日本高等教育学会編「大学から見た高校との接続―教育接続の課題―」23-46　加筆・修正
12章　学位研究　第14号（2001）大学評価・学位授与機構「アメリカの高等教育における単位互換と単位の認定―カリフォルニア州のアーティキュレーション・システム」5-28　加筆・修正。

事項索引

〔欧字〕

Accuplacer & Companion 37
ACT（全米大学入試試験） 33,35,37,38,182
AHELO（Assessment of Higher Education Learning Outcomes） 13,30,131,136
AIC 94
AO 入試 182
AP（Advanced Placement） 132,206
a performance task（実行課題） 134
AP 科目 132
AP 制度 132
Arts 131
ASSET 37
ASSIST（Articulation System Stimulating Interinstitutional Student Transfer） 211,225
Association of Institutional Research: AIR 109
Bachelor of Arts 24,131
Bachelor of Bioscience 24
Bachelor of Commerce 24
Bachelor of Environments 24
Bachelor of Music 24
Bachelor of Science 24,131
CAAP（Collegiate Assessment of Academic Proficiency） 34,37
CAN（The California Articulation Numbering system） 227
CAP 制 29,102
CEFR 119,120
CIRP（Cooperative Institutional Research Program） iv,73,114
CIRP Student Information Form（The Freshman Survey: TFS） 42,114
CLA（Collegiate Learning Assessment） 34,41,109,131
College BASE 38
College Board 37
College of Letters and Science（文理学部） 130
College Outcomes Survey 42
Collegiate ASS/ESS 38
COMPASS/ESL 38
Council for Aid to Education 36
CPEC（California Postsecondary Education Commission） 226
CRT（教研式学力テスト） 90
CSEQ（College Student Expectations Questionnaire） 42
CSS（College Senior Survey） 42,115
CSU システム 108
ETS 33,37,38
EU 諸国 25
FD 8,29
FD 活動 159
First Year Education 140
First Year Experiment 168
GI ビル 14
GMAT（Graduate Management Admission Test） 38
GPA（Grade Point Average）制度 28,29,102
GRE 38
Higher Education Funding Council: HEFC 16
ICC 値 95
I-E-O モデル 49,72
IGETC（Intersegmental General Education Transfer Curriculum） 211,215

Institutional Research Office	109	グ)	179
IPEDS (Integrated Postsecondary Education Data System)	106	PDCA (Plan-Do-Check-Action)	168
IRNS (IR Network System)	119	PISA (Programme for International Student Assessment)	12,29
IR (大学機関研究)	ii,iv,3,67,70,102	SAT I	182
IRネットワークシステム (IRNS)	118	SAT II	182
IR評価室	112	SAT (進学適性試験)	35,135,182
IR部門	103	School of Engineering (工学系)	130
JCIRP (Japanese Cooperative Institutional Research Program)	36,54,86	Science	131
JCSS (Japanese College Student Survey)	53	SD	187
JCSS 2005	73	Tasks in Critical Thinking	38
JCSS 2007	73	The Board of Admissions and Relations (BOARS)	221
JFS (Japanese Freshman Survey)	57	The Collegiate Learning Assessment (CLA)	36
JJCSS (短期大学生調査)	116	The Mental Measurements Yearbook	133
K12	iii,132,138,182	TOEFL	47
K16	132,138,182	TOEIC	47
late decision (遅い進路決定)	130	Transferable Course Agreement	218
LSAT (Law School Admission Test)	38	Transparency (透明性)	107
make-an-argument task (議論の課題を立てる)	134	UCLA	iii,73,114
MCAT (Medical College Admission Test)	38	UCLAのCIRP	108
Measure of Academic Proficiency and Progress (MAPP)	34,37	UCシステム (研究大学)	108
		University Grants Committee: UGC	16
National Resource Center for the First-Year Experience & Students in Transition (NRC)	159	value added	134
		Voluntary System of Accountability (VSA)	107

〔あ行〕

NSSE (National Survey of Student Engagement)	42,73,108,115	アーティキュレーション (articulation)	16,211,213,227
Nullモデル	93,95	アーティキュレーション職員	224
OECD	13	アーティキュレーション制度	iii
Office of Institutional Planning	109	アーティキュレーション促進プログラム	214
Office of the President (総長府)	221	アーティキュレーション・プログラム	214
PASS (Proficiency-based Admission Standards System)	206	アイデンティティ理論	197
PBL (プロジェクトベースド・ラーニングもしくはプロブレムベースド・ラーニン		アウトカム	6,49,51,72

事項索引　263

アウトカム目標	117
アウトサイド・カレッジ・インパクト	9
アウトプット	49,51
アカウンタビリティ(説明責任)	5,6,14,107
アカデミック・スキル	143
アカデミックスキル・テスト（CLAST）	35
アクセス・アフォーダビリティ	107
アクティブ・ラーニング	179
アクティブ・ラーニング法	136
アクレディテーション	70,114
アクレディテーション機関	137
アセスメント	31
アセスメント（CIRP）	50
アドバイザー	142
アドバンス・プレースメント（AP）	155
アドミッション	161,224
アドミッション・スタンダード	155
アドミッション・ポリシー	124,177
アドミニストレーター	224
アトリビュート	18,22,130
アンティオークカレッジ	143
意思決定	102
意思決定機関	163
逸脱度	94
一般教育	22,61,131,132,134
一般教育共通カリキュラム	211
一般教育の到達度	40
異文化リテラシー	25
因子分析	195
インスティテューショナル・リサーチャー	112
インターンシップ	9,180
インディアナ大学	143
インプット	49,51
インプット要因	79
インボルブメント	8,41,73
受け手機関（receiving institution）	218
エクストラ・カリキュラム	9
エビデンス	iv
エビデンスベース	7
エリート	19
エリート教育	184
エリート段階	14,15
エンゲージメント	8,41
エンゲージメント研究	72
演習（ゼミ）	137
エンロールメント・マネジメント	31,112
大阪府立大学	117
オーストラリア高等教育審議会	17
オープンアドミッション	212
オープンキャンパス	97
オープンドアーカレッジ	211
送り手機関（sending institution）	218
遅い決定（late decision）	147
オックスフォード	15
オハイオ州立大学	143
オリエンテーション	4,142,145
オリエンテーション・プログラム	21
オレゴン州	206
音楽学士	24

（か行）

カーネギー大学分類	79,147,148
カーネギー大学分類による機関情報	108
回帰分析	89
階層構造	88
階層データ	88
ガイダンス	37
ガイダンス教育	142
外的アカウンタビリティ	31
外面的情緒性	80
カウンセラー	224
課外活動支援プログラム	21
課外活動等	9

科学学士	24
下級学年（lower division）	214
学位授与	212
学位授与の方針	29,119
学位プログラム	108
学外学位制度	210
学系別比較	88
学士課程教育	ii,21,177
『学士課程教育の構築に向けて』	21,173
学士号	213
学習アドバイス	145
学習意欲	35
学習経験	iii
学習行動	29,31,82
学習時間	120
学習指導要領	205
学習状況	119
学習スキル	36,42
学習成果（ラーニング・アウトカム）	ii,iii, 29,41,43,63
学習態度や習慣	35
学習と教育（Learning & Teaching）	17
学習と教育の業績資金（LTPF）	17
学習の過程（プロセス）	48
学習の到達度	36
学習（ラーニング）	32
学士力	21,45,130
学生群	80
学生研究	71
学生サービス	84,224
学生支援	177
学生支援サービス	145
学生支援センター	167
学生像	99
学生調査	ii,29,46,53,102
学生納付金	17
学生の学習時間の確保	29
学生の学習成果	107
学生の成長	3
学生の生徒化	190
学生の満足度	29
学生文化	20,71
学生への教学カウンセリング	224
学生募集	31
学生満足度アップ	180
学生類型モデル	56
拡大型博士号授与研究大学	148
学長付託型	163
学年進行に伴う縦断的検証	100
学力	36
学力低下	20,174
課題解決力	ii
価値意識	80
価値観	51,73
学校基本調査	105,172
学校教育法	191
学校教員統計調査	105
家庭の所得や親の学歴等	51
課程編成・実施の方針	119
科目試験	31
カリキュラムの構造化	138
カリキュラム・ポリシー	124,177
カリキュラムマップ	120
カリフォルニア州	108
カリフォルニア州立大学	212
カリフォルニア州立大学（California State University: CSU）群	211
カリフォルニア大学（University of California: UC）群	211
カリフォルニア大学システム	212
カリフォルニア大学ロサンゼルス校高等教育研究所	53,72
カリフォルニア中等後教育委員会（California Postsecondary Education	

事項索引　265

Commission)	211	教育課程	ii
カリフォルニア・マスタープラン	211	教育課程編成・実施の方針	29
カレッジ・インパクト	ii,49	教育研究評議会	162
カレッジ・インパクト理論	54	教育指向性	57
カレッジボード	183	教育スタンダード	183,191
カレッジ・ポートレイト（The College Portrait）	107	教育成果	29
		教育政策	iii
環境学士	24	教育接続	91,207
関西国際大学	160	教育接続機能	206
感情	51	教育担当副学長（プロボスト）	147
間接評価	7,46,87,114	教育の効果	9
関与（involvement）	48,52	教育の質保証	117
管理運営	17,109	教育のプロセス	41
管理部門	104	教育評価	16,41,121
機関間の横断的検証	100	教育評価ツール	46
機関特性	99,106	教育プログラム	3,85
機関内パネル調査	116	教育方法	3
機関の卓越性	32	教員任期制	12
機関評価	59	教学 IR	8,114,116,121
機関ベンチマーク	65,115	教学改革	46
規制緩和	13	教授会	163
規制緩和政策	16	教授（ティーチング）	32
基礎研究	15	教職課程	130
基礎スキルテスト	35	競争的資金の獲得	17
基礎データ（ベースライン・データ）	119	共通一般教育科目	214
基礎的学術技術（アカデミック・スキル）	5	共通教育	132
規定要因	83	共通尺度化	60
既得情報	49	協働できる力	ii
寄付金獲得戦略	112	教務情報（履修状況、GPA、単位取得状況、留年・学位取得状況等）	119
客観テスト	127		
キャップストーン	39	教養教育	124,131
キャップストーン・プログラム	137	グッド・プラクティス（教育 GP）	172,178
キャリア関連情報	103	クリティカル・シンキング	132
キャリア教育	21,124	クレアモントカレッジ	108
キャンパスライフアンケート調査	168	グローバリゼーション	12,13
教育改革	ii	クロスセクショナル分析	65
教育改善モデル	67,117	経営	102

経営・教学分離型	163	国際教員調査	30
経営協議会	162	国際的通用性	i
経験を単位化	210	国際比較	56
継続・高等教育法	16	国立大学の法人化	104
継続的学生調査	29,46	国立大学法人法	161,163
決定木分析	82	国家資格	131
厳格な成績管理	29	国家資格取得	47
建学の精神	163	固定効果	97
研究志向型	30	古典的テスト理論	33
研究志向型教員	20	異なる学年間での縦断的検証	100
研究志向性	57	5年卒業率	145
現状評価	114	コミュニケーション技能	25
ケンブリッジ大学	15	コミュニティ・カレッジ	14,37,210
コア・カリキュラム	38	コミュニティ・カレッジ（CC）群	211
コア・プログラム	22	コミュニティ・カレッジシステム	108
合意書（アグリーメント）	218	コロンビア大学	143
公益財団（Public Trust）	212	コンピテンシー	72,155
公開データ	68		
効果のある学校	90	〔さ行〕	
高校から大学への円滑な移行	206	サービス・ラーニング	22,145,180
高大接続	iii,3,185,191	財政計画策定	110
高大接続テスト	181,191	財政支出抑制政策	15
高大連携	161	財政配分縮小	5,110
高等教育機会の拡大	107	財務情報	102
高等教育研究所（HERI）	114	財務分析	104
高等教育財政審議会	16	サウスカロライナ大学	146,159
高等教育進学率	15	サッチャー政権	16
高等教育政策	14	産学連携	16
高等教育のコスト	107	サンプリング	41
高等教育の質保証	28	残留率	17
高等教育の発展段階	19	ジェネリック・スキル	17
高等教育補助金政策	16	私学化	12
高等教育までを含めてK16	206	私学高等教育研究所	173
口頭試問	137	シカゴ大学	33
行動や関与（Involvement, Engagement）	197	時間管理法や就職支援	143
甲南大学	117	資金配分	17,38
語学教育ベンチマークの国際標準	119	試験による単位の認定	210

事項索引　267

自校教育等	21
自己概念	51
自己決定型	193
自己決定力	193
自己診断ツール	34
自己認識	31,73
自己評価（self-reported）	12,42,79,80
自己評価書	102,105,112
市場原理	12
自尊感情（セルフエスティーム）	177
実証分析	7
実績報告書	105
質保証	5,28,102
質問紙調査	41
志望ダミー	93
市民教育	212
市民性	52
社会人教育	177
社会的エージェント	50
社会的責任	46
重回帰分析	83,154
修士課程	25
修士号	213
修士号授与総合大学Ⅰ	148
修士号授与総合大学Ⅱ	148
充実度	73
従属変数	83
集約型博士号授与研究大学	148
州立大学	14,142
州立大学システム	108
授業評価	41
授業評価アンケート	186
授業料	108
主成分分析	80
取得学位	108
準専門職	15
奨学金情報	108
小規模リベラルアーツ	142
上級学年（upper division）	214
上級生用のアセスメント（CSS）	51
商業学士	24
情緒的（Affective）	80
情緒的成果	54
情緒的側面	29
情緒的要因重視型アセスメント	42
情緒面	54
情緒面（affective もしくは non-cognitive）	197
情報公開	103,106,107
情報公開データベース	105
情報セキュリティ	119
情報リテラシー	20
情報倫理教育	167
職業アスピレーション	71
職業教育	15
職業資格	131
職業資格体系	138
職業志向カリキュラム	15
初等教育段階から中等教育までを K12	206
初年次教育	iii,20,124
初年次教育学会	140,174
初年次教育研究機関（NRC）	146
初年次教育国際フォーラム	3,173
初年次教育調査	191,207
初年次教育ハンドブック	175
初年次教育プログラム	21
初年次支援プログラム	159
初年次・導入教育	169
初年次の経験とリテンション	145
ジョンズホプキンス大学	143
シラバス	29
私立学校法	162,163
進級試験	38
新入生調査（CIRP）	53,72

信念	51	道徳性発達理論	197
人文学士	24	測定研究	87
信頼性	41,133	測定手法	ii
杉谷の学生類型	195	測定ツール	132
スクリーニング理論	71	組織管理	104
スタディ・アブロードプログラム	26,62	卒業研究	31,47,77,137,138
スタディ・スキル	20	卒業研究プロジェクト	39
スタンフォード大学	108,142,143	卒業（判定）試験	29,31,38,47
ステークホルダー	106	卒業率	17,106
ステューデント・スキル	20	卒業論文	31,47,77
スペリング委員会 (Commission on the Future of Higher Education)	107,131	〔た行〕	
スペリングス・レポート（報告書）	34,107	ダートマス大学	143
成果	49	対応分析	152
正課外のカリキュラム	9	大学院教育	177
成果測定	3	大学間相互評価ネットワークの構築	117
生活行動	31	大学間比較	88
生徒文化	191,192	大学基準協会	18
生命科学学士	24	大学教育改善	8
世界経済秩序	13	大学教育学会	174
世界システム	13	大学教育充実のための戦略的大学連携支援プログラム	117
世界の人々とコミュニケートできる力	ii	大学教育の効果	7
設置形態ダミー	93	大学教育の質全般の満足度	93
説明変数	93	大学教育の成果	3
ゼミ	77	大学コンソーシアム京都	210
セメスターユニット	220	大学審議会答申	18
セルフエスティーム	5	大学生活に移行する際の支援	5
潜在クラス分析	195	大学生調査 (CSS)	53,72
センター入試	182	大学生調査 (JCSS)	70
先端研究	17	大学設置基準	21,105
専門教育	191	大学設置基準改正	12
専門職員	112	大学での充実度	90,93
専門職大学院	4	大学の学校化	190
戦略計画	112	大学の環境	71
相関係数	154	大学評価	46,105
早期決定 (early decision)	147	大学評価・学位授与機構	18
相互評価	18,118,121		

大学評価や教学改革	116	チーム・ティーチング	3,173
大学評議会	216	地区別基準協会	131
大学への移行	4	知識基盤社会	i
大学補助金委員会	16	チャーター	71
大学寮生活	142	チャーター効果	71
大規模データ	87	中央集権型	147
体系的なカリキュラム	128	中教審	25
体験型学習	179	中退防止策	180
第5期中教審	106	中等教育	186
第三者評価機関	18,31	中等教育までをK12	132
大衆化	19	直接評価	7,31,41,114
大衆化段階	14,15	ティーチング	20,22,179
態度	51	ディシプリン	187
多肢選択方式	134	ディプロマ・ポリシー	124,177
他者決定力	193	データの一元化	29,102
妥当性	40,133	データベース	68,105,225
ダブルメジャー	77	データマイニング	82
多文化共生社会	63	テキサス・アカデミックスキル・プログラム (TASP)	35
多文化主義	63		
玉川大学	140,160	適性テスト	33
ダミー変数	93	出口保障	35
単位互換	210	テクニカル・カレッジ	37
単位互換制度	210,211,213,227	テスト理論	134
単位認定試験	184	転学・編入学生支援プログラム	214
単位の実質化	29	動機づけ	35,42
単位累積加算制度	210	統計情報	105
短期大学基準協会	116	同志社大学	117,140
短期大学教育	177	同志社大学教育開発センター	165
短期大学生調査 (JJCSS)	86	同窓生	112
探求型学習	56	到達度評価	35,40,73,183
探索的研究	87	到達度評価型試験	183
短大基準協会	54	到達度評価型プレースメント・テスト	36
短大生調査 JJCSS (Japanese Junior College Student Survey)	54	到達目標	5,120
		導入教育	4
地域アクレディテーション	110	特色 GP	178
地域、連邦基準認定	110	得点の等化	135
小さな政府	15	独立変数	83

読解力	37	認証評価	18,131
トップダウン・アプローチ	62	認証評価機関	18
トップダウン式	162	認知―構造論者	197
		認知的・情緒的成長	100

〔な行〕

		認知的成果	55
内的アカウンタビリティ	31,117	認知面（cognitive）	54,197
内部効果	71	認定試験	132
内部質保証	31,32	ネガティブ学生	56,80
内部質保証システム	66,117	能力別授業	34
内部組織	103	ノースウエスタン大学	143
内面的・外面的情緒面	73	ノード	83
内面的認知面	73		
内面的認知性	80		

〔は行〕

7つのベクトル	197	ハーバード大学	22,142
ナンバリング	40	ハーバード大学一般教育報告書	130
二元制度	16	博士課程	25
21世紀型市民	21	博士号	213
2009年問題	166	発達志向的アプローチ	208
2006年問題	166	パネル調査	42,65
日米比較	75	パネル分析	65
日本高等教育評価機構	18	パフォーマンス・ファンディング	31,38
日本私立大学協会附置私学高等教育研究所	125	バリマックス法	80
		汎用的能力（学力）	128,133
日本私立大学連盟	163	ピアリーダー・プログラム	159
日本版学生調査	43	ビジネススクール	39
日本版大学生調査（JCSS）	53,86	批判的思考力（Critical Thinking）	36,34,207
日本版新入生調査（JFS）	86	批判的読解力	207
入学関連データ（入試方法や出身高校関連等の情報）	119	評価（アセスメント）	5,110
		評価指標	80
入学者受け入れの方針	29,119	評価ツール	54
入学診断標準試験（テスト）	39	評議員会	163
入学スタンダード	183	標準試験（テスト）	29,31,40,108
入学適性試験	182	標準的な尺度	116
入試情報	108	ファースト・イヤー・エクスペリエンス（First Year Experience: FYE）	140
入試選抜	191		
入試難易度	71	ファーストイヤーセミナー	140
人間関係構築	52	ファクトブック	110

フィールドワーク	180	編入率	214
フォーカスインタビュー	182	法人格	162
復員兵士	15	法人評価	18
福祉国家政策	14	ポートフォリオ	47,126
普遍性	ii	ポートフォリオ評価	210
普遍的な技能	ii	ホームスクーリング	184
ブラウン大学	143	他の文化を理解でき受け入れる力	ii
ブランド力	71	ポジティブ学生	56,80
フリーランク型大学	148	補習教育	140,212
プリンストン大学	143	補習授業	34
フルタイム換算の在学者数	106	ポスト・カレッジ・インパクト	9
プレースメント・テスト	31,34,36	ポスト大衆化	19
プレゼンテーションスキル	132	北海道大学	117
プログラム評価	53	ボトムアップ・アプローチ	62
プロジェクト	31	ポモナカレッジ	108
プロジェクト型学習	179	ポリテクニク	15
プロセス	32,41	ボローニャプロセス	62
プロセス評価	46,70		
プロセスを把握する間接評価	54	〔ま行〕	
プロフィシエンシー	183	マイノリティ学生	15
プロフェッショナル修士号	213	マサチューセッツ工科大学	33
プロフェッショナルスクール	130	マスタープラン	108,210
プロフェッショナル博士号	213	マルチレベル・モデル分析	88
文化本質主義	63	満足度	51,80
分散型	147	満足度や経験に関するアセスメント	42
文章作成力（Written Communication）	36, 37,207	ミズーリ大学	33
		南カリフォルニア大学	108
分野別の質保証枠組み	21	ミネソタ大学	109,143
米国州立大学協議会（AASCU）	107	メディカルスクール（医学大学院）	39
米国州立大学・土地付与大学協議会（APLU）	107	メルボルン大学	22,130
		メルボルン・モデル	24
ベースライン・データ	116	モチベーション	71
ペダゴジー	85,185	モラトリアム	20
ペパーダイン大学	108	文科省	105
ベンチマーク（マーキング）	95,106,114, 115,119	問題解決力（Problem Solving）	36
		問題発見力	ii
編入・転学制度	213		

〔や行〕

ユニバーサル化	14
ユニバーシティ101	159
幼児教育から高等教育までをK16	132
4年卒業率	145

〔ら行〕

ラーニング	20,22,179
ラーニング・アウトカム（学習成果）	3,6,26,45,114,119
ラーニング・コミュニティ	145
ランダム傾きモデル	91
ランダム効果	91
ランダム切片＋傾きモデル	91
ランダム切片モデル	91,99
リーディングリスト	222
リード大学	142
理事会（Board of Governors）	163,212
理事長・学長兼任型	163
リテンション率	31,108,148
リベラルアーツ大学	150
リメディアル教育（補習授業）	172,190
倫理性	ii
ルート	83
レーガン政権	15
レポート	31
連邦政府	184
連邦中等後教育委員会（Commonwealth Tertiary Education Commission in Australia: CTEC）	17
ロースクール（法科大学院）	39
ロビンス報告書	16
論理的思考力	25
論理分析力（Analytic Reasoning）	36

〔わ行〕

若者文化等	54

人名索引

アスティン、A.W.	iv,32,50,71,197	武内清	190,192
アップクラフト、L.M.	144	舘昭	124
アナヤ、G.	50	チカリング、A.W.	197
荒井克弘	191	テレンジーニ、P.T.	48
江原武一	20	ドーキンス、J.	17
エリクソン、E.H.	197	トロウ、M.	15,16,19
小方直幸	72	パスカレラ、E.T.	48,52
ガードナ、J.N.	144	浜島幸司	190
川口俊明	90	バンタ、T.	31
絹川正吉	179	ピータソン、M.W.	110
木村拓也	95	プレストン、S.M.	207
キーラン、J.	62	ホーキンス、J.	iii
クー、G.D.	52,197	ボーデン、V.M.	133
黒河内利臣	192	ボルクワイン、J.F.	42,88,110
コーコラン、M.	110	マイヤー、J.W.	71
コールバーク、L.	197	マコーミック	95
小日向允	162	マッセン、P.	110
サウプ、J.L.	110	丸山文裕	71
佐々木隆生	191	溝上慎一	71,192
サッチャー	16	村澤昌崇	88
シェイベルソン、R.J.	33,134	谷田川ルミ	192
シューレ、C.J.M.	90	山田礼子	90
白川優治	160	ヤング、J.M.	133
スウィング、R.	110	吉本圭一	72
杉谷祐美子	124,193	ロバートソン、R.	13
スペリングス、M.	34,107	ロビック E.G.	88

著者紹介

山田礼子(やまだ れいこ)

兵庫県神戸市生まれ。同志社大学卒業。米国カリフォルニア州立大学ロサンゼルス校教育学研究科修士課程および博士課程修了、取得学位 Ph.D (UCLA)。
プール学院大学助教授、同志社大学文学部助教授、教授を経て現在、同志社大学社会学部教授、同志社大学学習支援・教育開発センター長。

[主要著書・論文]

(編著)『大学教育を科学する―学生の教育評価の国際比較』東信堂 2008
(単著)『プロフェッショナルスクール:アメリカの専門職養成』玉川大学出版部 1998、『社会人大学院で何を学ぶか』岩波書店 2002、『「伝統的ジェンダー観」の神話を超えて―アメリカ駐在員夫人の意識変容』東信堂 2004、『一年次(導入)教育の日米比較』東信堂 2005、『アメリカの学生獲得戦略』玉川大学出版部 2008
(監訳)『初年次教育ハンドブック―学生を成功に導くために』丸善 2007
(共著) "The Present Situation of Quality Enhancement in Japan" in *Enhancing Quality in Higher Education: International Perspectives* (R. Land and G. Gordon Eds.) in 2013, Routledge.
"The Changing Structure of Japanese Higher Education: Globalization, Mobility and Massification" in *Mobility and Migration in Asian Pacific Higher Education* (D. E. Neubauer and K. Kuroda Eds.) in 2012, Palgrave MacMillan.
(英文論文) Yamada R. 2008. Learning Outcomes of Collage Students in Japan: comparative Analysis of between and within University, *Higher Education Forum*, Vol.5 (with peer review)
Yamada R. 2008. A Comparative Study of Japanese and US First-year Seminars: Examining Differences and Commonalities, *Research in Higher Education*, No.39 (with peer review)
その他論文、著書多数

学士課程教育の質保証へむけて――学生調査と初年次教育からみえてきたもの

2012年3月15日	初 版第1刷発行	〔検印省略〕
2013年9月30日	初 版第2刷発行	定価はカバーに表示してあります。

著者ⓒ山田礼子／発行者 下田勝司　　　　　　　印刷・製本／中央精版印刷

東京都文京区向丘1-20-6　郵便振替00110-6-37828
〒113-0023　TEL(03)3818-5521　FAX(03)3818-5514　　発行所 株式会社 東信堂
Published by TOSHINDO PUBLISHING CO., LTD.
1-20-6, Mukougaoka, Bunkyo-ku, Tokyo, 113-0023, Japan
E-mail : tk203444@fsinet.or.jp　http://www.toshindo-pub.com

ISBN978-4-7989-0112-1 C3037

東信堂

大学の自己変革とオートノミー —点検から創造へ—	寺﨑昌男	二五〇〇円
大学教育の創造—歴史・システム・カリキュラム	寺﨑昌男	二八〇〇円
大学教育の可能性—教養教育・評価・実践	寺﨑昌男	二五〇〇円
大学は歴史の思想で変わる—FD・評価・私学	寺﨑昌男	二八〇〇円
大学改革 その先を読む	寺﨑昌男	一三〇〇円
大学自らの総合力—理念とFD そしてSD	寺﨑昌男	二〇〇〇円
大学教育のネットワークを創る—FDの明日へ	京都大学高等教育研究開発推進センター編	二八〇〇円
大学教育の臨床的研究—臨床的人間形成論第一部	田中毎実	三六〇〇円
高等教育質保証の国際比較	杉本和弘 羽田貴史 米澤彰純 編	三六〇〇円
「主体的学び」につなげる評価と学習方法—カナダで実践されるICEモデル	松下佳代編集代表	三二〇〇円
ポートフォリオが日本の大学を変える—ティーチング／ラーニング／アカデミック・ポートフォリオの活用	土持ゲーリー法一訳	一〇〇〇円
ティーチング・ポートフォリオ—授業改善の秘訣	土持ゲーリー法一	二五〇〇円
ラーニング・ポートフォリオ—学習改善の秘訣	土持ゲーリー法一	二〇〇〇円
IT時代の教育プロ養成戦略—日本初のeラーニング専門家養成ネット大学院の挑戦	土持ゲーリー法一	二六〇〇円
学士課程教育の質保証へむけて—学生調査と初年次教育からみえたもの	大森不二雄編	三三〇〇円
大学教育を科学する—学生の教育評価の国際比較	山田礼子	三六〇〇円
一年次（導入）教育の日米比較	山田礼子編著	二八〇〇円
「深い学び」につながるアクティブラーニング—全国大学の学科調査報告とカリキュラム設計の課題	河合塾編著	二八〇〇円
アクティブラーニングでなぜ学生が成長するのか—経済系・工学系の全国大学調査からみえてきたこと	河合塾編著	二八〇〇円
初年次教育でなぜ学生が成長するのか—全国大学調査からみえてきたこと	河合塾編著	二八〇〇円

〒113-0023　東京都文京区向丘1-20-6
TEL 03-3818-5521　FAX03-3818-5514　振替 00110-6-37828
Email tk203444@fsinet.or.jp　URL:http://www.toshindo-pub.com/
※定価：表示価格（本体）＋税